OEUVRES
DE
COLLIN D'HARLEVILLE

NOUVELLE ÉDITION

ORNÉE DE SON PORTRAIT

ET ENRICHIE D'UNE NOTICE SUR SA VIE.

—

TOME PREMIER.

A PARIS

CHEZ JANET ET COTELLE, LIBRAIRES,

RUE NEUVE-DES-PETITS-CHAMPS, N° 17.

M. DCCCXXI.

OEUVRES

DE

COLLIN D'HARLEVILLE.

DE L'IMPRIMERIE DE P. DIDOT L'AINÉ,
CHEVALIER DE L'ORDRE ROYAL DE SAINT-MICHEL,
IMPRIMEUR DU ROI.

COLLIN D'HARLEVILLE

NOTICE

SUR LA VIE ET LES OUVRAGES

DE

J.-F. COLLIN-HARLEVILLE,

NÉ A MAINTENON LE 30 MAI 1755,
MORT A PARIS LE 24 FÉVRIER 1806.

Cùm præsertim non modo nunquàm sit aut illius à me cursus impeditus, aut ab illo meus, sed contrà semper alter ab altero adjutus, et communicando, et monendo et favendo.
　　　　　　　CICER. Brut. seu De clar. Orat., n° 3.

Cùm ego mihi illum, sibi me ille anteferret, conjunctissimè versati sumus.　　　Ibid. n° 323.

Long-temps après que j'ai perdu un de mes amis les plus chers, on me demande une notice sur sa vie ; on veut que j'écrive ce que je sais de son histoire. J'y consens d'autant plus volontiers, qu'en me rappelant ces faits déja anciens j'aurai le douloureux plaisir de m'occuper de lui ; mais je crains que ce portrait que j'esquisse de mémoire, quinze ans après la mort du modèle, ne lui ressemble pas assez ; je crains de ne pas le montrer tel que je le sens et que je l'ai dans l'ame. C'est pourtant cette ressemblance que je dois m'appliquer sur-tout à saisir, certain que ce sera le meilleur moyen de concilier à sa mémoire la vénération, l'estime, et la bienveillance dont il fut digne. C'est aussi la seule manière de me satisfaire moi-même: à quoi bon flatterois-je ce portrait? il me plairoit moins, si je l'embellissois ; ce ne seroit plus Collin, ce ne seroit plus mon ami.

Je ne songe point à faire un nouvel examen louangeur ou critique de ses ouvrages ; ils sont connus, appréciés : ce que je veux dire de l'auteur, c'est ce que très peu de personnes en peuvent dire aujourd'hui ; c'est ce dont j'ai été personnellement témoin ; ce sont des faits auxquels il m'est arrivé de prendre part. Je pourrai raconter telle anecdote qui mettra jusqu'à un certain point le lecteur dans le secret de la manière dont telle comédie a été conçue et composée ; et de pareilles anecdotes sont, à ce qu'il me semble, curieuses et rares : car les poëtes et les écrivains en général ne nous font point entrer dans le mystère de leur travail, si l'on peut ainsi s'exprimer ; nous n'en voyons que les résultats, sans connoître les procédés qu'ils ont employés. Je pense qu'il sera neuf et peut-être utile d'ouvrir une fois l'intérieur du cabinet d'un poëte, de l'y montrer composant d'inspiration et de verve. J'ai assisté quelquefois à ces moments sanctifiés, pour ainsi dire, par la présence d'une muse, et j'en ai bien gardé le souvenir ; car je les compte au nombre des moments les plus agréables de ma vie.

Mais c'est l'homme, encore plus que le poëte, que j'ai aimé. C'est sa vie sur-tout dont je veux offrir ici le tableau en l'honneur des lettres, au profit de la morale, et pour l'instruction de la jeunesse : car ce fut une vie de bon exemple; et l'on n'auroit jamais accusé les gens de lettres d'envie, de cabales, de mauvais procédés entre eux, de manque de bonne foi dans leurs livres, d'orgueil puéril, de folle ambition, et quelquefois même de cupidité honteuse, s'ils avoient tous compris, comme Collin, que leur vocation est d'améliorer les hommes, et que pour la remplir il faut commencer par s'améliorer soi-même.

Dois-je m'excuser de ne mettre dans la narration que je vais faire ni recherche ni ornements? Non, sans doute; je ne compose point un panégyrique; je n'ai envie de faire ni phrases ni lieux communs; je ne songe point du tout à briller. Je vais laisser aller ma plume, et jeter sans art ce récit. Il existe encore heureusement beaucoup de personnes qui ont connu Collin; il existe plusieurs de ses parents, de ses amis particuliers, qui sont aussi les miens. Je vais me figurer que je raconte en leur présence, avec le desir qu'ils m'interrompent souvent pour me dire : Le voilà! c'est lui-même! Oh! que vous nous faites plaisir de nous le rappeler ainsi!

Jean-François Collin-Harleville naquit à Maintenon le 30 mai 1755.

Sa famille étoit originaire de Chartres; son père s'y étoit marié avec une demoiselle Artérier; il avoit été reçu avocat, et en avoit exercé, mais peu de temps, la profession au bailliage de Chartres. Ce fut par circonstance qu'il habita Maintenon quelques années. Collin m'a montré lui-même sa maison natale; elle étoit tout au bord de la rivière d'Eure, qui en baignoit les murs.

Ses père et mère eurent onze enfants, dont il fut le huitième. Trois moururent dans l'enfance; les huit autres, deux garçons et six filles, ont atteint l'âge mûr; le frère de Collin étoit son aîné de beaucoup; de ses six sœurs, trois étoient plus âgées que lui.

M. Martin Collin son père, après avoir demeuré à Maintenon, s'établit à Mévoisins, village à une demi-lieue ou à trois quarts de lieue au-delà de cette ville (en venant de Paris), et à trois lieues environ en-deçà de Chartres: Il y possédoit un bien de campagne; et il y fit bâtir lui-même, à mi-côte d'une vallée étroite, mais agréable, une maison, qui, sans être très grande, avoit un peu d'apparence. Elle étoit accompagnée d'un jardin, d'un petit bois percé agréablement et formé de taillis et de charmilles, d'une prairie semée de bouquets d'aulnes et ornée de plusieurs allées de beaux peupliers, enfin d'un clos en culture et d'un bon rapport; toute cette propriété faisoit un ensemble de dix à douze arpents.

Il possédoit aussi quelques terres dans les environs; et c'étoit de plusieurs arpents situés dans un canton appelé *Harleville* que l'un des fils puinés avoit reçu le nom qu'il porta toujours dans sa famille et dans son village, dont les habitants ne l'appelèrent jamais autrement que *monsieur Harleville*.

Dans ce riant et tranquille séjour a vécu plus de quarante années le bon M. Martin Collin, qui d'avocat s'étoit fait cultivateur, architecte, et jardinier; d'une taille médiocre, mais d'une santé robuste, plein d'activité, de gaieté, et ayant conservé sa force jusque dans un âge très avancé (il est mort à 85 ans). Il avoit le bon esprit de vivre satisfait au sein d'une nombreuse et aimable famille; il ne desiroit rien au-delà de son petit domaine, qui étoit toute sa fortune. Ni parc ni château ne lui faisoient envie; car il n'en voyoit aucun qui lui parût aussi beau que la maison qu'il avoit construite, que le jardin et les bois qu'il avoit plantés et qu'il soignoit lui-même : c'étoit son occupation de tous les jours. Il a servi de modèle à son fils pour le personnage de l'*Optimiste*; mais il étoit et devoit être plus heureux, plus content que *M. de Plinville*; car celui-ci est à peu près oisif, au lieu que M. Collin travailloit, et son travail honorable faisoit subsister sa femme et ses enfants.

Ce digne patriarche étoit chéri et considéré dans le canton; on lui avoit conservé le nom de sa première profession, et on l'appeloit *monsieur l'avocat*. L'auteur de *l'Optimiste* dans la préface de cette pièce, nous apprend que son père étoit aimé et bien reçu par M. le maréchal de Noailles, lorsque celui-ci venoit à son château de Maintenon, et qu'à son tour le maréchal visitoit quelquefois M. Collin dans son ermitage. Il avoit donné à la famille la permission de chasser sur ses terres; et cette permission, dont on n'abusoit point, étoit non seulement agréable, mais encore utile à cette famille nombreuse : c'étoit précisément l'intention qu'avoit eue le noble seigneur qui l'avoit accordée. Plusieurs des filles de M. Collin se servoient fort bien du fusil; et dans le temps de la chasse, elles étoient les pourvoyeuses de la table paternelle. La plus jeune et la plus jolie étoit aussi la plus adroite et celle qui aimoit le plus cet exercice. Elle s'étoit fait faire un habillement exprès; on la connoissoit dans les environs, et l'on n'étoit point étonné de la rencontrer vêtue en amazone, suivie de son chien, avec le carnier et la poire à poudre en bandoulière, et le fusil sur l'épaule.

Une seule fois, comme elle étoit à l'affût, un passant, qui apparemment n'étoit pas du pays, lui ayant tenu quelques propos indiscrets, elle le coucha bravement en joue et lui ordonna de passer son chemin au plus vite, ce qu'il ne se fit pas répéter.

La maison de M. Collin étoit vivante et animée. Ses six filles tantôt l'aidoient dans les travaux de la culture et du jardinage, tantôt soulageoient leur mère des détails du ménage et des soins intérieurs; et il leur restoit encore du temps, sur-tout dans les longues soirées d'automne et d'hiver, pour faire des lectures en commun. Il y avoit beaucoup d'esprit naturel dans la famille, et il s'y joignoit une bonne éducation, qu'on s'étoit donnée en partie à soi-même. On n'avoit pas besoin d'aller chercher des amusements ailleurs; on n'y songeoit pas. On vivoit ainsi moitié ville, moitié campagne; on passoit toute l'année dans cette agréable demeure; et l'on y voyoit les jours se succéder, amenant continuellement avec eux de nouvelles occupations ou d'innocents plaisirs.

Qu'on s'étonne après cela du goût de Collin pour la campagne, goût qui se manifeste dans tous ses ouvrages ! C'étoit là qu'il avoit passé ses premières années, qu'il avoit reçu les premières impressions, et il étoit dans son naturel de les recevoir vivement. Il n'a pas choisi exprès des sujets champêtres, comme tel poëte citadin fait des idylles et des églogues; il a cédé tout simplement à un penchant aimable qu'il avoit éprouvé dès son enfance, et qui est devenu une passion de toute sa vie. L'imagination embellie de sites riants et variés, le cœur animé de sentiments purs et doux, touché sur-tout des affections de famille, il s'est plu à reproduire tout cela dans ses ouvrages; il l'a reproduit avec vérité, et cette vérité a fait une partie de son talent.

Il avoit quelques traits de ressemblance avec son père, tant au physique qu'au moral.

Il n'étoit pas aussi robuste; mais il étoit, comme son père, vif, toujours agissant, occupant toujours son corps ou son esprit, et souvent l'un et l'autre à-la-fois. Ses mouvements étoient prompts, naturels, et avoient quelquefois une sorte de gaucherie naïve qui n'étoit pas sans grace.

Sa taille étoit moyenne, svelte et bien prise; il avoit la jambe bien faite et le pied petit; il avoit été au collége coureur habile et bon joueur de balle; sa physionomie étoit pleine d'expression, spirituelle et bonne tout ensemble; ses cheveux et ses sourcils étoient d'un brun foncé; son front peu élevé; ses yeux noirs, petits et couverts, sembloient jeter du feu par étincelles; son teint étoit brun, mais coloré; il avoit le nez aquilin et arqué, la bouche assez grande, les lèvres fines et étroites; le sourire très agréable, le menton pointu et un peu avancé. Ce n'étoit pas un joli garçon; mais il étoit impossible de le voir et sur-tout de l'entendre sans le remarquer; on sentoit tout d'un coup que ce n'étoit pas là un homme ordinaire.

Et cependant personne ne songeoit moins à fixer sur soi l'attention; personne ne fut toujours plus éloigné de ces airs suffisants, de cette ridicule importance qui va si mal avec le mérite réel; la bonhomie, la simplesse, l'abandon facile, régnoient dans toutes ses habitudes, dans tous ses discours.

Mais j'espère que son ame va se montrer dans tous les faits que j'ai à raconter, et je reprends mon récit.

Sa grand'mère, madame Artérier, qui demeuroit à Chartres, le prit chez elle lorsqu'il avoit cinq ou six ans. Voulant lui faire apprendre à lire et à écrire, elle payoit une petite rétribution à une école tenue par des frères des écoles chrétiennes, dont le fondateur, le vénérable père de La Salle eut encore plus de peine, il y a un siècle, à mettre en vogue son *enseignement simultané* qu'on n'en a aujourd'hui à faire adopter *l'enseignement mutuel,* qui n'en est que le perfectionnement. Collin m'a dit qu'il lui étoit arrivé bien souvent d'être le premier, l'hiver, à six heures du matin, avec une petite lanterne allumée, à la porte de l'école, avant qu'elle s'ouvrît. Il avoit conservé un souvenir de reconnoissance et de respect pour les frères, et n'en voyoit jamais passer un sans lui ôter son chapeau. Il leur devoit une très bonne écriture, extrêmement nette et facile à lire, et de plus il étoit parvenu à écrire très vite et toujours bien : aussi n'étoit-ce pas une peine pour lui de faire un assez grand nombre de copies de ses ouvrages ; et se recopier est pour un auteur un excellent moyen de se corriger.

Il obtint, je crois, une bourse au collége de Lisieux, où il a fait toutes ses études. Peut-être dut-il cet avantage à la protection du maréchal de Noailles ; ou peut-être gagna-t-il cette bourse au concours, comme on en donnoit alors dans l'université.

Il fut dans toutes ses classes un très bon écolier. Il lui arriva, au collége, à l'âge de dix à onze ans, un accident terrible. Ayant fait la lecture, suivant l'usage, au réfectoire, pendant le dîner, et voulant descendre ou sauter, en étourdi, en bas de la chaire, il tomba d'assez haut et resta sur le coup sans connoissance : on crut qu'il s'étoit tué.

Dans une réponse adressée à un de ses anciens

camarades de collége, qui, en lui écrivant, lui avoit rappelé cet accident, je trouve ce passage :

« Vous étiez donc présent à la chute que je fis
« du haut de la chaire ! Vous partageâtes l'effroi gé-
« néral, puis la joie commune, joie si naturelle de
« voir un camarade sauvé :

« Cruelle chute, hélas ! présage malheureux
 « Pour un auteur de comédie !
 « Une bien longue maladie
« M'attira des docteurs un arrêt rigoureux.
« Je n'aurois, dirent-ils, ma guérison complète
« Qu'en perdant la raison. Je vais faire un aveu :
 « Ils se trompèrent de bien peu,
« Car je suis demeuré poëte (1). »

On lui fit interrompre, à cette époque, ses études ; il alla passer six mois à la campagne, chez son père. Il m'a dit plusieurs fois que, pendant cette vacance forcée, il ressentoit dans la tête un bourdonnement continuel, qu'il étoit comme étourdi et à demi ivre, que cet état dura plusieurs mois ; il m'ajoutoit qu'il croyoit qu'il s'étoit fait alors un changement dans ses facultés intellectuelles, et que peut-être, sans ce coup qui manqua le tuer, il n'auroit jamais été poëte. Encore vaut-il mieux, lui répondois-je, être poëte que mort.

Lorsqu'il fut rétabli, il retourna au collége, reprit ses études et les continua comme il les avoit commencées, c'est-à-dire avec beaucoup de succès.

(1) Lettre du 11 juin 1790 à M. Deshayes, alors employé au ministère de l'intérieur.

Notre première connoissance date des compositions de l'université.

Les dix colléges qu'on appeloit *de plein exercice* envoyoient, à la fin de l'année, à un concours général pour les prix, chacun un certain nombre d'élèves dans chaque classe. Le travail des compositions se faisoit dans des salles que prêtoient les Jacobins de la rue Saint-Jacques pour les hautes classes, les Mathurins pour les classes inférieures.

Ce fut aux Mathurins que je vis Collin pour la première fois.

On entremêloit les concurrents de manière que deux élèves du même collége ne se trouvassent point à côté l'un de l'autre, et cela pour éviter qu'ils ne communiquassent ensemble, et ne s'entr'aidassent. Nous n'étions point du même collége, Collin et moi. Le sort, ou l'ordre du professeur qui présidoit à la composition, nous plaça plusieurs fois à côté l'un de l'autre. La séance duroit six ou sept heures, et même davantage; on ne pouvoit travailler si long-temps sans quelque repos et quelque distraction; on disoit tout bas des mots à son voisin; on se rendoit mutuellement de petits services, comme de se prêter un dictionnaire, un auteur, etc. Ces conversations d'un moment nous apprirent d'abord que nous nous convenions. Collin étoit ce qu'on appeloit un *remporteur de prix;* j'en eus aussi quelques uns, mais non pas autant que lui. Cette conformité fut encore entre nous un motif de rapprochement; nous nous connûmes par nos noms;

et lorsque, dans le cours de l'année, nous nous rencontrions aux promenades où l'on menoit les écoliers des différents colléges, à l'allée des Invalides, au Cours-la-Reine et ailleurs, nous aimions à passer ensemble une heure ou deux à causer littérature : ainsi se forma notre première liaison.

Je crois qu'il sortit du collége avant moi, parcequ'il borna ses études aux cours d'humanités et de rhétorique, au lieu que j'y ajoutai les deux années qu'on nommoit *de philosophie*. Il fut placé chez un procureur au parlement, nommé M. Laurent, ami de sa famille, et dans la maison duquel il étoit reçu les jours de congé pendant le cours de ses études. Il conserva toute sa vie beaucoup de reconnoissance des bontés qu'on avoit eues pour lui dans cette maison pendant son enfance et sa première jeunesse.

M. Laurent étant mort, il fut clerc chez M. Petit de Beauverger, aussi procureur au parlement, homme de beaucoup d'esprit et de mérite, qui ne tarda pas à s'apercevoir des heureuses dispositions de Collin pour les lettres, mais aussi de sa presque complète incapacité pour la pratique et les affaires. Il se déplaisoit chez le procureur; il y resta pourtant plusieurs années; et lorsqu'il en sortit, un peu contre le gré de ses parents, M. Petit s'employa à le raccommoder avec eux. Il les assura que si leur fils étoit un clerc assez médiocre, il n'en étoit pas moins un jeune homme intéressant, un fort bon sujet; il leur prédit même qu'il se distingueroit quelque jour dans une carrière plus brillante que celle des procès : et ce digne homme a eu le plaisir de voir sa prédiction accomplie ; il a joui des succès de son ancien clerc, qui lui étoit resté constamment attaché de cœur et d'amitié.

On trouve dans les œuvres de Collin une petite pièce de vers monorimes, assez originale, sur les infortunes d'un clerc du parlement ; et il a mis en note : « Cette petite folie est à peu près le seul fruit « que j'aie retiré de quatre à cinq ans de cléricature. »

J'étois alors de mon côté chez un procureur au Châtelet. Il nous arrivoit de nous rencontrer assez souvent ; nous allions même nous chercher exprès l'un chez l'autre ; mais ce qui acheva de nous lier ensemble pour la vie, ce fut le concours des circonstances suivantes :

En ce temps-là, il y avoit, dans la petite rue des Anglois, près la rue des Noyers, une maison garnie, qu'on appeloit l'*hôtel Notre-Dame*, où des jeunes gens, étudiants en droit, en médecine, louoient à bon compte des chambres tant bien que mal meublées. La vie n'y étoit pas chère ; car on y dînoit pour quatorze sous, et l'on y soupoit pour dix ; encore pouvoit-on économiser trois sous sur chaque repas en ne prenant pas de vin. Les habitants de la maison y mangeoient presque toujours ensemble et à la même heure. Il y venoit quelques habitués du dehors, mais en petit nombre.

Voilà une misérable auberge, dira quelqu'un en lisant ceci ; et de pauvres jeunes gens qui faisoient maigre chère... Ne vous pressez pas trop de les plaindre, lecteur dédaigneux. Il vous est peut-être arrivé, comme à moi, de dîner à de bonnes et grandes tables; ces repas magnifiques vous ont-ils beaucoup amusé? Pour moi, j'avoue que je ne m'y divertissois guère, et je ne me souviens pas d'y avoir jamais entendu une conversation aussi gaie, aussi spirituelle, aussi animée, je puis ajouter même aussi solide et aussi sensée que celle qui se faisoit presque tous les jours dans la salle à manger de l'hôtel Notre-Dame.

Cet humble hôtel étoit la demeure de jeunes gens remarquables par d'heureuses dispositions naturelles, par l'amour du travail, par une bonne conduite; je puis le dire, sans qu'on m'accuse d'orgueil, puisque je n'y ai jamais demeuré.

Mais d'abord Collin-Harleville y a logé pendant trois années; dans le même temps s'y trouvoient deux de mes anciens camarades de collège, ayant fait, comme moi, leurs études au *Cardinal-Lemoine*. J'allois les voir le plus souvent que je pouvois; ils étoient mes amis et devinrent bientôt ceux de Collin. L'un étoit *Pons*, plein d'esprit et de gaieté, qui a fait de fort jolis contes en vers et des épigrammes plaisantes et bien tournées; il étoit de plus si heureusement organisé pour la musique que, ne sachant pas une note, il composoit des airs agréables et réguliers, qu'il étoit obligé de faire noter ensuite par un musicien.

L'autre se nommoit *Desalles*, l'un des plus aimables hommes que j'aie connus et qu'on puisse connoître. Il étoit d'une jolie figure, d'une taille assez haute et élégante; il avoit aimé beaucoup l'art de l'escrime, et avoit parfaitement bonne grace sous les armes; il avoit tiré avec *Saint-Georges*. A sa démarche, à la manière dont il se mettoit ordinairement, on le prenoit pour un militaire, quoiqu'il n'eût pas le moindre goût pour cette profession. Il lisoit beaucoup et profitoit de ses lectures; Horace et Montaigne étoient ses auteurs favoris. Doué d'un jugement sain, d'un esprit prompt et facile, il étoit sur-tout distingué par la douceur, par la politesse, par le savoir-vivre: aussi l'appellions-nous *l'aimable Desalles*, et disions-nous qu'il étoit impossible de se fâcher contre lui, et qu'il vous auroit contredit toute la journée sans vous désobliger un moment.

Si je continue cette revue de l'hôtel, je trouverai encore d'autres noms que j'aime à me rappeler:

Maurice Lévéque, de La Roche-Bernard (Morbihan), grand amateur de grec et des anciens en général, vrai philosophe pratique, homme vertueux et bon. Il a composé plusieurs ouvrages: 1° un *Cours élémentaire de morale, ou le père instituteur de ses enfants*; 2° un *Tableau politique, religieux et moral de Rome*, où il avoit fait un séjour de plusieurs années; 3° une *traduction de Suétone*.

Dutillieu, de Lyon, qui s'amusa, dans le temps même dont je parle, à composer une satire de certains journaux, sous le titre de *Journal singe*. La plaisanterie consistoit à imiter, à contrefaire la partialité, la mauvaise foi, l'injustice avec laquelle un journaliste analyse ou plutôt défigure l'ouvrage d'un auteur qu'il veut affliger. *Dutillieu* mettoit aussi dans sa feuille des énigmes, à l'imitation du *Mercure*; mais ces énigmes étoient tout simplement des phrases obscures, inintelligibles, prises dans tel ou tel écrivain. « Nous ne nous enga- « geons pas, disoit l'éditeur, à donner le mot: que « le lecteur devine, s'il le peut.... » Il parut trois ou quatre numéros de ce *Journal singe*. Chaque numéro formoit une brochure de deux à trois feuilles. *Dutillieu* étoit en même temps grand musicien; il composoit en s'accompagnant du violon, dont il jouoit très bien; il avoit beaucoup d'esprit et de verve. Il a fini par aller en Italie, où il a épousé une cantatrice italienne dont il a pris le nom, et il a fait de la musique italienne qui a été applaudie par les dilettanti de Milan et de Florence.

Gazard, de Murat (Cantal), plein d'ame et de sensibilité, ami des lettres et des arts. Il est devenu un propriétaire aisé, un bon père de famille, et il a été long-temps maire de Murat, où il est estimé et considéré.

Gonet, de Pont-de-Vaux (Ain), docteur-médecin, qui, tout en se livrant aux études de sa profession, donnoit ses loisirs à la musique, et jouoit fort bien de la basse. Il a été aussi maire de la commune qu'il habite. J'ai eu parmi mes élèves, à l'école Polytechnique, un des fils du docteur *Gonet*, excellent jeune homme qui est aujourd'hui ingénieur des ponts-et-chaussées.

Dupau, de Dax (Landes), aussi docteur en médecine, et aussi fort bon musicien; il composoit des airs très chantants et très expressifs. Je me souviens qu'un jour nous parlions de la beauté des chœurs d'Athalie et d'Esther ; nous étions tous d'accord que cette poésie étoit une musique divine que les chants les plus mélodieux n'embelliroient qu'à peine : pénétré de ce que nous en disions, de ce qu'il en venoit de dire lui-même, *Dupau* s'assit devant une épinette qui étoit dans la salle de réunion, et prenant le premier chœur d'Athalie:

« Tout l'univers est plein de sa magnificence.... »

il se mit à improviser et à chanter ce beau chœur : quand il en fut à ces vers,

« Il donne aux fleurs leur aimable peinture,
« Il fait naître et mûrir les fruits ;
« Il leur dispense avec mesure
« Et la chaleur des jours et la fraîcheur des nuits, »

il en fit une cavatine charmante : ensuite d'un ton plus grave et plus solennel, et en *allegro maëstoso*, il chanta les deux vers suivants :

« Il commande au soleil d'animer la nature,
« Et la lumière est un don de ses mains. »

Puis, changeant encore de mouvement, il nous pénétra d'un sentiment religieux et touchant, et sembla se prosterner lui-même avec respect et reconnoissance devant Dieu, en chantant :

« Mais sa loi sainte, sa loi pure
« Est le plus riche don qu'il ait fait aux humains. »

Nous fûmes tous électrisés, et, les larmes aux yeux, nous partîmes d'un applaudissement général en nous écriant : C'est superbe !

Tels étoient les principaux membres de cette société. Il ne faut pas oublier d'y joindre l'hôtesse, madame Raclot, digne et respectable femme, d'une probité, d'un désintéressement rares, d'une parfaite égalité d'humeur, et qui imposoit sans songer à être imposante ; sa fille, qui pouvoit avoir alors vingt-six à vingt-sept ans, point jolie, mais grande et bien faite : elle savoit la musique et chantoit bien ; elle avoit de l'esprit naturel et de la lecture, une écriture qu'on eût trouvée belle dans un bureau, et ce qui étoit un mérite alors peu commun chez les femmes, elle mettoit parfaitement l'orthographe. Aimable et sans prétentions, elle étoit au milieu de ces jeunes gens comme une sœur chérie parmi des frères attentifs et complaisants ; sa présence animoit doucement la petite réunion, sans y porter le moindre trouble.

Dans les longues soirées d'hiver, à l'heure où il ne se faisoit plus de repas dans l'auberge, ou bien après le souper, les habitants de la maison se rassembloient dans la salle commune ; on y faisoit de bonne musique ; c'étoit des trio ou des quatuor d'instruments : mademoiselle Raclot chantoit accompagnée par Dutillieu ou par Dupau, et ceux-ci chantoient à leur tour ; ou bien on causoit gaiement, avec confiance et abandon. On n'y songeoit point, comme dans certaines coteries, à briller aux dépens l'un de l'autre ; on auroit bien plutôt cherché à se faire valoir réciproquement: on n'apportoit point de bons mots faits d'avance, ni de jolies histoires apprises par cœur; on n'ambitionnoit pas le succès de la soirée; on s'écoutoit, on se répondoit, on étoit poli et décent; et je puis assurer que dans cette société de jeunes gens je n'ai jamais entendu un jurement ni un mot dont la pudeur la plus délicate eût à rougir.

Je ne suis pas étonné que Collin ait conservé, comme moi, le souvenir d'une si aimable société, ni qu'il ait consacré ce souvenir dans des vers composés dix ans après cette époque (en 1788).

« Oui, je regrette, ami, mon obscure retraite,
« L'humble hôtel dont trois ans j'occupai le plus haut;
« Que je serois fâché d'avoir quitté plus tôt:
« Je regrette sur-tout ma respectable hôtesse,
« Sa longue patience et sa délicatesse;
« Je n'oublierai jamais sa constante amitié:
« Je la payois fort mal, étant fort mal payé;
« Eh bien! elle attendoit, et je lui dois peut-être
« Et mon premier ouvrage et ceux qui pourront naître:
« C'est là que j'ai trouvé quelques amis bien chers,
« Possédés, comme moi, de ce démon des vers;
« Bons fils, mais sourds de même à la voix de leurs pères:
« Réunis par nos goûts, nous nous aimions en frères.
« Vous souvient-il, amis, de nos petits repas?
« Bien petits en effet, si l'on comptoit les plats;
« Mais joyeux, mais charmants, mais cent fois préférables
« Au luxe, au vain apprêt de ces superbes tables!
« Nous n'avions pas le sou, mais nous étions contents;
« Nous étions malheureux, c'étoit là le bon temps. »

Ce dernier vers est, comme le dit Collin dans une note faite exprès, une saillie empruntée à une femme autrefois célèbre par ses bons mots. Celui-ci est spirituel et gai; mais c'est très sérieusement sans doute que Collin a dit en parlant pour lui-même: *C'étoit là le bon temps!* Eh! quel meilleur temps en effet a-t-il jamais pu avoir que celui qu'il a passé avec de bons amis dans d'agréables entretiens, dans des plaisirs honnêtes, ou dans des travaux de son choix et de son goût? Je ne doute pas non plus que ces trois années de séjour à l'hôtel Notre-Dame, en lui faisant sentir à combien peu de frais on pouvoit être très heureux, n'aient contribué à fortifier en lui l'amour de la simplicité, l'insouciance de la fortune, le désintéressement, vertu si rare et si nécessaire et qu'il a portée toute sa vie au plus haut degré.

C'est pendant qu'il habitoit cette obscure retraite qu'il conçut la première idée de son premier ouvrage, l'*Inconstant*.

Je donnerai bientôt quelques anecdotes sur la manière assez singulière dont cette pièce fut composée; je crois devoir les faire précéder de réflexions qui appartiennent à l'histoire de l'art de la comédie en France.

Il est aujourd'hui reconnu que notre théâtre comique a éprouvé un changement dans les dernières années du dix-huitième siècle. On est d'accord que, dans l'intervalle de quarante ans écoulés depuis le *Méchant* jusqu'à l'*Inconstant*, notre comédie, infectée d'un prétendu bon ton, étoit devenue maniérée et minaudière: il n'étoit plus permis de mettre des bourgeois sur la scène; on eût dit qu'il n'y avoit en France que des marquis et des comtesses, des chevaliers et des baronnes; et tous ces personnages parloient un jargon spirituel et brillanté qu'on étoit convenu d'appeler le langage de la *bonne compagnie*. Les pièces de Molière et de Regnard étoient à peu près abandonnées et n'attiroient presque personne; la foule se portoit au contraire à des pièces dont la conception étoit souvent aussi fausse que les détails en étoient alambiqués. La vraie comédie, celle dont le dialogue, quoique piquant, ne cesse jamais d'être naturel et vrai, sembloit être sur le point de se perdre et de faire place à sa médiocre rivale, qui, soutenue par le jeu de quelques acteurs, avoit trouvé le moyen de faire illusion.

Le retour au bon genre fut marqué par *l'Inconstant* et *les Étourdis*: on me pardonnera de me citer; c'est un fait que je raconte.

Il est de fait que Collin et moi sommes rentrés dans la route presque abandonnée de la bonne comédie (1), et que nous y avons été suivis bientôt après par des auteurs pleins d'un talent véritable, et qui auroient peut-être fait eux-mêmes cette révolution, s'ils ne l'eussent trouvée déjà faite (2).

(1) Les tentatives faites par M. *Cailhava* pour ramener sur la scène la vieille comédie, n'avoient pas été fort heureuses. Beaumarchais avoit donné avec un grand succès qui se soutient encore son *Barbier de Séville*, comédie fort gaie et fort spirituelle; mais cet auteur très original ne pouvoit guère être imité: son comique est à lui, et à lui seul.

(2) MM. Fabre d'Églantine, Picard, Alexandre Duval, Étienne, Roger, et autres.

Il est également vrai que, depuis cette époque, notre comédie n'est pas retournée aux faux airs et au papillotage dont elle s'étoit fait si long-temps un mérite déplorable. Or, voici comment fut opéré ce remarquable changement.

On vient de voir comment se trouvoit dans un des plus chétifs hôtels de Paris une réunion de plusieurs jeunes gens qui avoient fait de bonnes études, qui aimoient les lettres, et se plaisoient à la lecture des bons auteurs. Ils se communiquoient leurs réflexions ; ils vivoient entre eux simplement, gaiement ; et n'allant point dans le monde, ils n'étoient gâtés ni par le bel air, ni par le faux bel esprit ; modestes et très éloignés de s'en faire accroire, ils usoient pourtant du droit d'examiner et de juger par eux-mêmes : comme ils aimoient par-dessus tout la vérité et le naturel, dont ils avoient pris le goût dans l'étude des anciens et dans la lecture des classiques françois, ils étoient choqués de tout ce qui s'écartoit de la nature et du vrai. Ils condamnoient en secret dans leur petit aréopage tel ouvrage qui avoit reçu du public d'alors beaucoup d'applaudissements : lorsqu'ils revenoient des pièces de Molière, où souvent ils n'avoient pas trouvé cinquante personnes au parterre, ils ne finissoient pas d'admirer et de rire en s'en rappelant les scènes et le dialogue ; mais ils n'étoient pas aussi contents, en sortant de telle pièce nouvelle qui avoit attiré un grand concours de spectateurs.

Il se trouva encore que deux de ces jeunes gens se sentirent un vif desir d'essayer de faire des comédies; ils reçurent de leurs amis, de leurs camarades, des encouragements et de bons conseils. Comme ils avoient d'abord pour but de s'amuser et de se satisfaire eux-mêmes, ils cherchèrent à faire ce qui leur parut le mieux, et ne songèrent point à courir après des succès de salon, et après un éclat éphémère. Sans se promettre la gloire, sans oser même y penser, ils songèrent, en travaillant, à leur propre plaisir et à celui de leurs amis; et ce plaisir ne pouvoit se trouver que dans des compositions conformes aux idées fort justes que la petite société s'étoit faites de l'art de la comédie.

Ainsi naquit *l'Inconstant*: mais sa naissance ne fut pas celle de Minerve; il ne sortit pas tout d'un coup de la tête de son père; ce fut un long et pénible enfantement qui le mit enfin au jour. Il n'y a pas de mal d'en raconter l'histoire un peu en détail, ne fût-ce que pour apprendre aux jeunes auteurs qui ont du talent à ne pas se décourager pour quelques contrariétés.

En 1778, lorsque Collin demeuroit chez madame *Raclot*, il lui vint dans l'idée de faire une petite comédie en un acte et en prose, qu'il destinoit modestement à *l'Ambigu-Comique*. Il choisit le sujet de *l'Inconstant*.

Quand cette petite pièce fut faite, il nous la lut. Elle nous amusa beaucoup, et nous prétendîmes que cela méritoit de paroître ailleurs qu'aux boulevards. Collin trouva que nous le flattions.

L'aimable Desalles se mit dans la tête de donner suite à notre idée. Il se présenta chez Préville, lui demanda de vouloir bien lire la piéce, en ajoutant qu'elle étoit d'un de ses amis. Il s'y prit si bien et de si bonne grace, que Préville y consentit et même ne le fit pas beaucoup attendre. Peu de jours après ce grand acteur l'accueillit encore mieux que la première fois, lui dit que celui qui avoit fait ce petit acte devoit être en état de faire davantage, et qu'il falloit qu'il mît sa piéce au moins en trois actes.

Ce jugement favorable d'un maître encouragea le jeune auteur: il eut bientôt exécuté ce changement; et cette fois il porta lui-même son ouvrage au bon Préville, qui en fut encore plus content qu'à la première lecture, et qui lui demanda s'il ne se sentiroit pas la force d'aller jusqu'à cinq actes, et de mettre la piéce en vers. « Ce seroit, « lui dit-il, une piéce de caractère qui vous feroit « honneur. »

Collin n'avoit encore presque point fait de vers, sinon de très petites piéces, des chansons, des bouquets de famille. Il revint nous dire quel étoit son embarras; il craignoit de ne jamais parvenir à versifier toute une comédie. Peu s'en fallut qu'il ne priât quelqu'un d'entre nous, et particulièrement Pons, qui avoit déja fait un certain nombre de contes et d'épigrammes, de l'aider dans ce travail et de s'associer avec lui; Pons s'amusa même à mettre en vers un monologue qui étoit dans la piéce en prose; et voici comme il s'en tira:

L'HOMME ENNUYÉ,

(Monologue.)

DAMON, *dans son appartement.*
Quoi ! de tous les écrits qu'inventa le génie,
Aucun n'enseigne l'art de varier la vie !
Aujourd'hui comme hier, on boit, on mange, on dort;
Demain il faut dormir, boire et manger encor.
De l'uniformité ce bas monde est l'empire;
Je ne puis trouver rien, rien qui ne la respire;
J'ai beau la fuir, par-tout elle s'offre à mes yeux;
Je la vois ! et parbleu ! je la sens encor mieux.
(*On entend sonner la pendule.*)
Tin ! tin ! tin ! tin ! bon Dieu ! l'ennuyeuse pendule !
Et quand finira donc ce tintin ridicule,
Qui pour me tourmenter, voici bientôt un an,
Douze fois chaque jour me brise le tympan ?
(*Il s'approche de la pendule et l'examine.*)
Maudit soit l'ouvrier qui se creusa la tête
Pour une invention et si triste et si bête;
Qui créa le premier, pour mesurer le temps,
Une aiguille qui marche à pas égaux et lents,
Qui, parcourant cent fois une courte carrière,
Va toujours en avant et jamais en arrière,
Et lassant mes regards sans jamais se lasser,
Achève un tour... pourquoi ? pour le recommencer.

On trouvera probablement que ces vers, les derniers sur-tout, sont fort bien tournés, et que celui qui les a faits étant encore très jeune, et sortant à peine du collége, seroit parvenu peut-être à bien écrire la comédie, s'il eût tourné ses études et ses travaux de ce côté. Collin fut content de ce monologue; mais il ne crut pas devoir se l'approprier, quoique Pons le lui eût cédé volontiers, et il composa celui qu'on trouve dans le second acte de sa comédie.

Je puis dire, en passant, que je lui ai vu composer ce monologue. Nous étions seuls, à dix heures du soir, par un beau clair de lune, aux Tuileries, sur la terrasse du côté de l'eau, à peu près à l'endroit où est la statue d'Apollon; là, nous allions, nous venions, gesticulant, parlant, criant, riant par accès ; franchement nous devions avoir l'air de fous, Collin sur-tout, qui étoit tout-à-fait dans le moment de l'inspiration et qui me communiquoit un peu du feu sacré.

L'Inconstant fut reçu à la comédie françoise en 1780. Cette réception, qui devoit encourager l'auteur, ne rendoit pas meilleure la situation de ses finances. Depuis assez long-temps son père, mécontent de ne pas le voir entrer dans une carrière utile, n'étant pas d'ailleurs assez riche pour faire de grands sacrifices au goût d'un de ses huit enfants, son père se lassoit de lui envoyer des secours; enfin sa patience étoit épuisée : Collin avoit été obligé de s'endetter envers madame Raclot, et cette bonne hôtesse ne le tourmentoit pas; c'étoit un motif de plus pour lui de desirer vivement que cette dette sacrée fût payée. Ses parents vouloient qu'il renonçât à la comédie et aux vers; il en résulta un traité dont le premier article fut qu'il iroit à Chartres prendre la robe et la profession d'avocat : il se soumit; il exécuta de bonne foi la condition qu'il avoit acceptée. Sa grand'maman Artérier le reçut encore chez elle, comme elle avoit fait lorsqu'il étoit enfant. Quelque répugnance qu'il eût pour les affaires, il s'en occupa. Un homme distingué, M. Horeau, avocat au bailliage de Chartres, le prit en quelque sorte sous sa tutéle, lui procura quelques affaires, et le dirigea dans la manière de les suivre et de les plaider. C'est de cette époque de sa vie qu'il a dit lui-même, dans la pièce de vers que j'ai déja citée :

« Je nourrissois pourtant quelques peines secrètes ;
« J'affligeois mes parents ; je grossissois mes dettes ;
« Je capitulai donc : on m'offroit de payer
« Jusqu'au moindre mémoire, et de tout oublier,
« Pourvu qu'oubliant, moi, vers et prose, je vinsse
« Vivre honnête avocat au fond de ma province.
« J'obéis : je quittai donjon, hôtesse, amis ;
« Je promis tout, et tins ce que j'avois promis :
« Tout Chartres m'est témoin (le fait est trop notoire)
« Que j'ai pendant trois ans lassé mon auditoire....»

Malgré sa résignation, il étoit souvent en butte aux remontrances, aux railleries non seulement de sa famille de Mévoisins, mais sur-tout de quelques parents qu'il avoit à Chartres ; gens en charge, très dignes bourgeois, qui regardoient un jeune homme faisant des vers et des comédies, tantôt comme une espèce de fou dont ils avoient pitié, tantôt comme un mauvais sujet dont on ne pourroit jamais rien faire ; vrai fléau d'une honnête famille. On le sermonnoit, on se moquoit de lui ; il laissoit dire, et la nature l'emportant, il revenoit quelquefois à faire des vers clandestins :

« Et la robe discrète
« Montroit bien l'avocat, mais cachoit le poëte ; »

Même, dans un moment de dépit, il composa bien secrétement une comédie en trois actes et en prose, intitulée, *le Poëte en province;* c'étoit lui-même qui en étoit le sujet: il y railloit les railleurs ; il y avoit mis un de ses cousins, gros plaisant, qui lui disoit : « Tu fais donc des vers, Har-« leville? des vers, ce sont des guillots » (c'est le nom que les gens du peuple donnent quelquefois aux vers qui se trouvent dans les fruits et dans certaines espèces de fromage), et qui rioit beaucoup quand il faisoit cette plaisanterie qui lui paroissoit excellente. Collin n'avoit pas oublié d'introduire dans la pièce la servante de sa grand'mère, la bonne Monique, qui avoit donné des soins à son enfance, et pour laquelle il étoit plein d'attachement. Cette fille, très dévote, lui disoit les larmes aux yeux : « Mon pauvre cher enfant, comment « as-tu pu faire une chose pareille?.. Une comédie, « c'est une œuvre du démon!.. Mais tiens, donne-« la-moi, cette malheureuse pièce ; je la brûlerai « devant toi; il n'en sera plus question, et tu nous « rendras la paix et le bonheur à tous. » Il m'a avoué qu'il avoit été quelquefois sur le point d'abandonner son manuscrit à Monique, et de terminer ainsi le chagrin de cette bonne fille.

Il nous amusa de cette pièce lorsqu'il revint à

Paris; mais elle ne fut connue que de ses amis les plus intimes : il se seroit cru coupable envers des personnes qu'il respectoit et qu'il aimoit, s'il eût songé un instant à les produire en public sur la scène; et pour cette comédie, elle fut réellement brûlée peu de temps après qu'elle eut été composée.

C'étoit alors une grande affaire que de parvenir à la représentation d'une comédie reçue. Collin faisoit quelquefois des voyages à Paris; l'ami Desalles n'épargnoit pas les courses et les démarches. Molé devoit jouer le principal rôle dans *l'Inconstant*; il ne connoissoit pas la pièce, n'ayant point assisté à la lecture faite à l'assemblée. Il s'agissoit de l'intéresser à cet ouvrage, qui lui offroit un rôle brillant : ce fut encore Desalles qui alla d'abord chez cet acteur, et ensuite lui présenta Collin et sa pièce. Molé avoit de l'amabilité et de la bonté, quoiqu'il ne pût se défaire de certains airs de *petit-maître* qui lui venoient du théâtre, ni d'un ton de protection et de supériorité que son âge (il avoit cinquante ans) excusoit jusqu'à un certain point à l'égard de jeunes gens. On lui porta la pièce; on la laissa chez lui : elle y resta long-temps sans qu'il prît la peine de la lire. « Je suis au désespoir, » disoit-il avec importance quand on venoit lui en demander des nouvelles; « tous les auteurs s'adres-« sent à moi; je n'y peux suffire : je désoblige une « infinité de personnes : cela fait le malheur de ma « vie. »

Ce fut dans une ces visites inutiles que Desalles

trouva l'occasion de placer un mot spirituel et flatteur pour l'amour-propre du comédien. Molé reconduisoit les deux amis jusqu'à la porte de son appartement, dans une petite maison qu'il occupoit seul, rue du Sépulcre (aujourd'hui rue du Dragon). La porte de l'appartement ouvroit sur l'escalier même; le pallier étant très étroit, Collin faillit de tomber par mégarde sur la première marche, qu'il ne voyoit pas; Molé le retint: « Voilà ce « que vous avez fait plus d'une fois, lui dit Desal- « les; mon ami n'est pas le seul auteur à qui vous « ayez sauvé une chute. »

Enfin on obtint de lui une promesse positive: la première fois qu'il iroit jouer à la cour, il feroit mettre, dit-il, la pièce dans sa voiture, et il la liroit sur le chemin de Versailles.

Après la lecture, il ne parut satisfait qu'à demi. Ce genre de comédie gaie et franche n'étoit pas celui qu'il préféroit. *C'est le style de Regnard,* dit-il à Desalles, qui lui répondit: « Tant mieux, nous « prenons cela pour un éloge; » mais c'étoit une critique que Molé entendoit faire. Il ajoutoit que « les « pièces de M. Destouches, que *le Dissipateur,* par « exemple, étoient les vrais modèles à suivre; qu'il « y avoit là *de la pâture pour le cœur* » (c'étoit son expression); enfin il trouvoit *le Crispin* tout-à-fait de la vieille comédie, de celle qu'il n'aimoit pas.

Malgré ces objections, Molé avoit trop d'esprit et de tact pour ne pas s'apercevoir que *l'Inconstant* seroit pour lui un rôle brillant : il promit de le jouer.

L'auteur cependant, jaloux d'améliorer son ouvrage, cherchoit par-tout de bons conseils: Desalles lui mit en tête de s'adresser aux hommes les plus illustres du temps, aux chefs de la littérature; il le conduisit d'abord au Louvre chez d'Alembert, secrétaire perpétuel de l'académie françoise. Ce savant refusa de lire la piéce, s'excusant sur ses nombreuses occupations; il renvoya l'auteur à Diderot, dont il lui promit qu'il seroit bien accueilli.

Les deux amis allèrent donc chez Diderot, logé rue Taranne, au coin de la rue Saint-Benoît, chez un épicier, au quatrième. Diderot fut en effet d'une affabilité charmante; il consentit, du premier mot, à lire la piéce, et ne demanda que huit jours, au bout desquels il exprima son opinion avec un ton « paternel et une franchise tout aimable: « Il y a là-« dedans du talent, il y en a beaucoup. Les vers sont « faciles, bien tournés; style comique, détails bril-« lants, mais une action foible; cela n'a point de « corps, point de soutien; *c'est une pelure d'oignon* « *brodée en paillettes d'or et d'argent* » (tels furent ses propres mots). Au reste il fut d'avis que la piéce devoit être représentée et qu'elle auroit du succès.

Mais la représentation n'arrivoit point: heureusement quelqu'un fit faire à Collin la connoissance de madame Campan, belle-fille du secrétaire des commandements de la reine; il se lia aussi dans le même temps avec un avocat, M. *Alix* (1), qui étoit

(1) M. *Alix*, avocat, devint bientôt l'ami de Collin et de ses amis. Il a composé un poëme en quatre chants, intitulé, *les Quatre âges de l'homme*. Il demeuroit avec son frère, commis-

ami du célèbre orateur *Gerbier :* celui-ci étoit fort bien avec madame *Vestris ;* et cette actrice avoit, dit-on, quelque crédit auprès de M. *le duc de Duras,* gentilhomme de la chambre. Il ne fallut pas moins que la réunion de toutes ces protections pour amener *l'Inconstant* à faire sa première apparition dans le monde. La pièce demandée pour la cour fut jouée à Versailles sur le petit théâtre du château dans le mois de mars 1784. Collin, qui alors *avocassoit* à Chartres, n'osa point, par ménagement pour sa famille, venir voir cette représentation ; nous y allâmes, Lévêque et moi, ayant mission de l'auteur pour lui rendre compte de l'effet que la pièce auroit produit et lui indiquer les changements ou les corrections qu'on auroit paru desirer.

Molé joua le rôle avec la vivacité, la légèreté, les graces de la jeunesse, il y fut charmant : on n'applaudissoit point au spectacle de la cour, mais il fut aisé de s'apercevoir que la pièce faisoit plaisir, sur-tout par le style et par les détails.

Cependant ce demi-succès laissoit beaucoup à desirer ; on demandoit à l'auteur des changements : pour lui, il ne se dissimuloit point que les défauts tenoient au sujet ; il fut tenté de garder sa pièce dans son porte-feuille et de renoncer à la carrière

saire au châtelet ; nous avons fait des soupers animés d'une gaieté charmante chez ces deux aimables frères, qui n'avoient point voulu se marier par amitié l'un pour l'autre : l'un des deux vint à mourir ; nous prévîmes que le second ne lui survivroit pas long-temps : au bout de six mois il n'existoit plus. Tous deux étoient encore dans la force de l'âge. Collin leur a témoigné souvenir et regret dans une note de sa préface.

dramatique; mais le desir et l'espérance secrète de réussir, une conscience de son talent, laquelle ne le trompoit point, et les encouragements de ses amis l'emportèrent; il se décida, et vint retravailler à Paris sur nouveaux frais.

Il ne retourna pas cette fois à l'hôtel Notre-Dame; ce fut à un généreux et modeste ami, comme il l'appelle lui-même, ce fut au bon Maurice Lévêque qu'il eut l'obligation de pouvoir attendre la représentation, à Paris, de son premier ouvrage.

Lévêque n'étoit point riche, il s'en falloit de beaucoup; mais il vivoit content de son modique revenu. Passionné pour l'étude du grec, il y consacroit les journées entières et une partie des nuits. Il étoit logé rue Saint-Hyacinthe-Saint-Michel, avec un de ses amis nommé Martinon, venu de Pont-de-Vaux à Paris pour faire son droit, mais aussi amateur de la musique et du violon que Lévêque l'étoit d'Homère et de Sophocle; Collin fut admis en tiers dans leur société.

Ils occupoient une grande chambre et deux cabinets; ils se servoient eux-mêmes; chacun à son tour étoit de semaine pour faire la dépense et soigner le ménage; c'étoit comme dans une chambrée de soldats. Mais il résultoit de là de singulières inégalités, toutes différentes de celles auxquelles on se seroit peut-être attendu d'après les occupations des trois associés. L'ordre convenu étoit qu'on dîneroit tous les jours à deux heures. La semaine du poëte, de Collin, cela alloit bien; il étoit exact;

et à deux heures précises la soupe étoit sur la table : la semaine du musicien, il n'en étoit pas tout-à-fait de même ; on dînoit à deux heures et demie, à trois heures, et même à quatre : mais la semaine du Grec, c'étoit bien pis ; il oublioit tout net de mettre le pot, et l'on dînoit quand on pouvoit et comme on pouvoit. Mais ce qu'il y avoit d'admirable, c'est que ce bon Lévêque fournissoit en secret à Collin de quoi payer son contingent et faire la dépense de sa semaine, et que leur troisième camarade n'en sut jamais rien. C'est de Collin lui-même que j'ai appris cette particularité. Je n'ai pas besoin de dire qu'il a voulu depuis s'acquitter avec Lévêque, mais que celui-ci n'y a jamais consenti.

Dans ce même temps, Collin fit ressource de son écriture, nette et fort lisible, et de la promptitude qu'il avoit à écrire ; il fit des copies pour des libraires ; il pouvoit, en travaillant bien, gagner à ce métier trente à quarante sous par jour, quand il avoit de l'ouvrage.

Voilà où en étoit réduit l'auteur de *l'Inconstant*, dont la pièce étoit reçue depuis cinq ou six ans, en attendant la représentation.

Il faisoit quelquefois, mais rarement, et en très petit comité, des lectures de sa comédie. Ce fut à une de ces lectures qu'il eut le bonheur de rencontrer Mme Duvivier, laquelle distingua dès lors le talent de l'auteur encore inconnu ; elle ne distingua pas moins ses excellentes qualités personnelles, et lui voua dès lors une amitié tendre, qui survit encore aujourd'hui à celui qui l'avoit inspirée.

Je lui ai lu cette notice avant de la publier, et nous avons pleuré ensemble à cette lecture.

Enfin, au mois de juin 1786, *l'Inconstant* fut représenté pour la première fois au théâtre François.

La pièce réussit, et fut surtout appréciée par les connoisseurs. M. Palissot, entre autres, imprima dans un journal que *depuis plus de quarante ans qu'il fréquentoit le spectacle, il n'avoit pas vu de début d'auteur fait pour donner de plus grandes espérances.....*

Collin se ranima; il vit bien, aux dispositions des comédiens à son égard, qu'il n'éprouveroit plus les mêmes difficultés ni les mêmes longueurs à faire jouer une comédie; et il composa assez promptement sa seconde pièce, *l'Optimiste*. Elle étoit achevée à la fin de l'automne 1786; il consacra plus de temps à la retoucher qu'il n'en avoit mis à la faire, et ce fut dans l'hiver de 1787 qu'il la présenta aux comédiens.

J'étois présent à la lecture, et je crois même que ce fut moi qui lus la pièce. Il se passa dans l'assemblée un petit événement que je crois devoir rapporter, parcequ'il explique comment il est arrivé qu'il se trouve dans *l'Optimiste* une scène de ma façon.

La lecture fut écoutée avec plaisir, avec intérêt; les avis furent unanimes pour la réception: cependant plusieurs comédiens firent des objections sérieuses et justes sur la conduite de la pièce; il y avoit de l'obscurité, de l'embarras. Collin étoit facile à décourager; je le vois encore debout devant la cheminée de marbre sur laquelle il avoit posé son manuscrit. « Allons, disoit-il d'une voix foible « et triste, je vois bien que je me suis trompé; c'est « une mauvaise pièce; il n'y a qu'à la brûler, tout « sera dit. » Toutes les voix s'élevoient ensemble pour le rassurer.

Moi qui avois bien écouté les critiques, je pris à mon tour la parole: « Je ne vois pas, mon ami, lui « dis-je, que le mal soit si grand; c'est sur-tout de « votre exposition qu'on paroît mécontent; elle est « toute dans le premier acte, et elle y est gênée: « Vous savez que, dans une pièce en cinq actes, « il est permis de prolonger l'exposition jusque « dans le commencement du second; il ne s'agit « donc que de faire une scène de plus qui com- « mencera votre second acte..... »

— « Eh! qui la fera cette scène? » demanda Col- « lin, toujours d'un ton désolé.

— « Qui?... répondis-je, ce sera moi; et ne vous « tourmentez pas.

— « Mon ami, je vous prends au mot; vous la « ferez: entendez-vous?

— « Oui, assurément; et je ne vous demande que « deux ou trois jours. »

Les comédiens qui nous entouroient étoient un peu surpris de ce dialogue; et peut-être m'accu- soient-ils tout bas de beaucoup d'amour-propre, moi qui paroissois un très jeune homme, et qui leur étois tout-à-fait inconnu. Mais Collin, s'adressant à eux, eut la bonté de dire: « Je suis tranquille; An- « drieux fera la scène, et il la fera bien. »

Voilà par quelle circonstance un mot qui s'échappa de mon cœur par amitié, et pour consoler le pauvre Collin dans un moment de chagrin, m'engagea tout de bon à faire cette scène pour laquelle il n'avoit aucun besoin de mon secours, et qu'il auroit aisément faite sans moi et mieux que moi.

Sa reconnoissance a beaucoup exagéré ce foible service.

Quand la piéce fut corrigée, on saisit la première occasion de la mettre à l'étude et de la donner au public.

Molé fut encore plus content de son rôle qu'il ne l'avoit été de *l'Inconstant;* il trouvoit ici *de la pâture pour le cœur*, quelques traits de sensibilité, quelques mouvements de tendresse.

Avant les répétitions, il voulut faire avec l'auteur une espéce de revue et d'examen approfondi de ce rôle qu'il affectionnoit. Collin m'appela au conseil, et nous nous réunîmes tous trois un jour, vers neuf heures du soir, dans le petit appartement de Collin, au quatrième, rue Saint-Benoît, en face de la rue Taranne; Molé logeoit à deux pas de là, rue du Sépulcre. Lorsqu'il fut arrivé, la vieille femme de ménage mit sur la table un modeste souper (on soupoit alors). Un poulet rôti, un plat d'épinards, que Collin aimoit beaucoup, une omelette, une salade, un morceau de fromage, et une assiette de mendiants, faisoient tous les frais du repas; mais le couvert étoit mis avec soin et avec propreté. Molé, en entrant, témoigna sa satisfaction, et d'un ton demi-protecteur : « Hé bien, mes

« bons amis, dit-il, c'est charmant, ce petit loge-
« ment, cette petite table!... Voilà comme j'ai com-
« mencé. — Et moi, répondit Collin, voilà comme je
« veux finir. » Il ajouta même, en riant : « Ne vous
« y trompez pas, monsieur Molé, on a fait des fa-
« çons pour vous. Quand nous soupons nous deux
« Andrieux, nous ne sommes pas si magnifiques. »

Le souper fait, nous nous mîmes au travail ; nous lûmes la pièce entière, en nous arrêtant particulièrement sur le rôle principal. Molé en faisoit l'étude devant nous ; il y mettoit un soin extrême et l'application la plus sérieuse ; il ne laissoit pas passer un vers, pas un hémistiche sans se bien rendre compte du sens qu'il falloit lui donner, et de l'effet qu'il produiroit sur le spectateur. Souvent il se demandoit à lui-même : Comment dirai-je cela? Il essayoit plusieurs manières, et ensuite s'adressant à Collin : Est-ce bien cela? êtes-vous content? Ce petit-maître, si léger au théâtre, cet acteur si vif, si passionné, si entraînant, et qui sembloit toujours improviser son jeu, avoit tout préparé, tout calculé d'avance ; je crus même m'apercevoir qu'il avoit plus de justesse que de promptitude dans l'esprit ; il ne saisissoit pas du premier mot, il falloit répéter ; il étoit lent mais clair dans la discussion ; il s'entendoit bien et se faisoit bien entendre ; il demandoit nos avis, et finissoit souvent par s'en tenir au sien ; mais il discutoit avec une politesse parfaite, avec une franche cordialité ; le travail se faisoit utilement et gaiement.

Il dura toute la nuit, et nous ne nous séparâmes

qu'au jour. La manière dont Molé avoit étudié son rôle en notre présence m'auroit appris, si je ne l'avois su déja, que les talents et les succès dans les arts sont le fruit des méditations sérieuses, et que les plus heureuses inspirations et les traits les plus ravissants ne viennent qu'à ceux qui se sont appesantis sur un sujet et qui s'en sont rendus maîtres par des réflexions longues et profondes.

Je crois que ce qui engagea Molé à donner un soin particulier à ce rôle, qui d'ailleurs lui plaisoit beaucoup, ce fut qu'il sortoit pour la première fois de l'emploi des jeunes gens qu'il avoit joué jusqu'alors, pour entrer dans celui des pères.

La peine qu'il s'étoit donnée ne fut pas perdue : il parut, dans le rôle de l'*Optimiste*, d'une bonhomie charmante; il y mit de la grace, de l'abandon, une chaleur douce, mais communicative; il contribua beaucoup au succès de la piéce : ce succès fut très brillant; on se porta en foule aux représentations. La quinzaine de Pâques vint les interrompre; mais elles furent ensuite reprises avec la même affluence de spectateurs; tellement qu'en trois ou quatre mois la piéce rapporta plus de vingt mille francs à l'auteur (1). Elle lui procura

(1) Suivant les règlements d'alors, les droits des auteurs étoient plus considérables qu'à présent; mais aussi les droits se perdoient entièrement, et la piéce cessoit d'appartenir à l'auteur, lorsqu'au bout d'un certain nombre de représentations elle n'avoit pas produit, en recette, une certaine somme fixée : c'est ce qu'on appeloit *tomber dans les règles;* et il dépendoit à peu près des comédiens de préparer et d'amener cette chance.

beaucoup de félicitations, de compliments; il fut bien accueilli, recherché, fêté. On vouloit voir l'auteur de la piéce nouvelle, dans laquelle les femmes trouvoient de la grace, de la sensibilité. Il pouvoit lui-même regarder son sort comme assuré pour l'avenir, puisque le genre de comédie auquel il se sentoit appelé obtenoit l'approbation du public; ce succès, qui lui en présageoit de nouveaux, lui inspiroit une douce joie et une modeste confiance. Si l'on veut fixer le temps de sa vie où il a été le plus heureux, c'est certainement l'année de la représentation de *l'Optimiste*. Il a répandu ce sentiment de bonheur dans la préface qu'il mit en tête de cette piéce, lorsqu'il la fit imprimer dans sa nouveauté; c'est la seule de ses préfaces particulières qu'il ait conservée dans l'édition de ses œuvres.

Il regrettoit seulement que son bon père, qui lui avoit servi de modéle pour le caractère de M. de Plinville, n'eût pas pu sourire à sa propre image: il l'avoit perdu dès avant la première représentation de *l'Inconstant;* et ce digne homme n'a pas joui des premiers succès de son fils, que ses craintes paternelles avoient inutilement essayé de détourner de la carrière du théâtre.

Mais, en bon frère, en bon parent, Collin voulut que son bonheur fût ressenti et partagé par toute sa famille. Il avoit six sœurs; il les fit venir à Pa-

qui les rendoit propriétaires, à bon marché et pour toujours, de la piéce d'un auteur vivant.

ris, en poste, deux à deux, pour voir *l'Optimiste*, et les renvoya de même. Après les sœurs, ce furent les cousines; il les promenoit, les régaloit, leur faisoit les honneurs de la capitale et des environs. Un jour, il louoit une loge à un spectacle; le lendemain on alloit à la campagne en carrosse de remise; et les jours de représentation de *l'Optimiste*, l'auteur donnoit un grand et bon dîner que le traiteur fournissoit. Je lui faisois quelquefois une remontrance amicale sur la dépense que telle ou telle partie de plaisir entraînoit. « Bon! me répondoit-il, « une représentation paiera cela. »

Il eut tant à payer que, du produit de la pièce dans la première année, il ne plaça que six mille francs; encore cette réserve fut-elle dépensée les années suivantes. Quoiqu'il ne fût pas dissipateur et qu'il fût sur-tout d'une exactitude scrupuleuse à remplir ses engagements, sa générosité naturelle a toujours empêché qu'il ne sût compter et faire des économies.

L'Optimiste fut, comme de raison, joué à Versailles. Nous allâmes voir cette représentation, Collin et moi, dans une petite voiture; et ce fut pendant ce voyage qu'il me parla pour la première fois des *Châteaux en Espagne*, dont il avoit tout nouvellement conçu l'idée et commencé à tracer le plan.

La pièce fut bientôt faite, reçue, apprise, et donnée au public un an tout juste après *l'Optimiste*. Ce nouvel ouvrage d'un auteur qui venoit l'année précédente d'obtenir un si grand succès, avoit attiré une foule immense; la salle étoit pleine jusqu'au comble. Les quatre premiers actes furent accueillis avec la plus vive satisfaction et des applaudissements unanimes : le cinquième ne fut pas si heureux; il étoit froid et de peu d'effet. Cependant beaucoup de personnes faisoient à l'auteur des compliments, comme si le succès eût été complet. Il n'étoit pas content; je ne l'étois pas non plus, mais je cherchois inutilement ce qu'il y avoit à faire pour remettre à flot ce malheureux cinquième acte; je ne trouvois rien. Collin, de retour chez lui, étoit entouré d'amis, de connoissances, de gens indifférents faisant les empressés; il y avoit foule autour de lui; on s'évertuoit à lui prouver que sa pièce étoit excellente d'un bout à l'autre, et qu'il falloit retrancher ou changer quelques vers tout au plus; il répondoit : « Et le cinquième acte? Me ferez-vous « accroire qu'il a réussi? Demandez à Andrieux? » Je ne disois pas grand'chose.... Tout d'un coup ce fut une scène dramatique, une vraie péripétie théâtrale.... Notre bon ami Desalles entre dans la chambre, en courant, la tête haute, l'air assuré; il salue à peine en entrant, et va droit à Collin: « Eh bien! votre cinquième acte est manqué; il « n'est pas bon; il faut le refaire, et voici com- « ment.... » Alors, sans s'occuper le moins du monde des assistants, et à leur grande surprise, il se met à tracer, scène par scène, le plan d'un nouveau cinquième acte. Collin s'écrie : « Il a rai- « son, la pièce est sauvée. »

Ils allèrent sur-le-champ ensemble chez Molé,

et lui firent part du projet de refaire le cinquième acte : il l'approuva beaucoup, et promit de le seconder pour sa part, en apprenant tout ce qu'on lui donneroit de nouveau ; les autres comédiens imitèrent son zéle et sa bonne volonté. Un nouveau cinquième acte fut composé, appris, répété ; la seconde représentation, qui avoit été suspendue, fut donnée treize jours après la première ; elle eut un succès complet, et la piéce prit son rang au répertoire. Ce succès n'eut pas autant d'éclat que celui de *l'Optimiste* ; il en eut plus que celui de *l'Inconstant*.

Mais les trois piéces se donnoient assez souvent, et le public les voyoit toujours avec plaisir.

Je ne puis quitter *les Châteaux en Espagne* sans faire mention d'une particularité qui vaut, je crois, la peine d'être remarquée.

C'est que, dans le rôle d'un jeune homme, l'un des personnages de la piéce, Collin a fait entrer des vers où il raconte sa propre histoire ; c'est lui-même qui parle lorsqu'il fait dire à son *Florville* :

« Mademoiselle, eh bien ! je le dirai tout bas,
« Car d'autres en riroient, mais vous n'en rirez pas ;
« J'ai passé quatre hivers auprès de mon aïeule ;
« Jamais, jamais un soir je ne la laissai seule ;
« Je faisois sa partie, ensuite je lisois ;
« Je l'écoutois sur-tout, enfin je l'amusois ;
« Et moi, j'étois heureux en la voyant heureuse :
« Sa mémoire à-la-fois m'est chère et douloureuse. »

C'étoit ainsi qu'il avoit vécu plusieurs années à Chartres, auprès de sa grand'maman Artérier. Ces vers attendrissants et qui coulent de source, il les a faits d'inspiration ; mais, pour avoir des inspirations pareilles, il ne suffit pas d'avoir du talent, il faut y joindre des vertus. Comment ne pas aimer le poëte qui trouve dans sa propre vie le sujet d'un tableau si touchant, et qui se met lui-même en scène quand il y met la piété filiale ?

Me voici arrivé à l'ouvrage le plus important de Collin, à celui qu'on regarde généralement comme son chef-d'œuvre.

Il avoit donné au public trois comédies en cinq actes, qui toutes les trois avoient réussi. On avoit reconnu en lui un grand talent, sur-tout un talent aimable ; sa réputation étoit assez avancée : mais il avoit ainsi contracté, en quelque sorte, des engagements pour l'avenir ; on avoit le droit d'attendre et d'exiger de lui de bonnes comédies. Les envieux et les critiques de profession étoient sous les armes : on pardonne aisément, on favorise même un premier succès ; on examine de plus près le second ; on conteste le troisième, et, si l'on ne peut l'empêcher, on cherche et l'on trouve quelque moyen de le diminuer et de l'affoiblir.

Il falloit bien affliger un peu un poëte qui étoit coupable de trois bonnes pièces de suite en moins de trois ans. Il se trouva quelqu'un qui imagina de dire que ces trois pièces se ressembloient si fort, qu'il falloit les appeler *une comédie en quinze actes;* le mot fut répété sans qu'on aperçût ou sans qu'on voulût apercevoir combien il manquoit de justesse.

D'abord rien de commun, pas le moindre rapport entre les trois actions, les trois fables : chaque pièce a la sienne, et aucune ne ressemble à l'autre. Les caractères des trois principaux personnages diffèrent beaucoup entre eux : l'*Inconstant* change à tout moment, parcequ'il est mécontent de tout ; l'*Optimiste* ou l'*Homme content de tout* jouit avec transport du présent ; et l'*Homme aux châteaux* ne jouit que de l'avenir ; il est dans une continuelle extase d'espérance (1). Les hommes exercés reconnoîtront aussi au premier coup d'œil que le style n'est pas le même : celui de *l'Inconstant* est le plus gai, le plus franc, le plus comique des trois ; celui de *l'Optimiste* est le plus doux, le plus aimable et le plus naïf; celui des *Châteaux* est le plus brillant et le plus poétique : et cela devoit être ; car tout bon poëte assortit son style à son sujet. Que si l'on vouloit dire que dans les trois pièces on retrouvoit le même fonds de pensées, de sentiments, la même morale, le même goût pour la vie champêtre, étoit-ce un reproche à faire à l'auteur? Pouvoit-il ne pas être lui? auroit-il gagné à ne pas l'être? et s'il n'eût pas suivi les inspirations de son naturel, de sa muse, auroit-il fait de bons ouvrages?

(1) M. le comte Daru, dans son discours de réception à l'académie françoise, lorsqu'il y vint siéger à la place de Collin-Harleville, a parfaitement réfuté cette phrase de la *comédie en quinze actes*, phrase malignement faite et mise en circulation ; il a fait voir, par une très bonne analyse, quel est le caractère particulier de chacune de ces trois pièces qu'on vouloit confondre en une seule.

Collin, dans sa simplesse, n'étoit pas homme à vouloir argumenter contre ses détracteurs; il seroit plutôt convenu qu'il avoit eu tort de réussir. Voici en effet de quel ton modeste, dans une pièce de vers intitulée *l'Auteur malade*, qu'il composa vers ce temps, il répondoit à ce reproche d'uniformité (1) :

« Que d'égoïsme encor, si l'on veut, on m'accuse;
« Qu'on répète sur-tout que ma fidèle muse
« (Car je sais qu'on l'a dit en plus d'un bon endroit)
« Va décrivant sans cesse un petit cercle étroit,
« Et que, toujours soumis à mes règles exactes,
« Je n'ai fait jusqu'ici qu'une *pièce en quinze actes* :
« Je ne m'en défends point, et, si c'est un défaut,
« N'espérez point, messieurs (car je le dis tout haut),
« Que d'un défaut si doux jamais je me repente.
« Que vous dirai-je enfin ?... une invincible pente
« A mes sujets chéris me ramène toujours ;
« Penchant dont je suis loin de détourner le cours.
« Eh ! pourquoi voulez-vous que je vous entretienne
« Des campagnes d'autrui plutôt que de la mienne,
« Des étrangers plutôt que de mes chers parents,
« En un mot, de sujets vagues, indifférents ?...
« Je n'écris point pour vous, messieurs, je le déclare;
« Je dirai plus, dût-on me traiter de bizarre :
« Mes vers même au public ne sont point adressés.
« J'écris pour moi d'abord ; et c'en seroit assez.
« Je jouis en faisant, et cette récompense
« Est plus sûre et plus douce au fond que l'on ne pense.
« Je joins à ce plaisir quelques autres douceurs :
« Je lis ce que j'ai fait à ma mère, à mes sœurs ;
« Je jouis de leurs ris, et sur-tout de leurs larmes.

(1) Cette pièce n'est point dans l'édition de ses œuvres.

« Oui, oui, cette lecture a pour moi plus de charmes
« Que celles où l'auteur, dans un brillant soupé,
« Caressé par des sots, par lui-même trompé,
« Paiera bien cher, un jour, ces éloges perfides.
« Grace au ciel ! à Paris, je prends de plus sûrs guides ;
« Je lis, mais à huis clos, mais à quatre auditeurs :
« Je cherche des amis et non pas des flatteurs... etc. »

D'Alembert a dit quelque part que « la carrière « des auteurs dramatiques est une espèce de guerre « continuelle. » Personne n'étoit moins propre que Collin à soutenir une guerre littéraire ; il falloit, pour qu'il traitât un sujet quelconque, que ce sujet lui plût, lui sourît, qu'il touchât son ame, et qu'il l'élevât jusqu'à l'inspiration et l'enthousiasme ; des querelles, des contrariétés, des discussions, n'auroient fait que la froisser et la refroidir ; les obstacles même le rebutoient facilement. Il avoit aussi trop de modestie pour ne pas reconnoître que ses ouvrages étoient susceptibles de critiques ; celles qui parurent sur la comédie des *Châteaux en Espagne*, sans en arrêter le succès, affligèrent l'auteur ; le succès même, qui avoit manqué lui échapper, ne fut pas aussi grand peut-être qu'il l'avoit desiré et espéré ; enfin il ne fut pas aussi content, aussi heureux après cette troisième pièce qu'après l'*Optimiste*, quoiqu'il comptât ou précisément parcequ'il comptoit un triomphe de plus.

Depuis trois ans il se brûloit le sang à travailler ; il tomba sérieusement malade dans l'été de 1789. Il logeoit toujours rue Saint-Benoît, dans la même maison ; mais il étoit descendu de deux étages. Il

avoit auprès de lui sa sœur aînée, mademoiselle Julie Collin, personne d'un rare mérite, et qui l'aimoit comme une mère; elle étoit secondée par une garde-malade dans les soins qu'elle donnoit à son frère. M. Doublet, de Chartres, son médecin et son ami, suivoit assidument les progrès de sa maladie, lui prescrivoit des remédes auxquels le patient ne se refusoit point; il lui avoit sur-tout interdit le moindre travail, la moindre application d'esprit, et cette ordonnance ne fut pas suivie comme les autres. J'allois le voir tous les jours; il étoit alité; je le faisois causer un peu, sans le fatiguer. A une certaine époque, je le trouve triste et muet; il ne me répond qu'en monosyllabes; et à peine suis-je arrivé, qu'il paroît impatient de me voir partir. Cela m'afflige; j'en parle à mademoiselle sa sœur, qui me dit qu'il est de même avec elle, avec tout le monde, qu'elle conçoit beaucoup d'inquiétudes; que cependant le médecin ne les partage pas. Cet état extraordinaire duroit depuis quelque temps, depuis douze à quinze jours environ, lorsque, me trouvant un moment seul avec lui, je le vois se mettre sur son séant, soulever un peu son drap; il prend ma main, et me fait toucher sous le drap un monceau de feuilles de papier. « Mon ami, » me dit-il d'un air que sa longue barbe, sa maigreur et ses yeux vifs et un peu égarés rendoient presque effrayant, « mon ami, c'est une comédie en cinq actes,
« que j'ai faite en douze jours ou plutôt en douze
« nuits. Vous êtes le premier à qui je le dis; ma sœur,
« ni ma garde, ni M. Doublet n'en savent rien. La

« pièce s'appelle *le Vieux Célibataire* : la voilà... » Je ne sais d'abord ce que cela signifie; je suis tenté de croire qu'il rêve ou qu'il est en délire; je prends quelques feuilles griffonnées, chargées de ratures; j'ai peine à déchiffrer. « Laissez, laissez, me dit-il, « vous ne pourrez pas lire; » et se mettant tout-à-coup à parler avec une force, une clarté, une volubilité remarquables, il me raconte toute sa pièce, scène par scène, m'en cite des vers.... Je reste confondu d'étonnement; mais il n'y a plus de moyen de douter que la pièce existe: en même temps son long silence, sa mauvaise humeur apparente, son faux marasme, se trouvent expliqués; mes inquiétudes cessent, je l'embrasse, et avec sa permission je vais faire part du prodige à sa sœur et au médecin, qui étoient dans la chambre voisine et que j'amène avec moi. La sœur s'afflige et se tourmente des suites que peut avoir cet excès de travail; le docteur gronde : Collin assure que cette occupation lui a fait du bien, et que c'est là ce qui le guérira; je me range de son avis contre le médecin et la sœur. Nous finissons tous par tourner la chose en plaisanterie; je prie M. Doublet de me donner une bonne maladie, afin que je puisse faire aussi en douze jours une belle comédie en cinq actes. Collin avoue qu'après tout il vaudroit encore mieux se bien porter, d'autant plus qu'on ne peut répondre qu'une comédie en soit meilleure pour avoir été faite par un malade et un fiévreux; mais il ajoute qu'il faut absolument qu'il achève ce qu'il a commencé, c'est-à-dire qu'il fasse un nouveau manuscrit, qu'il corrige et qu'il mette au net. Après un peu de résistance, M. Doublet y consent; seulement on convient que le malade, au lieu de travailler la nuit et en cachette, écrira le jour, à son aise, aux heures qui lui couviendront le mieux.

Il se met aussitôt à l'ouvrage; et au bout de douze autres jours, il me livre un manuscrit en règle et bien au net. Je passe dans l'autre chambre, et j'ai le plaisir de lire une comédie qui m'enchante et dont je présage le succès. Je dois dire pourtant que cette première édition a subi bien des changements avant la représentation, qui n'eut lieu que trois ans après; mais le plan de la pièce est resté le même; les caractères, mieux développés depuis, étoient déja bien indiqués; et il n'y a pas eu un vers de changé à la scène épisodique et fort gaie des cinq cousins.

Je laisse aux physiologistes à examiner et à nous dire, s'ils le peuvent, comment l'affoiblissement des forces du corps, joint à l'ardeur de la fièvre, peut développer les facultés intellectuelles, ajouter à-la-fois à la puissance de l'imagination et à celle du jugement; comment chez un poëte malade, enfoncé dans son lit, et n'étant plus distrait par aucun objet extérieur, l'attention fixée continuellement sur un même sujet peut produire l'inspiration et l'enthousiasme: j'ai raconté le fait, et ne me charge point de l'expliquer. Dans un endroit de ses Confessions, J. J. Rousseau nous assure que durant une maladie il lui revint des idées de musique, et que dans le transport de sa fièvre il composoit des

chants, des duo, des chœurs; il ajoute même : « Oh!
« si l'on pouvoit tenir registre des rêves d'un fié-
« vreux, quelles grandes et sublimes choses on
« verroit sortir quelquefois de son délire! » Mais il
n'est rien resté de la fièvre musicale de Rousseau;
et la fièvre poétique de Collin nous a valu *le Vieux
Célibataire*.

Peu de temps après il partit pour Mévoisins encore bien foible; il fallut le soutenir pour descendre les escaliers et pour entrer dans la voiture. Il n'avoit alors que trente-quatre ans: jamais il n'avoit joui d'une santé bien robuste; mais depuis cette époque, je l'ai toujours vu, sinon malade, au moins dans un état de langueur et de souffrance.

En général, Collin composoit assez vite ce qu'il appeloit son premier jet; mais il corrigeoit beaucoup et long-temps. Il cherchoit et appeloit les critiques; il ne craignoit pas qu'on lui demandât des changements, parcequ'il les faisoit avec facilité. Je me souviens de l'avoir un peu tourmenté de mes réflexions sur la grande scène où madame Évrard emploie toute son adresse pour amener M. Dubriage à l'épouser. Collin recommença cette scène plusieurs fois, et plusieurs fois aussi il arriva chez moi le matin m'apportant son nouveau travail de la veille. « Oh! pour le coup, disoit-il, je crois que vous
« allez être content. » Enfin, après bien des allées et venues, je lui fis sans restriction mon compliment sur cette scène, qui est réellement un chef-d'œuvre, et qui étoit très difficile à conduire, en observant

toutes les nuances et toutes les bienséances d'une situation aussi délicate.

Il eut le temps de corriger *le Vieux Célibataire;* car la pièce, composée en 1789, ne fut mise au théâtre qu'en 1792.

Dans cet intervalle, tout en revoyant sa grande pièce, il donna des instants, pendant lesquels il dut beaucoup rire, à la composition de sa jolie comédie de *M. de Crac dans son petit castel.*

Ce fut à la campagne et dans le printemps de 1790 qu'il s'avisa de cette bluette bouffonne et très bien versifiée, qui parut avant *le Vieux Célibataire,* car elle fut jouée en 1791.

Dans cette même année 1790 on établit par toute la France les gardes nationales ; chaque commune eut la sienne. Collin fut nommé commandant de celle de Mévoisins ; et il fut de la députation des gardes nationales du département d'Eure-et-Loir à la fédération de 1790.

Il fit faire son uniforme de commandant à son gré ; il se trouva d'autant plus à son aise, qu'aucun des habitants de son village ne put ou ne voulut s'imposer la même dépense. Il choisit donc à sa fantaisie, et il choisit très bien les couleurs des revers et des parements ; il y ajouta même un bout de broderie, et se fit un très joli uniforme. Il s'amusoit beaucoup dans le temps à dire que son habit étoit unique, et qu'il n'y en avoit pas un second pareil dans toute la France. Il lui arrivoit quelquefois que des commandants de gardes nationales de grandes villes, telles que Bordeaux, Lyon, etc., s'arrêtoient pour lui demander de quel département, de quelle ville il étoit envoyé : on ne soupçonnoit pas que le porteur d'un si brillant uniforme fût tout simplement commandant d'un village de cent feux. Il disoit aussi en riant, *Nous autres commandants*; et il fut traité selon son grade aux réunions, aux fêtes, aux cérémonies publiques pendant toute la fédération de cette année.

Mais Collin n'étoit pas homme à accepter une fonction sans la remplir en conscience. Tout le temps qu'il passoit à sa campagne, et il y étoit la plus grande partie de l'année, il donna l'exemple de l'exactitude à faire le service, tant que cela fut nécessaire et ordonné. Aux époques de désordres et de troubles, comme on répandoit quelquefois le bruit qu'il survenoit des brigands, qu'il y en avoit des troupes qui couroient le pays, le commandant de Mévoisins se concertoit avec les municipalités et les commandants des environs; il ordonnoit des patrouilles, et marchoit lui-même à leur tête. Il a passé ainsi un grand nombre de nuits; et il a eu la satisfaction de contribuer à maintenir la tranquillité dans son village et dans les environs : les malheurs et les excès de la révolution n'excitèrent jamais aucun tumulte, aucune fermentation dans cette paisible commune.

Les services qu'il rendit alors furent dus surtout à son bon esprit et à la confiance et à l'attachement qu'il inspiroit; mais je suis persuadé encore qu'au besoin il n'eût pas manqué de courage.

Je lui en trouvai un jour que nous revenions

fort tard de je ne sais quel spectacle; il étoit minuit environ; dans le petit passage de la rue des Prêtres-Saint-Germain-l'Auxerrois, nous entendîmes les cris d'une malheureuse femme, traînée à terre par un soldat ivre, lequel agitoit son sabre nu. Collin, qui n'avoit à la main qu'une petite badine, alla droit à lui, le sépara de la femme qu'il effrayoit, et lui parlant d'un ton d'autorité: « Allons, mon ca-« marade, dit-il, il ne convient pas à un soldat fran-« çois de battre une femme; allez-vous-en à votre « caserne, où vous serez puni pour avoir manqué à « l'appel, et pour être à cette heure-ci dans les « rues. » Le soldat le prit, je crois, pour un officier; sans répliquer, il remit son sabre dans le fourreau et s'en alla. La pauvre femme, toute tremblante, nous demanda la permission de nous suivre quelque temps; elle traversa le Pont-Neuf avec nous; lorsqu'elle fut tout-à-fait rassurée, elle nous quitta.

Mais revenons au *Vieux Célibataire*. Molé, qui, pendant la répétition de la pièce, nous avoit paru peu content de son rôle, peut-être parcequ'à côté du sien il y en avoit un autre au moins aussi important, celui de madame Évrard; Molé nous surprit bien agréablement à la représentation: il y fut d'une vérité parfaite; c'étoit l'ennui et le chagrin personnifiés, mais un *ennui amusant* (1), comme a dit le bon et respectable Ducis: Mlle Contat n'y déploya pas moins de talent. La pièce réussit complé-

---

(1) Et l'amusant ennui du *Vieux Célibataire*. Ducis.

tement, et mit le sceau à la réputation de l'auteur.

Mais sur chaque succès littéraire il y a toujours un droit à prélever au profit de l'envie, qui est très exacte à le faire payer. Le lendemain matin de la première représentation, je trouvai Collin lisant dans son journal de Paris l'article où l'on rendoit compte du spectacle de la veille. On donnoit des éloges à la pièce nouvelle ; mais on disoit que l'auteur avoit beaucoup d'obligations à une ancienne comédie jouée, il y avoit plus de quarante ans, au théâtre Italien, sous le titre de *la Gouvernante,* et qui étoit d'un poëte nommé Avisse. On assuroit que *le Vieux Célibataire* n'étoit rien autre chose que cette pièce tirée de l'oubli et remise à neuf. Collin fut bien surpris à cette lecture, qui lui apprit jusqu'au nom d'Avisse et de sa comédie. Ni lui, ni aucun des amis qu'il consultoit ordinairement (et je me comprends dans le nombre), nous ne soupçonnions que cette pièce existât : si nous en avions eu connoissance, sachant que Collin traitoit le même sujet, nous n'aurions pas manqué de l'avertir.

Notre curiosité une fois éveillée par l'article du journal, nous n'eûmes point de cesse que nous ne nous fussions procuré la pièce d'Avisse ; nous n'en vînmes à bout qu'après plusieurs jours, et j'arrivai encore chez Collin au moment où l'on venoit de la lui apporter, et où il en commençoit la lecture.

Nous la fîmes ensemble ; et Collin, dans le premier moment, parut frappé et presque effrayé de quelques rapports qui se trouvoient entre les deux pièces. Ils ne produisirent pas sur moi le même effet; et je n'eus pas de peine à rassurer mon ami, en lui faisant observer que les idées qui lui avoient été communes avec Avisse étoient celles qui devoient se présenter d'elles-mêmes à quiconque auroit voulu mettre sur la scène un *vieux garçon*. Comment ne pas lui donner d'abord une gouvernante, une servante maîtresse? Et celle-ci ne doit-elle pas être l'ennemie jurée de tout parent, de tout héritier collatéral? Il est vrai que dans la piéce d'*Avisse* il y a aussi un neveu qui entre dans la maison de son oncle sous un déguisement; il est proposé pour maître-d'hôtel; mais cet incident n'aboutit absolument à rien. La gouvernante n'est qu'une voleuse qui veut spolier la succession future et détourner une somme considérable en billets au porteur; et loin que ce soit elle qui prétende à la main du vieillard, c'est lui qui lui propose de l'épouser, et cette proposition n'a pas de suite.

La gouvernante d'Avisse n'est qu'une friponne sans adresse; *Orgon* est un vrai *Cassandre*; *Frontin* et *Lisette* (car il y a une Lisette) ressemblent à tous les valets de comédie; et les rôles de l'amoureux et de l'amoureuse sont absolument insignifiants.

Enfin le style est foible et sans couleur; nulle force comique; les prétendus vers ne sont que des lignes rimées; et pour l'exécution, plus encore que pour la conception de l'ouvrage, la piéce d'Avisse n'est rien, si on la met à côté du *Vieux Célibataire*.

Un paralléle plus dangereux peut-être pour

Collin seroit celui de sa piéce avec *le Vieux Garçon* de Dubuisson.

Un vers de cette piéce,

« J'ai cent fois été près d'épouser ma servante, »

a donné à Collin, ainsi qu'il a eu la bonne foi de le publier lui-même, la première idée de traiter ce sujet.

Dubuisson a montré un vieux garçon qui, livré dans sa jeunesse au libertinage, a dédaigné les plaisirs honnêtes et la volupté consciencieuse de l'union conjugale. Dans un âge avancé, il plaisante encore par habitude les maris et le mariage; mais au fond de l'ame il regrette et gémit de vivre isolé, livré à des étrangers, dominé par sa gouvernante, pillé par tous ses valets. Il a chez lui un neveu marié, et fort heureux de l'être; et le tableau de ce jeune et bon ménage ajoute aux regrets du vieillard. Lui-même, dans un moment de courage ou de folie, ose se proposer pour mari à une jeune personne; il lui offre sa main et sa fortune qui est considérable: mais quoiqu'elle soit pauvre, elle le refuse, et il en reçoit une assez bonne leçon; elle lui fait entendre poliment qu'il est trop vieux, et qu'elle n'est pas encore réduite à se faire garde-malade. Enfin il retrouve un fils naturel qu'il a eu dans sa jeunesse, et dont il a délaissé la mère, laquelle est morte de douleur d'avoir été séduite et abandonnée. Il ne peut ni reconnoître publiquement ce fils, ni le faire son héritier; la législation d'alors s'y opposoit; et le chagrin qu'il en éprouve est la punition de sa mauvaise conduite.

Le sujet, comme on voit, avoit été approfondi par l'auteur de cette piéce; il avoit rassemblé, dans son cadre, les causes ordinaires du célibat, ses inconvénients, ses vices et sa honte. Malheureusement il y a du romanesque dans la fable, qui manque de simplicité et d'unité : on y trouve des conversations, des tirades, et point d'action déterminée; et d'ailleurs la piéce est si mal écrite, le dialogue en est si guindé, si sec, si dépourvu de facilité, de grace et de naturel, qu'on n'est pas surpris que cet ouvrage soit aujourd'hui oublié.

D'un seul vers de cette comédie, Collin a su en tirer une autre qui lui est bien supérieure.

La gouvernante du *Vieux Célibataire* ne vise à rien moins qu'à se faire épouser; elle a brouillé son maître avec tous ses parents; elle l'entoure, elle l'enveloppe de séductions; elle amène auprès de lui de petits enfants qui le caressent; il est ennuyé et malheureux; il cédera peut-être à une continuité de soins, de prévenances et d'attentions qu'il prendra pour de l'attachement et de la tendresse. Heureusement un neveu qui l'aime sincèrement trouve moyen de s'introduire dans sa maison; non seulement il obtient, comme domestique, la bienveillance de son oncle qui ne le connoît pas, mais la gouvernante elle-même le trouve aimable et le prend pour son confident. Dès le commencement de la piéce il y a une intrigue nouée, un intérêt établi; il s'agit de savoir si madame Évrard épousera son maître et congédiera les parents, ou si elle sera elle-même congédiée. Le parti du neveu, soutenu d'un bon vieux portier, se renforce encore de la femme du neveu, laquelle entre aussi au service de l'oncle. La lutte s'engage sérieusement entre l'étrangère astucieuse et les honnêtes parents; madame Évrard déploie toutes ses ressources, tout son art, tous ses moyens de séduction, mais inutilement; enfin *les bons l'emportent*, et l'on est charmé au dénouement de voir ce vieillard, auquel on s'est intéressé, délivré de la domination d'une adroite friponne, et entouré d'une aimable et vertueuse famille qui prendra soin d'embellir ses derniers jours. Cette fable est excellente; tous les caractères sont parfaitement dessinés; et le style, qui égale celui de Térence en correction, en élégance et en pureté, le surpasse pour la variété, pour la couleur et pour la force comique. Aussi cette comédie est-elle une des meilleures du théâtre François; et, toute prévention d'amitié à part, il n'est aucune des pièces de Destouches dont j'aimasse autant à être l'auteur que j'aimerois à l'être du *Vieux Célibataire*.

Collin éprouva, au sujet de ce bel ouvrage, une autre contrariété que celle de l'imputation hasardée d'un plagiat imaginaire; c'est que la pièce, qu'il ne se pressoit pas de livrer à l'impression, parut cependant imprimée; un contrefacteur s'en étoit procuré une copie, sans doute par quelque infidélité. C'est ainsi qu'on respectoit alors les propriétés littéraires. L'auteur se plaignit de ce vol dans la préface qu'il mit à la tête de sa comédie, dont il offrit la lecture au public en 1793, un an après la représentation.

Il garda bien plus long-temps dans son portefeuille la comédie de *M. de Crac dans son petit castel*, qui n'avoit été composée qu'après *le Vieux Célibataire*, mais qui l'avoit précédé sur la scène.

Ce petit acte fort gai avoit été joué au mois de mars 1791; et Collin s'étoit excusé sur le carnaval de la gaieté bouffonne de ses gascons.

La piéce avoit beaucoup fait rire; et on pourroit la prendre pour une de ces petites piéces un peu extravagantes de Poisson, de Hauteroche ou de Legrand, si elle n'étoit beaucoup mieux versifiée que ces auteurs n'auroient été capables de le faire.

Hélas! cette piéce si gaie me rappelle un souvenir bien triste: c'est la dernière des comédies de Collin que le cher et aimable Desalles ait vu jouer; nous le perdîmes en 1791; il mourut à trente-trois ou trente-quatre ans d'une maladie aiguë qui l'emporta en peu de jours: excellent jeune homme! excellent ami!... plein de bonnes qualités, et orné de toutes sortes de bonnes graces.

Collin n'attachoit pas beaucoup d'importance à cette petite piéce, qu'il appelloit une folie du carnaval. Il avoit eu la modestie de ne pas vouloir la faire imprimer séparément, se réservant de la publier dans le recueil de ses œuvres; mais le même brigandage, et peut-être le même brigand qui s'étoit emparé du *Vieux Célibataire*, trouva aussi le secret de mettre la main sur *M. de Crac*, et le fit imprimer de même à son profit, non seulement sans l'aveu, mais contre le gré et la volonté de l'auteur.

Collin alors (en 1796) fut obligé de livrer son

manuscrit à l'impression. Dans un fort court avertissement, il renouvela ses plaintes contre les forbans qui avec tant d'audace et d'impunité pilloient la propriété des pauvres auteurs dramatiques.

Après la mort de ses père et mère, et lors des arrangements de famille, Collin étoit devenu propriétaire, en acquérant les parts de ses frère et sœurs, de la maison paternelle et de ses dépendances. Son amour pour cette campagne avoit commencé presque avec sa vie; ce joli domaine étoit plein pour lui de souvenirs; et, quoiqu'il ne fût assurément ni aussi grand ni aussi beau que le *Tibur* d'Horace, Collin avoit bien plus de raisons que le poëte latin de dire:

> *Ille terrarum mihi præter omnes*
> *Angulus ridet....*

Aussi le disoit-il, et le sentoit-il vivement. Il passoit à Mévoisins le plus de temps qu'il pouvoit, au moins sept ou huit mois chaque année; l'hiver même, et seul, il s'y plaisoit encore et savoit s'y occuper.

J'allai y faire avec lui un assez long séjour en 1793. Le lendemain du fameux 31 mai, je donnai ma démission très volontaire d'un emploi que j'occupois dans une administration. Peu de jours après, je me mis en route, seul, à pied, un bâton à la main; je couchai dans une auberge à Rambouillet, et le jour suivant j'arrivai pour dîner à Mévoisins, n'ayant été arrêté, ni interrogé, ni remarqué sur la route par personne.

La maison, les charmilles, les aunaies, la prairie, tout cela me parut charmant, lorsqu'il me fit faire, en arrivant, ce qu'on appelle *le tour du propriétaire*. J'en éprouvois une impression de calme, de fraîcheur délicieuse : cette vallée étroite et riante, au fond de laquelle la jolie rivière d'Eure couloit à plein canal; cette vallée étoit si bien plantée de beaux arbres, si bien tapissée de verdure, et si bien arrosée d'eaux vives!... Par-tout la vue se reposoit avec délices. Je ne pus m'empêcher de dire à Collin : « Vous êtes presque né dans cette « vallée; vous y avez été élevé ; on la retrouve dans « tous vos ouvrages; voici autour de nous la douce « image de votre talent. »

De Mévoisins à Maintenon la promenade étoit charmante. Au sortir du village, on trouvoit un petit hameau dont j'ai oublié le nom, mais dont les dix ou douze maisons isolées et entourées de leurs petits jardins produisoient un effet pittoresque; ensuite on traversoit un joli bouquet de bois, puis une plaine peu étendue et fertile en grains; le chemin étoit coupé de plusieurs ruisseaux qu'on passoit sur de larges pierres ou sur des planches; on arrivoit à la rivière d'Eure, et on la traversoit sur un pont de bois à côté du vieux mur d'un château gothique, devenu une ferme qui s'appeloit *La Folie;* le village de *Changey* étoit à peu de distance, et la proximité de ces deux endroits avoit donné lieu à un proverbe du pays, qui n'étoit pas trop dans les mœurs pastorales: *Aime à la folie, quitte à changer.* De La Folie jusqu'à Maintenon, on suivoit le cours de l'Eure, et l'on marchoit au bord de la rivière sur une molle pelouse, couronnée par une magnifique allée de vieux trembles. On avoit en perspective le bel aqueduc de Maintenon, ouvrage digne des Romains; et, à travers plusieurs de ses arches, on voyoit se dessiner dans les nues les tourelles du château, qui élevoient leurs flèches parmi les têtes de hauts peupliers d'Italie formant de vertes pyramides.

Je trouvai chez Collin le bon Lévêque, et nous passâmes, tous les trois ensemble, environ sept à huit mois dans cette paisible retraite. Ce fut là que j'appris à connoître encore mieux mon hôte et mon ami; et plus je le connus, plus j'eus de motifs de le respecter et de l'aimer.

Il n'y avoit point d'autre maison bourgeoise que la sienne dans le village; il ne faut pas croire pour cela qu'il y fût sans société; tous les habitants du lieu le connoissoient; les vieillards l'avoient vu naître; il étoit le contemporain des pères, et jouoit volontiers avec les enfants; il n'y avoit personne qui ne saluât monsieur Harleville par son nom. A son tour il connoissoit grands et petits, et, dans ses promenades, il s'arrêtoit souvent pour causer de la culture, de la récolte et de tous les détails de campagne, détails qu'il entendoit fort bien, et dont il aimoit à s'occuper.

Ces bonnes gens, dont la plupart le croyoient très riche, le considéroient presque comme un demi-seigneur; ils avoient entendu dire d'ailleurs qu'il faisoit de beaux ouvrages, dont on parloit beaucoup à Paris et dans toute la France : aussi traitoient-ils avec lui sur le pied d'inférieurs; mais sa bonhomie rétablissoit l'égalité; il se montroit obligeant et serviable à tous; sa porte étoit toujours ouverte. Au milieu même de son travail, et pendant qu'il composoit une scène, il trouvoit bon qu'on vînt l'interrompre pour lui faire une confidence, pour lui demander un conseil ou de l'ouvrage; il faisoit même le métier d'écrivain public, et il lui arrivoit souvent d'être le secrétaire des mères et des sœurs dont les fils et les frères étoient à l'armée. Beaucoup usoient et même abusoient de sa complaisance; quelques-uns étoient plus réservés et plus discrets. « Voyez-vous, disoit un de « ceux-ci, il ne faut pas aller déranger monsieur « Harleville; car chaque quart d'heure qu'on lui « prend, c'est cent écus qu'on lui vole. »

Ce brave homme ne calculoit pas juste assurément; mais ce qui contribuoit encore à faire croire que Collin jouissoit d'une grande aisance, c'étoit sa générosité, qui étoit extrême pour sa fortune: il faisoit beaucoup de bien dans son village; il s'informoit des malades; il alloit les voir, et leur envoyoit de bon bouillon dont il se privoit pour eux; il faisoit venir à ses frais le médecin; il donnoit de son pain, de ses fruits, de ses légumes, de sa volaille; jamais un pauvre ne fut refusé à sa porte. Il est vrai qu'il y avoit peu de pauvres dans le pays; les mendiants étoient des étrangers qui passoient. Sur le buffet d'une salle au rez-de-chaussée, étoient toujours placées quelques bouteilles de vin destinées aux ouvriers qui avoient fini leur travail. Il arriva un jour à un charron, qui venoit de raccommoder les roues d'une charrette, un singulier accident : le maître du logis lui propose de boire un coup, le lui verse lui-même selon son usage; puis il lui dit, comme dans *le Mariage secret :* « A cause des deux roues, il faut « boire deux fois; » et il remplit de nouveau son verre. L'ouvrier avale de bonne grace, remercie, et s'en va. Il n'étoit pas au bout de la cour que Collin s'aperçoit qu'il s'est trompé de bouteille, et qu'il lui a versé.... du vinaigre; il court après lui au plus vite, le ramène, lui témoigne tout son regret, et lui demande comment il a pu ainsi se résoudre à boire, sans rien dire, sans faire la grimace, deux grands verres d'amertume. « Pour le « premier, disoit-il, encore passe; vous avez pu, « ayant bien soif, l'avaler sans y prendre garde; « mais le second ?—J'ai bien senti, dès le premier, « répondit l'ouvrier, que c'étoit du vinaigre; mais « je n'ai pas osé vous le dire, ni vous refuser. » Collin envoya chercher de son meilleur vin, et lui en versa cette fois tant qu'il en voulut.

Dans le temps des cerises, il se donnoit le plaisir d'en régaler tous les enfants du village. Parmi un certain nombre de beaux cerisiers qu'il avoit chez lui, il en réservoit quatre des plus grands et des plus chargés de fruits, auxquels personne ne touchoit, sinon les petits donataires; et lorsqu'en sortant il rencontroit un petit garçon ou une petite fille, il ne manquoit pas de lui demander : « As- « tu été aux cerises?—Pas encore, monsieur Har-

« ville.—Eh bien! va-s-y donc; il n'y en aura bientôt
« plus. » On lui représentoit que cette marmaille,
en montant sur les arbres, les casseroit, leur feroit du tort, il répondoit : « Ils n'ont pas encore
« cassé de grosses branches; et puis, si vous saviez
« comme cela m'amuse de les voir perchés sur mes
« arbres, mangeant des cerises et en jetant aux
« plus petits et aux filles qui restent en bas! cela
« me fait des tableaux charmants; et qu'est-ce
« qu'il m'en coûte? des cerises dont je ne ferois
« rien, car je n'ai pas envie d'en vendre. »

Sa vie à la campagne n'étoit pas oisive. Sans
avoir la santé robuste de son père, il en avoit toute
l'activité; il dirigeoit, ordonnoit tous les travaux
qui se faisoient dans son petit domaine; il y présidoit; cela lui donnoit une occupation qui le tenoit
toujours en haleine. Il se réservoit à lui-même certains exercices: s'armant, par exemple, de grands
ciseaux de jardinier, il tondoit et tailloit toutes
ses charmilles, et les ifs qui étoient dans son jardin, et auxquels, suivant l'ancienne mode, on avoit
fait prendre toutes sortes de formes de vases, d'a-
nimaux, d'oiseaux même. Collin les leur conser-
voit par respect pour la mémoire de son père, sans
trouver que cela fût de bien bon goût; mais il s'entendoit à ce genre de travail, et ses charmilles, en
sortant de ses mains, étoient d'une propreté et
même d'une élégance remarquables; il assuroit
aussi que cet exercice l'inspiroit, et qu'il avoit fait
beaucoup de vers, et de bons vers, les ciseaux à la
main.

Pour l'ordinaire, il travailloit le matin, sur un secrétaire ouvert, dans un petit cabinet, à côté de son salon, au rez-de-chaussée, les fenêtres donnant sur le jardin; mais il ne restoit guère assis; il alloit courir le jardin ou les charmilles, marchoit à grands pas, s'arrêtoit, gesticuloit beaucoup: en général, il attendoit l'inspiration, ou savoit la faire naître; car il falloit qu'il composât de verve, jamais à froid. Les gens du village qui passoient de l'autre côté du fossé et de la haie à hauteur d'appui dont les charmilles étoient entourées, s'arrêtoient pour le voir, et ne revenoient pas de leur surprise; il y en avoit qui croyoient qu'il faisoit des sermons. Pour lui, quand il avoit amassé ce qu'il appeloit sa récolte de vers, il rentroit et venoit la déposer sur le papier; et puis il retournoit chercher une nouvelle moisson.

Après le diner, nous faisions tous les trois ensemble une promenade dans les environs, puis nous revenions au logis lire en commun ou séparément. Quelquefois nous jouions; Collin faisoit avec Lévêque une partie de dames ou d'échecs, ou bien avec moi quelques tours de trictrac.

Nous allions souvent à Maintenon voir mesdemoiselles Collin, qui y demeuroient; et à leur tour, elles venoient rendre à leur frère ses visites.

J'ai fait avec lui de plus longues excursions; nous allâmes une fois à trois lieues de Mévoisins, près d'Épernon, chez madame Dobet, femme respectable, qui avoit de la grace et de la gaieté dans l'esprit, et qui aimoit beaucoup Collin; elle nous

e.

fit le meilleur accueil. Sa maison étoit dans un endroit nommé *Sauvage*, et qui justifioit bien son nom ; car c'étoit une vallée étroite, d'un aspect inculte et aride, semée de bruyères, hérissée de rochers et d'immenses blocs de grès qui, sortant des flancs du vallon, sembloient toujours prêts à s'en détacher et à rouler dans la petite rivière au-dessus de laquelle ils étoient suspendus : il n'y manquoit que les dogues et les brouillards, pour qu'on se crût dans la Calédonie, romantique séjour d'Ossian et de Fingal. Nous trouvâmes chez cette dame, son cousin, M. de Corancez, qui a été l'ami de Jean-Jacques Rousseau, et qui étoit aussi celui de Collin et le mien.

Nous fîmes de même, à pied, un voyage de six lieues, pour aller voir une bonne et aimable cousine de Collin, nommée madame Caillé, qu'il aimoit depuis l'enfance, et à laquelle il a eu une grande obligation que je dirai par la suite.

En traversant ces vastes et fertiles, mais ennuyeuses plaines de Beauce, Collin me cita un distique latin en vers léonins :

Belsia triste solum, cui desunt bis tria tantùm,
Colles, prata, nemus, fontes, arbusta, racemus.

Et tout en cheminant, nous nous mîmes à le traduire en vers françois, chacun de notre côté. J'ai oublié la traduction de Collin ; mais voici l'imitation que je fis, et que j'écris aujourd'hui pour la première fois :

Le triste pays que la Beauce !
Car il ne baisse ni ne hausse ;
Et de six choses d'un grand prix,
Collines, fontaines, ombrages,
Vendanges, bois et pâturages,
En Beauce il n'en manque que six.

Ce fut aussi pendant mon séjour à Mévoisins que nous essayâmes la traduction ou l'imitation de la jolie fable des *Deux Rats*, d'Horace.

Nous étions en effet dans une position à sentir tout le prix d'une tranquille solitude ; mais on venoit voir les ermites, et il nous arrivoit de Chartres, de Dreux, d'aimables sociétés. Collin aimoit à recevoir et il recevoit bien ; j'ai éprouvé pour ma part, pendant ma demeure chez lui, qu'il n'omettoit aucun des soins, aucune des petites attentions qu'auroit la maîtresse de maison la plus polie et la plus obligeante ; j'en étois souvent étonné autant que reconnoissant : n'ayant jamais eu de maison à moi, je ne sais si je serois capable de ces prévenances recherchées qui font plaisir à ceux qui en sont l'objet. Collin les prodiguoit à tous ses hôtes, et cela sans affectation et sans que cela parût lui donner la moindre peine, le moindre embarras. J'ai vu quelquefois sa petite demeure très remplie ; et nous nous y sommes trouvés plus de vingt à table. Nous faisions pour les dames des chansons qui animoient le dessert ; nous cherchions à les divertir. Nous eûmes une fois l'idée folle de faire une *tragédie-parade* ; elle fut commencée le matin, apprise, répétée dans la journée, et jouée le soir même ; elle avoit quatre cents vers; nous nous étions donné, comme de raison, les deux rôles les plus longs. Remarquant que presque toutes les tragédies se terminent par une mort, nous avions fini la nôtre par une naissance dont on venoit faire un beau récit sur la scène; et cette naissance précoce amenoit le dénouement; car elle forçoit un mariage.

Tout cela alloit fort bien, et nous passions le temps assez gaiement; mais tout cela coûtoit à Collin beaucoup trop pour sa fortune. A ces dépenses se joignoient celles qu'il faisoit en libéralités, en bonnes actions; de plus on lui faisoit payer fort cher les travaux de culture, comme labours, semences et autres, et il ne marchandoit guère avec ceux qu'il employoit; assez souvent, et surtout l'hiver, il imaginoit des ouvrages peu nécessaires, seulement pour procurer à de pauvres gens l'occasion de gagner quelque chose. Le foible produit qu'il tiroit de son domaine étoit bien loin de couvrir les dépenses qu'il y faisoit chaque année; si bien qu'au rebours de certains propriétaires qui se retirent dans leurs terres pour faire des économies, son séjour à la campagne lui devenoit très onéreux : ne tenant point maison à Paris, il y vivoit à bien meilleur compte.

J'ai déja dit que depuis la maladie du *Vieux Célibataire*, je n'ai jamais vu Collin jouir d'une pleine et parfaite santé. Depuis la même époque ses forces allèrent aussi en déclinant insensiblement, et il se laissa gagner à un certain abattement et à une langueur qui ressembloit à du chagrin. Son ame tendre avoit toujours eu quelque disposition à la mélancolie, quoique dans sa jeunesse il ne fût pas triste, et qu'il eût même des accès d'une gaieté vive et folle. Lorsqu'il composa la pièce dont je vais parler, sa douleur plus vague et plus profonde avoit, je crois, quelque cause particulière dont je n'ai jamais reçu la confidence.

Collin pensoit qu'il y a des choses qu'on ne doit pas révéler à son meilleur ami. J'ai pu quelquefois soupçonner, entrevoir des mystères que couvroit le voile de la plus sévère décence; mais je n'ai jamais hasardé une question indiscrète, je savois qu'elle seroit restée sans réponse.

Ce fut, si je ne me trompe, dans un moment d'exaltation un peu romanesque qu'il conçut la pièce des *Artistes*.

Ce sujet, par la manière dont il l'envisagea, étoit fait pour lui plaire et pour le séduire; il imagina de montrer dans un même tableau, trois jeunes amis, cultivant la peinture, la poésie, la musique, s'entr'aidant de leurs conseils, jouissant des succès l'un de l'autre. Le charme des beaux-arts, les douceurs de l'amitié, les peines de l'amour, c'étoit là le fond de l'ouvrage; il se livra à l'inspiration, à l'enthousiasme que faisoient naître en lui de si nobles et de si purs sentiments. Dans le rôle du peintre, ce fut lui-même qu'il prit pour modèle; et en donnant pour père à ce personnage, un digne vieillard, un respectable cultivateur effrayé de voir son fils embrasser une profession qu'il regarde comme inutile à la société, Collin retrouvoit encore une situation qui lui étoit personnelle; c'étoit ainsi que son bon père avoit blâmé son goût pour la poésie. Il pouvoit aussi, et il n'eut garde d'y manquer, peindre les mœurs, les vertus, la vie patriarcale d'un honnête et bon laboureur. Il résulta de tout cela une pièce gracieuse, touchante, mais peut-être écrite d'un ton trop élevé et trop empreint de mélancolie.

Une petite comédie intitulée *les Arts et l'Amitié* avoit été donnée avec succès, aux Italiens, quelques années auparavant; on en gardoit, et même on en garde encore le souvenir. C'étoit une très jolie bluette; il y avoit aussi un peintre, un poëte et un musicien: tous trois, sans autre fortune que leur talent, faisoient ménage ensemble; ils avoient une jeune et jolie gouvernante qui les servoit tous trois. Il y avoit dans cette joyeuse société un certain air de désordre, d'insouciance et de folie; on se disoit: *Voilà bien de jeunes artistes!*

Je crus m'apercevoir, à la représentation de la pièce de Collin, que le public s'étoit attendu, d'après le titre, à tout autre chose. On s'étoit figuré que de jeunes artistes ne pouvoient pas être des personnages sérieux, sensés dans leurs discours, et réglés dans leur conduite: ce mécompte des spectateurs tourna au désavantage de la pièce; on la trouva trop grave, trop chargée de morale. Collin vouloit la retirer; nous l'engageâmes à supprimer seulement le quatrième acte, qui avoit paru un peu froid et languissant. Je l'aidai dans ce travail ingrat; et la pièce, réduite à quatre actes, obtint une quinzaine de représentations. L'auteur la fit imprimer précédée d'une modeste préface, dans laquelle il me nomma avec trop de bonté, et surtout avec trop d'éloges.

Il en adressa de mieux mérités au célèbre peintre Vincent, notre confrère à l'Institut, et notre ami à tous deux. Ce grand artiste, qui étoit un des meilleurs hommes du monde, avoit eu la complaisance d'employer son rare talent à embellir la représentation de la comédie des *Artistes* ; il avoit fait tout exprès un tableau de *Tobie*, dont il avoit encore imité la gravure par un beau dessin ; il avoit aussi fait un tableau, plus en grand, de *la Mélancolie*, et ces ouvrages dont il est question dans la pièce furent exposés sur le théâtre aux yeux du public.

Dans cette même préface, Collin se plaignoit avec douceur de ce qu'en faisant de sa pièce des critiques judicieuses, on n'eût pas rendu assez de justice à la pureté de ses intentions, à l'utilité même de l'ouvrage: « Tout imparfait qu'il est,
« ajoutoit-il, on ne peut se dissimuler que son but
« est d'ennoblir, d'encourager les arts, et, ce qui
« est plus essentiel encore, d'épurer les mœurs. On
« m'a reproché, même avec le ton de l'ironie,
« d'avoir peint des *artistes Grandissons!...* » (c'est-à-dire des artistes doués de vertus et de perfections idéales.)

« Sans doute avec plus d'opposition, plus d'ac-
« tion, une intrigue moins légère, la pièce *des Ar-
« tistes* eût été dramatique, animée, comique enfin.

« Eh bien! j'ai supprimé le titre de comédie : ce
« n'est plus une représentation que j'offre aux spec-
« tateurs; c'est un éloge des arts que je présente aux
« artistes, aux amateurs éclairés; ce sont trois por-
« traits d'artistes que je garantis ressemblants. J'ai
« la noble fierté d'assurer qu'il ne m'en a coûté nul
« effort pour tracer ces trois caractères. »

On voit que le vertueux auteur regrettoit que les critiques n'eussent pas voulu mieux entrer dans les sentiments qui l'avoient animé en composant cet ouvrage, qui le lui avoient inspiré et dicté; mais il avoue aussi, avec ingénuité, que cette composition a bien son côté foible.

Il jugea depuis que le cadre en étoit trop grand, et réduisit la pièce à trois actes; il songea aussi à l'égayer en changeant tout-à-fait le langage et le ton d'un de ses personnages : dans la pièce en cinq actes, le poëte étoit un auteur de tragédie, un père de famille, un homme grave; il en a fait un poëte anacréontique et bachique, libre de tout engagement sérieux, un disciple du joyeux Chapelle. Tout ce qui étoit bien dans la pièce en cinq actes a été conservé, particulièrement le rôle du laboureur; enfin, il me semble que cet ouvrage est devenu une comédie agréable. Collin a toujours desiré de la voir jouer en trois actes; il me l'a dit plusieurs fois : les comédiens auroient pu lui donner cette satisfaction; mais il est mort sans avoir joui du plaisir que lui auroit vraisemblablement procuré la représentation de cette pièce qu'il affectionnoit. Je pense qu'un théâtre qui en orneroit son répertoire feroit une bonne acquisition, et seroit récompensé de son travail par les suffrages du public.

Quelque temps avant la représentation des *Artistes*, j'avois eu à Collin une obligation importante: ce seroit une ingratitude de ma part de la passer sous silence; et il est bon d'ailleurs que je fasse connoître par mon exemple la manière dont il obligeoit et servoit ses amis.

En remplacement des anciennes académies, on créa l'Institut national en 1795.

Dès 1789, il avoit été question de faire entrer Collin à l'académie françoise. Les trois comédies qu'il avoit données avec succès sembloient devoir lui en ouvrir les portes.

Pour former l'Institut, le gouvernement nomma d'abord quarante-huit membres qui durent s'assembler pour élire tous les autres jusqu'à concurrence du nombre de cent quarante-quatre. Ceux qui étoient élus devenoient aussitôt électeurs à leur tour, en se joignant à ceux qui avoient été de la première formation.

Collin, sans avoir fait la moindre démarche, ne tarda pas à réunir les suffrages : il entra dans l'assemblée, et la première chose qu'il y fit, ce fut de proposer ma nomination.

Nous avions parlé ensemble, comme on peut le croire, de cette création d'un corps littéraire et savant. Je lui avois prédit qu'il y seroit nommé un des premiers, et il devoit s'y attendre. Pour moi, sans fausse modestie, je sentois bien que je n'avois pas à beaucoup près autant de droits que lui à cet honneur, et je m'étois borné à lui dire que peut-être j'y parviendrois quelque jour. Collin eut la délicatesse de ne pas me mettre dans la confidence de ses desseins sur moi, sans doute pour me ménager le plaisir de la surprise en cas de succès; et dans le cas contraire, pour m'adoucir le chagrin du refus.

Quoi qu'il en soit, le lendemain même de sa nomination, je le vis arriver chez moi à neuf heures du soir; il étoit beaucoup plus content que je ne l'avois vu la veille lorsqu'il étoit nommé lui-même: il m'embrassa de bon cœur, et me dit : « Vous êtes « de l'Institut, vous êtes mon confrère; vous jugez « si cela me fait plaisir. »

Je le remerciai, ne doutant pas que ma nomination ne fût son ouvrage; il convint qu'il l'avoit desirée et proposée; mais ce ne fut que le lendemain, lorsque j'allai à la séance, que j'appris avec quelle chaleur il s'étoit exprimé dans l'assemblée. On me félicitoit sur mon élection; mais on me félicitoit encore plus d'avoir un pareil ami. Il avoit parlé, disoit-on, pour son cher, pour son bon Andrieux, d'une manière irrésistible.

Voilà comme il a su me procurer l'un des avantages auquel j'ai dû, dans ma vie, attacher le plus de prix.

Je reviens à ses ouvrages.

Les Mœurs du jour ne sont pas une comédie aussi forte que *le Vieux Célibataire*, c'est un tableau agréablement moral; on a trouvé que les vices n'y étoient pas peints avec assez de force et de vérité.

Les rôles d'honnêtes gens convenoient beaucoup mieux et au cœur et à l'esprit de Collin. Celui de madame *Euler* est aimable et touchant, et l'on retrouve dans *le Bon Frère* l'ami des bonnes mœurs, des goûts simples et honnêtes, l'homme des champs raisonnable et sensible: c'est encore l'auteur qui s'est peint lui-même; il a ajouté seulement un peu de brusquerie et de raillerie, pour donner du piquant à ce caractère.

Lorsque notre ami commun, M. Picard, prit à son compte l'entreprise du théâtre Louvois, qu'il soutint si long-temps, et avec tant de succès, par ses propres ouvrages, il étoit naturel que nous fissions quelques efforts pour le seconder.

Collin, qui avoit beaucoup de facilité, composa promptement plusieurs pièces; il y en eut deux de jouées en 1803, *Malice pour malice*, et *le Vieillard et les Jeunes gens*.

La Bruyère a dit quelque part: « Vous le croyez « votre dupe: s'il feint de l'être, qui est plus dupe « de lui ou de vous? »

Cette phrase a donné à Collin l'idée de *Malice pour malice*; les *mystificateurs* sont *mystifiés* par le eune homme candide, mais spirituel, qui s'est fort bien aperçu des piéges qu'on lui tendoit, et qui à son tour se divertit aux dépens de ceux qui s'étoient promis de rire aux siens.

On a refait, sur le même fond, une jolie pièce en vaudeville qui a eu beaucoup de succès (1); la pièce de Collin a disparu du théâtre: on ne sait pour-

---

(1) *Encore un Pourceaugnac*, de M. Scribe.

quoi; car elle est amusante et pourroit servir aux comédiens à varier leur répertoire et les plaisirs du public.

Lorsqu'on joua *le Vieillard et les Jeunes gens*, l'auteur n'étoit point à Paris; nous nous étions chargés, Picard et moi, de suivre les répétitions; Collin nous avoit adjoint Guillard, l'auteur des opéra d'*OEdipe à Colonne*, d'*Iphigénie en Tauride*, etc.... il étoit de Chartres, compatriote de Collin, son ami et le nôtre. La piéce fut très bien reçue du public: M. Devigny joua le rôle principal d'une manière remarquable, et contribua beaucoup au succès. Nous imaginâmes, pendant la première représentation, de dresser un procès-verbal en forme, d'acte en acte et de scène en scène, des impressions que le public éprouvoit, et des témoignages de satisfaction qu'il donnoit; nous allions écrire nos notes et nos observations chacun à notre tour, en sorte que ce procès-verbal étoit en même temps une espèce de *variorum*. Nous signâmes, et nous fîmes signer les témoins présents. Collin put, en lisant cette piéce, juger de l'effet que la représentation avoit produit, presque aussi bien que s'il y avoit assisté.

Il fut très touché de nos bons soins, et nous en récompensa magnifiquement en nous dédiant la piéce à tous trois.

Il donna au même théâtre la petite piéce épisodique, intitulée: *Il veut tout faire*. Ce travers de beaucoup entreprendre sans rien achever, est plus commun qu'on ne l'imagine; et je pourrois citer, je crois, le personnage réel qui a servi de modéle à Collin. Il y a des scènes fort gaies dans la piéce, qui est une de celles que l'auteur a écrites du style le plus soigné et le plus élégant.

Il voulut enseigner dans la comédie des *Riches* l'amour de la médiocrité, et sinon le mépris, au moins l'insouciance des richesses; il eut pour objet de donner une leçon dont nous avons presque tous grand besoin, et que notre éducation, nos habitudes, et tout ce que nous entendons, tout ce que nous voyons à chaque instant, nous rend si nécessaire, une leçon de désintéressement: ce ne fut pas de sa part un jeu d'esprit: il ne prit pas ce sujet comme un texte propre à arranger des scènes, et à faire des vers; il le choisit comme un fond moral, utile, et sur-tout parcequ'il étoit sûr de le traiter d'inspiration et d'après ses propres sentiments: si l'on eût pu offrir à Collin une immense fortune avec tout le bagage qu'elle entraîne à sa suite, avec les soins, les inquiétudes et les vices qui en sont presque inséparables, il n'est pas douteux qu'il l'eût refusée.

Son *M. Belmont* ressemble un peu, par l'originalité, au *Burchel* du joli roman du Vicaire de Wakefield; et il y a dans la piéce une situation très dramatique et que l'auteur a bien soutenue et bien développée, des scènes vraies et comiques; il me semble qu'elle est plus forte que *les Mœurs du jour*, et qu'elle eût dû avoir plus de succès.

Collin ne la fit point jouer: sa santé déclinoit; il n'avoit plus cette ardeur, cette persévérance nécessaires pour parvenir à la représentation d'une grande pièce sur un grand théâtre à travers tous les dégoûts et tous les obstacles qui en encombrent l'accès; il fit quelques démarches et s'arrêta, moins ambitieux des applaudissements qu'il ne l'avoit été vingt ans auparavant. Cet ouvrage est demeuré dans son portefeuille; et il s'est contenté de le faire imprimer dans l'édition qu'il a donnée de ses œuvres.

Ce fut aussi une année ou deux avant sa mort qu'il composa *les Querelles des deux frères, ou la Famille bretonne*, la meilleure de ses comédies en trois actes, dont l'intrigue fort simple est en même temps très adroitement conduite. Les détails sont vrais et touchants; et Collin, qui aimoit à peindre les affections de famille, qui avoit été toute sa vie aussi bon frère que bon fils et bon ami, trouvoit encore ici dans son cœur les sentiments qui devoient animer ses principaux personnages.

Cette pièce fut lue par l'auteur dans une petite réunion d'amis; j'en étois, et je me souviens qu'en applaudissant au fond de l'ouvrage, nous lui demandâmes quelques corrections et sur-tout des retranchements; la pièce étoit beaucoup plus longue qu'elle ne l'est aujourd'hui: il nous dit qu'il s'en occuperoit quand sa santé le lui permettroit, et depuis il n'en parla plus guère.

La destinée de cette comédie a été assez singulière: il paroît que quelques mois avant le terme fatal, et sentant bien que ce terme n'étoit pas très éloigné, Collin voulut, dans cette triste prévoyance, anéantir une certaine quantité de papiers inutiles. Il chargea Véronique, sa gouvernante, de les brûler. Celle-ci, pour en tirer un profit, alla les vendre chez M. Maugras, épicier de la rue Dauphine (Collin demeuroit alors sur le quai de la Monnoie). Un manuscrit des *Querelles des deux frères* se trouva au nombre des papiers vendus.

Il arriva, par hasard, que M. Godde, architecte, étant chez M. Maugras, son ami, jeta les yeux sur des papiers épars, et lut des vers qu'il reconnut pour être de Collin ; il jugea aux ratures dont le manuscrit étoit chargé, que c'étoit des brouillons sortis de la main même de l'auteur. En amateur de la littérature, M. Godde attacha du prix à posséder ces manuscrits ; il les demanda avec instance à M. Maugras, qui lui dit qu'il avoit acheté plusieurs liasses de papiers de la même écriture, et qu'il alloit les lui donner. On réunit ce qu'on en trouva ; M. Godde, qui, sans avoir connu personnellement Collin, aimoit ses ouvrages et leur auteur, reçut ce présent avec reconnoissance, et, retourné chez lui, voulut examiner le trésor dont il venoit d'entrer en possession. Il tomba sur un manuscrit des *Querelles des deux frères*. Très content de cet ouvrage, il ne voulut pour lui-même que l'honneur de l'avoir fait paroître sur la scène ; il ne négligea aucune des démarches qui pouvoient le conduire à ce but, qu'il eut enfin la satisfaction d'atteindre.

L'administration du théâtre où la pièce devoit être représentée me pria de venir aux dernières répétitions, ce que je fis volontiers ; on m'invita même à composer un prologue qui diroit au public comment cette comédie avoit été conservée par un heureux hasard.

Je tâchai en même temps d'intéresser et d'émouvoir les spectateurs, en faveur d'un ami, excellent poëte comique, et, ce qui vaut mieux, excellent homme... Il me sembla que j'avois eu le bonheur d'y réussir : à la première représentation, ce prologue toucha l'assemblée ; lorsqu'il fut fini, il régna dans toute la salle une sorte de tristesse et un silence presque religieux, jusqu'au moment où l'on leva le rideau pour commencer la pièce, qui eut le plus grand succès ; et ce succès s'est soutenu et se soutient encore.

J'ai parcouru la carrière théâtrale de Collin-Harleville : on voit qu'elle a été brillante ; elle l'eût été plus encore si de bonne heure sa santé n'eût été altérée par des maladies fréquentes et par un état de langueur presque continuel.

On peut dire qu'il n'eut point d'ennemis : un rival se permit contre lui une diatribe violente ; mais cette diatribe servoit de préface à un fort bel ouvrage : Collin loua hautement, publiquement l'ouvrage ; il le plaça avec honneur dans son petit poëme des *Aventures de Thalie,* et il oublia... la préface.

Je n'ai jamais su, et je crois que Collin ne l'a pas su plus que moi, quelle raison avoit pu changer les intentions bienveillantes que M. Palissot avoit d'abord témoignées à son égard.

Dans la première édition de ses Mémoires littéraires, publiés en 1788, M. Palissot avoit donné de grands éloges au talent de Collin, qui n'avoit encore fait jouer que *l'Inconstant* et *l'Optimiste*.

L'article qu'il lui avoit consacré dans ce dictionnaire commençoit ainsi : « Quoique nous ayons fait « des comédies, et que M. Collin n'ait travaillé que « dans ce genre, c'est nous qui, révoltés de la tié- « deur avec laquelle on avoit accueilli sa comédie « de *l'Inconstant*, avons, en quelque sorte, averti « le public de son mérite. »

J'avoue que je ne puis m'empêcher de trouver, dans le début de cet article, l'expression d'un sentiment qui me semble ne pas devoir obtenir beaucoup d'approbation.

Que M. Palissot se soit imaginé que c'est lui qui a fait apercevoir au public le mérite de *l'Inconstant*, passe ; ce n'est là que de l'amour-propre de critique, qui croit que le public attend et reçoit son jugement comme une règle infaillible : mais lorsqu'il paroît se savoir si bon gré d'avoir été juste envers un jeune auteur, *quoiqu'il ait fait des comédies et que M. Collin n'ait travaillé que dans ce genre*, ne diroit-on pas qu'il croit avoir à s'applaudir d'un trait de magnanimité sublime?... Le public n'est que trop disposé à regarder les poëtes et les auteurs comme excessivement vains, excessivement jaloux les uns des autres, sans que des littérateurs estimables accréditent encore cette opinion, qui n'est pas aussi fondée qu'on veut bien le croire. Je puis assurer que Collin, par exemple, n'auroit jamais pensé ni écrit, comme M. Palissot : *Quoique j'aie fait des comédies, je rends justice à un jeune auteur de comé-*

dies; il auroit dit tout au contraire: « Comme j'ai
« fait des comédies, je prends beaucoup d'intérêt
« à un jeune homme qui annonce du talent et qui
« paroît devoir obtenir des succès dans l'art que je
« cultive, et dont je connois les difficultés. Je me ré-
« jouis pour l'art même, pour mon pays, pour moi,
« que nous ayons un poëte comique de plus. » Collin eût pensé et parlé ainsi sans le moindre effort
et du fond de l'ame; et c'est ce qu'il a fait chaque
fois que l'occasion s'en est présentée.

Le reste de l'article de cette édition de 1788 n'avoit rien que de flatteur pour Collin. *L'Inconstant*
et *l'Optimiste*, les deux seules pièces qu'il eût publiées alors, y recevoient des éloges; leur auteur
étoit comparé à La Fontaine: on ne pouvoit rien
dire de plus obligeant.

Pourquoi faut-il que dans une nouvelle édition,
donnée en 1803, de ces mêmes Mémoires, M. Palissot ait entièrement changé de style? que non
seulement il ait repris, en quelque sorte, et révoqué ses éloges, mais qu'il ait fait un article où
perce une injuste et amère malveillance (1)?

(1) En voici la preuve. M. Palissot dit que M. Collin prétend
n'avoir lu *la Gouvernante* d'Avisse qu'après avoir fait sa pièce
du *Vieux Célibataire*; et il ajoute aussitôt: *Nous sommes loin
de ne pas l'en croire sur sa parole;* mais on voit dans tout le
reste de l'article que ces mots ne sont qu'une dérision, et que
M. Palissot reste persuadé et veut persuader au lecteur que la
pièce de Collin n'est qu'un plagiat mal déguisé.

Il dit ailleurs que Fabre-d'Églantine reprochoit vivement à
Collin de lui avoir enlevé le personnage principal des *Châteaux
en Espagne*; c'est tout le contraire qui est vrai. Fabre-d'Églan-

Je n'aurois pourtant rien dit de cet article, si je ne m'y trouvois presque loué d'une manière plus affligeante pour moi que pour Collin lui-même.

M. Palissot, décidé à faire un article, non pas sur Collin, mais contre lui, et à le chagriner, s'il le pouvoit, de toutes les manières, se saisit de quelques expressions échappées à mon ami dans l'effusion d'une reconnoissance excessive; et il alla jusqu'à en induire (ce qu'on aura peine à croire) que sans moi Collin n'auroit pas fait ses premiers ouvrages, et qu'il m'en devoit les traits les plus piquants et sur-tout la verve comique; il ajouta qu'on ne retrouvoit plus le même talent dans les dernières comédies de Collin, sans doute parceque je n'y avois pas travaillé; et il lançoit, en finissant, cette question maligne : « Seroit-il survenu quelque re- « froidissement entre M. Andrieux et lui ? Si ce

---

tine convenoit, et il l'a même imprimé, que Collin ayant parlé devant lui du projet qu'il avoit de faire une comédie de *l'Heureux imaginaire* ou des *Châteaux en Espagne*, lui d'Églantine s'étoit senti le desir irrésistible de traiter le même sujet à sa manière. Il prétendoit que le dessein manifesté par Collin n'avoit pas dû lui interdire la faculté de chercher un moyen de gloire et de succès, en courant la même carrière, et il ajoutoit assez plaisamment : « S'il suffit que quelqu'un ait choisi un carac-
« tère comme sujet d'une comédie pour que personne ne puisse
« désormais le traiter, je déclare, moi, que je mets un *embargo*
« sur tous les substantifs et les adjectifs du dictionnaire qui in-
« diquent un caractère, et que je me propose de les traiter tous.
« Après cette déclaration solennelle, le premier qui traitera un
« caractère quelconque, je l'accuserai de m'avoir pris mon sujet.»
J'ai eu dans les mains la brochure de d'Églantine qui contenoit cet argument plus spirituel que solide.

« qu'on a voulu nous faire croire n'est pas fondé,
« qu'il tâche donc de remonter à son premier
« style. »

On conçoit combien cette tracasserie dut me faire de peine; je me hâtai d'assurer M. Palissot qu'il n'étoit survenu entre Collin et moi aucun refroidissement, et que son article n'en causeroit aucun; je m'empressai de publier, dans le *Journal de Paris*, ma déclaration bien positive et bien franche de la vérité; et je refusai, comme je le devois, de me laisser attribuer une portion quelconque de gloire aux dépens de celle qui appartenoit tout entière à mon ami (1).

Collin plaignoit les envieux, ignoroit les rivalités littéraires, l'art de soigner ses succès et de nuire aux succès d'autrui; il voyoit peu de monde et ne s'occupoit guère que de ses travaux tantôt poétiques, tantôt champêtres, ou de lectures instructives et solides.... Il m'écrivoit un jour de sa campagne : « Avez-vous lu Baruch, disoit le bon La
« Fontaine? Et vous, mon ami, depuis le *Cardinal-*
« *Lemoine*, avez-vous lu, ce qui s'appelle lu Cicé-
« ron? Je vous dirai que j'en suis amoureux; je con-
« sacre à cette lecture toutes mes matinées : ô mon
« ami, quel style! quelle fécondité! quelle propriété
« de termes! que de grace, de verve, de richesse!
« quelle musique délicieuse! »

Sage et modéré dans ses desirs, il n'échappoit

---

(1) Voyez ma lettre dans le *Journal de Paris*, du 6 ventose an 11 (25 février 1803).

cependant pas à la loi générale qui veut que personne ne soit tout-à-fait content de son sort.

Il lui arrivoit, dans des instants de découragement et de chagrin, de regretter de n'avoir pas suivi toute autre carrière que celle de la poésie; il citoit son frère: « Il a pris, disoit-il, le bon parti ; il « s'est marié; il a une femme, des enfants, un état « qui le fait vivre, qui ne lui donne pas grande « peine et aucune inquiétude ; il ne se doute pas « qu'il est le plus heureux de nous deux. » Il gémissoit tout bas, après s'être donné tant de peines et avoir sacrifié sa santé, sa vie à présenter aux hommes des leçons utiles enveloppées dans des fictions agréables, de ne recueillir pour récompense que quelques vains applaudissements, quelques maigres éloges accordés à contre-cœur et toujours mêlés de restrictions ; il pensoit avec chagrin qu'un bon poëte ou un écrivain utile, s'il n'a d'ailleurs ni richesse ni crédit, jouit parmi nous de beaucoup moins de considération que l'homme qui a de l'argent ou du pouvoir; il faisoit quelquefois des plaintes qui me rappeloient ce passage où Horace dit, en parlant de grands hommes, de bienfaiteurs de l'humanité :

Ploravêre suis non respondere favorem
Speratum meritis......

Cependant j'essayois de le consoler: « Après tout, « lui disois-je, vous avez fait ce que vous avez voulu « faire; vous avez acquis une réputation de talent, « de probité, de bonté; vous laisserez un nom qui

« sera honoré, respecté; vous avez de bons parents,
« de bons amis; vous leur êtes cher à tous.... Ah!
« croyez-moi, il y a bien des gens qui, si cela se
« pouvoit, changeroient leur bonheur prétendu
« contre votre malheur, et feroient, dans cet échan-
« ge, un excellent marché. »

Il n'y avoit pas deux voix sur son compte : à l'éloge de son talent on ajoutoit toujours celui de son caractère et de sa conduite; mais s'il jouissoit de beaucoup d'estime, il ne lui manquoit que d'être mieux connu pour en inspirer encore davantage. J'ai déjà dit comment il vivoit à sa campagne, et le bien qu'il se plaisoit à y faire : que de nobles traits ont rempli sa vie, et sont restés ignorés! car il s'en cachoit avec grand soin.

On a retrouvé et imprimé (1) une lettre qui paroît avoir été adressée au ministre d'alors; lettre par laquelle il lui rappelle qu'il est allé, il y a deux ans, le prier de rayer son nom de la liste des pensionnaires de l'état, et d'y substituer celui de son ami Guillard; il ajoute que le ministre, refusant sa démission, le consola en lui promettant de faire avoir à Guillard la première pension vacante; il se plaint de ce que cette promesse n'a pas été exécutée, et déclare qu'il remet entre les mains du ministre la pension qu'il dut à son estime : « Je n'en ai
« pas besoin, dit-il, et plusieurs gens de lettres la
« recevroient comme un bienfait nécessaire. »

Au bas de la lettre étoit le *post-scriptum* suivant:

(1) Du 1er mars 1804. *Mes Voyages aux environs de Paris*, par J. Delort, tome I, page 26.

« Je desire que, dans tous les cas, Guillard ignore
« ma démarche; ce qui lui seroit également péni-
« ble, et s'il savoit qu'il me remplace, et s'il appre-
« noit que je cesse de toucher ma gratification an-
« nuelle, comme c'est bien ma résolution, à comp-
« ter du 22 mars 1804. »

Cette démarche de Collin ne fut pas infructueuse;
car, peu de temps après, Guillard obtint aussi une
gratification annuelle.

Ce ne pouvoit être que par un excès de générosité que Collin se représentoit lui-même dans sa
lettre comme n'ayant pas besoin de cette pension;
car il s'en falloit bien qu'il fût dans l'aisance, au
moment où il faisoit à l'amitié ce sacrifice que Guillard n'eût certainement pas accepté s'il en eût été
instruit: aussi Collin avoit-il soin de lui en faire
un secret.

Un de ses anciens camarades d'études le retrou-
va par hasard, après trente années de séparation,
et, se prévalant de leur ancienne connoissance,
vint le voir, lui avoua qu'il étoit dans le besoin.
Collin lui donna non seulement de l'argent, mais
de ses propres effets; il le soutint à ses frais quelque temps à Paris, jusqu'à ce qu'enfin cet homme
se décida à retourner dans sa province. Collin paya
encore le voyage, conduisit lui-même son ancien
camarade à la diligence, l'y vit monter; et quand
la voiture fut prête à partir (c'étoit dans les commencements de novembre, il commençoit à faire
froid), Collin se retira un moment à l'écart, se dé-
pouilla d'une bonne redingote qu'il avoit par-des-

sus son habit, et la jeta par la portière sur les genoux du voyageur, en lui disant : *Mon ami, vous oubliez votre redingote.* Cette manière délicate de donner mettoit l'obligé dans l'impossibilité non seulement de refuser, mais même de remercier du bienfait (1).

Je suis persuadé que sa vie étoit journellement remplie de traits semblables ; il donnoit sans compter, et peut-être en général ne comptoit-il pas assez avec lui-même : non qu'il y eût du dérangement dans ses affaires ; il acquitta toujours à point nommé ses dettes, sauf celles qu'il avoit été obligé de contracter dans sa jeunesse, et qui n'étoient pas considérables ; jamais sur-tout il ne fit attendre un marchand ni un ouvrier : mais il ne regardoit pas d'assez près aux dépenses ; il falloit bien qu'il y eût en lui un peu d'insouciance et de désordre poétique, et il y en avoit.

Un jour que nous étions prêts à sortir ensemble, il alla prendre, au fond du tiroir d'une commode, une paire de gants. « Il y a long-temps, me dit-il,
« que je ne me suis servi de ces gants-là, et il ne se-
« roit pas impossible que je trouvasse dedans quel-
« ques louis. Figurez-vous, ajouta-t-il, que je
« m'avise de fourrer des pièces d'or dans le bout
« des doigts de gants que je serre et que je laisse
« de côté ; ce sont des économies que je suis quel-

(1) Ce trait se trouve aussi dans les *Voyages aux environs de Paris* ; c'est moi qui l'ai fourni à l'auteur, et il m'a été conté par le frère de Collin, qui étoit allé avec lui jusqu'à la diligence faire la conduite du voyageur partant.

« quefois étonné de retrouver; malheureusement
« elles ne sont pas bien considérables. » Ce qu'il
disoit arriva en effet; il y avoit dans chacun des
gants un ou deux louis. Nous nous rappelâmes
alors le bon Rotrou, presque son compatriote (Rotrou étoit de Dreux), lequel, se défiant de sa trop
grande facilité à dépenser, jetoit des pièces d'or et
d'argent dans son bûcher, derrière des fagots qu'il
alloit ensuite remuer quand il lui arrivoit d'en être
aux expédients.

En négligeant ainsi de compter, Collin s'étoit
arriéré; il avoit été obligé de recourir à des emprunts. Il m'étonna et il m'affligea dans l'hiver
de 1804, en me mettant au fait de l'état de ses affaires. Il avoit à payer des intérêts qui absorboient
une partie de son petit revenu ordinaire; ces intérêts prélevés, il ne lui restoit plus assez pour sa
dépense. Il auroit donc fallu que d'année en année il fît de nouveaux emprunts, et par conséquent
s'appauvrît d'autant. Je n'hésitai pas à lui donner
le conseil de vendre sa campagne; c'étoit le seul
moyen de se tirer d'embarras : le prix lui serviroit
à se libérer; il lui resteroit même quelques milliers
de francs qu'il pourroit placer; il jouiroit de la totalité de son revenu; soulagé des dépenses que sa
campagne lui occasionoit, il se trouveroit hors de
gêne. On conçoit aisément qu'il eut beaucoup de
peine à se rendre à cet avis; il aimoit tant cet héritage paternel, cette jolie vallée où il avoit passé
son enfance, où il avoit composé la plupart de ses
ouvrages, où il étoit aimé de tout ce qui l'entou-

roit!... Il se décida pourtant à s'en défaire. Hélas! quand il l'auroit conservé, ce ne devoit plus être pour long-temps.

Lorsqu'il eut pris la résolution de vendre, il éprouva, d'une personne de sa famille, un procédé noble et généreux dont il étoit digne; car il en eût été capable. Cette bonne cousine que nous allions voir à Dreux, madame Caillé, et qui avoit toujours été son amie, lui déclara qu'elle achèteroit de lui Mévoisins, au prix que lui-même en avoit payé. « Je l'achète, lui dit-elle, pour vous le conserver; « je vous le rendrai dès que vous pourrez le repren- « dre; ou plutôt il ne cessera point d'être à vous: « demeurez-y comme auparavant, et soyez-y tou- « jours le maître; vous ne pouvez me faire un plus « grand plaisir. »

Il y avoit d'autant plus de mérite de la part de cette dame à se conduire ainsi, qu'elle n'étoit pas riche; que c'étoit pour elle un placement très désavantageux, et qu'enfin elle risquoit même de ne pas retrouver son capital tout entier; car elle achetoit à un prix assez élevé.

Il étoit si vrai qu'elle n'avoit fait cette acquisition que pour son cousin, qu'après la mort de celui-ci elle n'a pas tardé à revendre; heureusement elle a retrouvé de ce bien peu productif le même prix qu'elle en avoit donné.

Cette vente, au moyen de laquelle il se libéra des emprunts qu'il avoit faits, lui rendit au moins de ce côté de la tranquillité d'esprit. N'ayant plus d'intérêts à payer, et soulagé des dépenses que sa campagne lui occasionoit, il se trouva plus à son aise; mais cette situation meilleure, achetée par une grande privation, ne pouvoit lui faire recouvrer la santé; elle servit seulement à rendre moins pénibles les derniers temps de sa vie.

Il souffroit et se plaignoit depuis bien des années; il assuroit qu'il étoit malade plus sérieusement qu'on ne le croyoit. Les médecins l'accusèrent de se laisser trop aller à des craintes mal fondées; son ami, M. Doublet, pensa quelque temps que c'étoit sur-tout son imagination qu'il falloit traiter et guérir; le bon docteur Gonet, son ancien compagnon de l'hôtel Notre-Dame, ayant fait un voyage à Paris, Collin le consulta, lui dit à quel régime son médecin ordinaire l'avoit mis, et quels remèdes il lui prescrivoit: « Il est clair, lui dit Gonet, que ce « médecin ne vous croit pas malade; et dans le fait, « mon ami, vous ne l'êtes pas, du moins sérieuse- « ment. »

Après la mort de Doublet, M. Hallé, notre confrère à l'Institut, voulut bien donner des soins à Collin; et, dans les commencements, il le regardoit seulement comme étant d'une santé délicate et foible, mais il ne le croyoit pas atteint d'une maladie mortelle.

Il vint enfin une époque où le mal avoit fait de tels progrès, qu'on ne garda plus qu'à peine l'espérance de le guérir; Collin s'affoiblissoit, dépérissoit de jour en jour.

Ce fut, j'en suis persuadé, dans l'idée que sa fin n'étoit pas éloignée, qu'il recueillit ses ouvrages, et qu'il en donna lui-même l'édition, qui ne parut qu'à la fin de 1805 : c'étoit comme son testament littéraire ; et les lignes mélancoliques qui terminent sa préface, font bien voir qu'il regardoit sa carrière comme à peu près terminée.

Dans l'automne de 1805, il étoit d'une foiblesse extrême ; cependant il sortoit encore. J'allois le prendre chez lui lorsqu'il faisoit beau ; il s'appuyoit sur mon bras, et nous allions ensemble aux Tuileries. Nos conversations n'avoient plus la vivacité, la gaieté de celles que nous avions faites dans ce même jardin quand nous étions jeunes ; mais je tâchois de distraire Collin de son mal, de l'amuser un moment, de le faire sourire, et j'y réussissais souvent. Je me suis souvenu de ces promenades et je les ai rappelées dans le prologue des *Deux Frères*.

Dans ce même automne, il vint un jour chez moi ; j'étois absent ; il demeura quelque temps avec ma femme. Lorsqu'il voulut s'en aller, elle craignit qu'il n'eût pas la force d'arriver chez lui sans accident ; elle lui offrit de l'accompagner ; il refusa ; elle insista inutilement ; mais dès qu'il fut dans la rue, elle jeta bien vite son schall sur ses épaules ; elle descendit après lui, le suivit de loin sans qu'il s'en doutât, ne le perdit point de vue qu'il ne fût rentré chez lui, et revint ensuite à la maison. Nous demeurions alors rue de Vaugirard, et Collin quai de la Monnoie. Lorsque je rentrai, elle me conta ce qu'elle avoit fait. Je l'embrassai, je la remerciai, et je lui dis, les larmes aux yeux : « Tu es une bonne « femme. »

Il fit encore un dernier voyage à Chartres vers le milieu d'octobre; il y demeura chez ses sœurs, et reçut les derniers soins de leur tendresse. Peut-être avoit-il eu le dessein de mourir entre leurs bras; il me citoit, en m'écrivant, le vers de l'*Œdipe* de Ducis :

« Je ne sortirai point de la place où je suis. »

Cependant, par une inquiétude naturelle aux malades, et particulièrement aux phthisiques, il revint à Paris au bout d'un mois, et se logea dans un entresol, rue Taranne, logement assez triste et assez chétif.

Ce fut là qu'il passa trois mois entiers, ne sortant plus, et sentant chaque jour sa fin s'approcher.

Plusieurs personnes de sa famille, sa sœur Julie, son frère, une de ses nièces, madame Caillé sa cousine, lui tenoient tour-à-tour compagnie; son amie, madame Duvivier, y venoit régulièrement tous les matins; j'y allois presque tous les soirs. Nous étions auprès de lui; mais nous ne lui parlions pas, de peur de le fatiguer; nous attendions qu'il parlât lui-même, et sa foiblesse ne le lui permettoit presque plus, sur-tout dans les derniers temps. Il se mit à relire tous les classiques latins et françois : « Je prends congé d'eux, » me dit-il un jour. Lorsque je m'en allois le soir, il me touchoit la main, et me disoit : « A demain.... peut-être. »

Deux ou trois jours avant sa mort, il goûta une jouissance à laquelle il fut très sensible. Il fit un effort pour écrire, d'une main bien foible, quatre lignes à M. Français, alors directeur général des droits réunis ; c'étoit une recommandation et une demande pour quelqu'un à qui il s'intéressoit. Cet administrateur, homme de beaucoup d'esprit, et qui se fit toujours un plaisir d'obliger les hommes distingués par leurs talents, répondit sur-le-champ, et de sa main, à Collin. Il lui exprimoit ses vœux pour le retour de sa santé, et lui accordoit ce qu'il avoit demandé. Ce procédé aimable toucha d'autant plus Collin, qu'il lui étoit arrivé d'écrire à de grands personnages, à des gens en place, pour faire de semblables recommandations, et que souvent il n'avoit reçu aucune réponse, négligence qui l'avoit affligé. Ces quatre lignes à M. Français ont été les dernières qu'il ait écrites.

Il étoit calme, résigné, et sa fin, comme sa vie entière, offrit des leçons et un modèle. J'espère que dans ces trois mois j'ai appris à mourir; et je me promets de profiter de ces leçons quand viendra le temps, qui ne peut être éloigné pour moi, de les mettre en usage.

Il acheva de vivre à six heures du matin, le 24 février 1806, jour anniversaire de la première représentation du *Vieux Célibataire*. On vint me chercher aussitôt; j'allai d'abord chez lui, puis chez M. Houdon, le célèbre statuaire, que je priai de nous conserver, s'il le pouvoit, une image de son confrère et du mien. M. Houdon eut la bonté de se prêter à mon désir; il a fait de Collin un buste qui est ressemblant, et dans lequel on retrouve cette expression de mélancolie et de souffrance dont ses traits furent habituellement empreints pendant les dernières années de sa vie. Le gouvernement ordonnera sans doute que sa statue soit exécutée en marbre; elle sera la preuve qu'on sait honorer en France et les talents et la vertu.

Quelques jours après ce funeste événement, on donna une représentation du *Vieux Célibataire*. Mademoiselle Contat, en jouant madame Évrard, mit des rubans noirs en signe de deuil. Son intention fut sentie des spectateurs, et les applaudissements qu'ils donnèrent à la pièce, eurent ce jour-là quelque chose de solennel et d'attendrissant.

Lorsqu'on lui rendit les derniers devoirs, c'étoit à moi qu'appartenoit le triste office de prononcer le discours d'adieu; je ne me dérobai point à cette charge accablante. Si je fondis en larmes en écrivant ces deux pages, j'eus soin de maîtriser assez ma douleur, en les prononçant, pour que ma voix, à demi étouffée par les sanglots, pût être entendue de l'assistance. Il me parut que ce discours fit une assez vive impression : le voici.

Discours prononcé aux funérailles de Collin-Harleville.

25 février 1806.

Une mort prématurée vient de ravir un frère à des frère et sœurs désolées, à l'Institut un de ses membres les plus illustres, à moi l'ami de mon enfance, de ma jeunesse, de toute ma vie.

Collin-Harleville meurt à cinquante ans, d'une maladie lente qui l'a longuement consumé!.... Quelle perte nous faisons tous! quelle perte fait notre littérature! et qu'il est à craindre qu'elle ne soit réparée de long-temps! Il étoit du petit nombre d'hommes privilégiés que la nature a exclusivement doués du talent poétique. On applaudissoit, dans ses pièces de théâtre, une morale saine, une diction facile et naturelle, une gaieté franche et douce, et je ne sais quel charme qui lui appartenoit, et qui se faisoit sentir dans toutes ses productions. Il s'est créé un genre; il a agrandi la carrière dramatique; et puisque l'esprit de dénigrement ne poursuit plus les morts, puisqu'on pardonne aux louanges données aux grands hommes sur leur cercueil, j'oserai dire que mon ami tiendra parmi les poëtes comiques de la France un des premiers rangs.

Il ne l'aura dû qu'à son talent naïf et original. Simple, modeste, mélancolique, d'une timidité même un peu sauvage, il ne s'occupoit qu'à l'étude, ne songeoit qu'à travailler ses ouvrages, et se répandoit peu dans le monde. Délicat sur les bienséances, sensible en amitié, il avoit besoin d'être ménagé; mais son cœur seul étoit tendre et facile à blesser; son amour-propre n'étoit point irritable; il cherchoit les conseils plus que les éloges. Tout-à-fait étranger à la jalousie, aux rivalités, à l'intrigue, il aimoit les succès d'autrui, et ceux de ses amis le transportoient de joie. Il avoit obtenu du public, non seulement une juste admiration pour ses talents, mais une estime, une bienveillance personnelle. On le connoissoit par ses écrits, dans lesquels en effet il a peint son ame; et tous ses lecteurs auroient voulu être ses amis.

Noble jusqu'à la fierté, désintéressé jusqu'à l'insouciance, bienfaisant jusqu'à la prodigalité, il donnoit sans calculer, et s'appauvrissoit sans s'en apercevoir. Aussi ne laisse-t-il aucun héritage; mais, eût-il eu des trésors à distribuer, il n'eût pas reçu plus de soins pieux de sa famille, dont une partie l'a fidèlement entouré et servi jusqu'à la fin. Les longs jours pendant lesquels il s'est vu mourir par degrés, n'ont pas été pour lui sans quelque sorte de douceur et de volupté douloureuse; il serrait les mains de ses plus chers parents, de ses plus anciens amis. Son excellence le ministre de l'intérieur lui a adressé, peu de temps avant sa mort, une lettre consolante et honorable; le président de l'Institut lui a donné, au nom du corps entier, des marques de souvenir et d'attachement; notre savant confrère, le docteur Hallé, lui a prodigué avec un zèle affectueux tous les secours de l'art et les consolations de l'amitié; la comédie françoise et plusieurs des premiers acteurs de ce théâtre lui ont offert des services dont heureusement il n'avoit pas besoin, et pour lesquels ses plus intimes amis auroient réclamé la préférence; il a eu le temps de recevoir de tous ses amis les derniers témoignages de leur tendresse; il a pu jouir des regrets qu'il alloit nous laisser; il a souri à sa dernière heure, que lui-même voyoit s'avancer de moment en moment; il s'est éteint avec tranquillité, et avec une entière confiance dans la justice de l'Être-Suprême!... O mon ami! fidèle compagnon de ma vie! où sont désormais nos travaux communs, nos amusements paisibles, nos lectures chéries, et nos entretiens solitaires? J'ai tout perdu. Entends les derniers adieux que te font tes parents, tes confrères, tes amis, par une voix qui te fut chère!... Repose en paix dans ce dernier asile où vont s'engloutir les fortunes, les ambitions, les brillants projets et les longues espérances. Tu auras du moins marqué ton passage sur cette terre; et il restera de toi ce que la mort même est réduite à respecter, le nom et les ouvrages d'un poëte, et le souvenir de tes vertus, que ta gloire littéraire protégera et fera vivre dans la mémoire des hommes!...

ANDRIEUX.

PRÉFACE (1)

(De l'édition de 1805).

On l'a dit avec raison : l'histoire d'un homme de lettres est, à peu de chose près, tout entière dans ses ouvrages. Ce qu'il seroit tenté d'y ajouter est indifférent pour la plupart de ses lecteurs ; l'importance qu'un auteur met tout naturellement à l'historique de ses compositions, aux moindres événements de sa vie, n'est pas la mesure de l'intérêt que le public peut y prendre. Voilà ce que je me suis dit en commençant cette préface, qui même n'auroit peut-être pas eu lieu, si, pour l'amour de l'art, je n'avois cru devoir faire, en quelque sorte, l'examen critique de mes pièces. J'en ai, il est vrai, retouché plus d'une, et j'ai fait disparoître les fautes les plus saillantes ; mais il en est que je n'ai pu corriger, tant elles tenoient intimement à l'ouvrage. J'en ferai l'aveu, du moins ; c'est quelque chose. Quelquefois aussi je me justifierai ; je défendrai tel passage qui, je crois, a été censuré injustement : cela est de droit naturel ; ne faire que se critiquer auroit je ne sais quoi d'affecté, et l'affectation gâte tout.

(1) J'ai supprimé toutes les préfaces particulières, excepté celle de *l'Optimiste*.

PRÉFACE.

Mais je me suis bien promis de ne point abuser du motif de cet examen, et de ne pas m'en faire un prétexte pour occuper trop long-temps le public de ce qui m'est personnel; et pour rassurer mon lecteur dès le premier mot, je lui fais grâce d'un long détail, confié depuis long-temps au papier (1), sur les diverses métamorphoses qu'a essuyées mon *Inconstant;* je ne parlerai que de la dernière.

Quoique *l'Inconstant* ait réussi, cependant le cinquième acte n'a jamais fait plaisir. Vingt fois je changeai le dénouement, sans en rencontrer un qui satisfît le public ni moi-même. Enfin, j'ai essayé de réduire la pièce en trois actes, et je m'en sais bon gré. Quelques personnes m'ont désapprouvé; mais moi, qui déférai si souvent à leurs avis, je n'ai pu me rendre cette fois. Je suis convaincu qu'elles ne regrettent l'ancien *Inconstant* que par l'effet de l'habitude. On me blâme-

---

(1) Je ne puis cependant me refuser la satisfaction de dire l'obligeant, l'aimable intérêt qu'a pris madame Campan au sort de ce premier ouvrage; c'est elle qui l'a fait jouer à Versailles.

Mais cet *Inconstant*, et j'aime à l'avouer, je n'aurois pu en attendre la représentation avec une aussi longue patience, sans tes soins, sans ta tendresse vraiment fraternelle, ô bon Maurice Lévèque*, généreux et modeste ami!

Pour ma respectable amie, madame Duvivier, ce n'est pas seulement *l'Inconstant* qui lui est redevable; ce sont tous mes autres ouvrages, c'est ma vie entière, qui lui doit ses plus douces, ses plus pures consolations.

* Auteur de quelques ouvrages d'histoire et de morale, très estimables, notamment *le Père instituteur.*

roit avec raison peut-être, s'il m'en eût coûté le sacrifice d'une seule scène intéressante; mais je n'ai pas même perdu un vers heureux; j'ai conservé tout ce que le public avoit goûté. Ma pièce finit maintenant à son vrai point, c'est-à-dire au moment où Florimond apprend que sa nouvelle maîtresse est mariée. Alors il abjure tout attachement exclusif pour une seule femme, et fait vœu de les aimer toutes. Ces vers, qui n'étoient pas même la fin du quatrième acte, terminent plus convenablement ma comédie. En un mot, si j'ai eu tort de faire ce changement, le public m'a absous. Jusqu'alors il n'avoit que supporté le cinquième acte; à présent la pièce tout entière paroît l'amuser.

S'il fut un moment où mes amis devoient me critiquer, c'étoit quand j'osai traiter un tel sujet. Il falloit être jeune (mais quoi! mes amis étoient jeunes aussi), sans expérience, et presque sans réflexion, pour ne pas sentir que *l'Inconstant* n'étoit point susceptible d'une intrigue attachante, que le principal, disons mieux, l'unique personnage, pouvoit amuser, mais intéresser jamais, et qu'un bon dénouement étoit impossible. Hé bien! même en vieillissant, je ne me repens point du tout de ce début *à l'étourdie*; et, tout en sentant les fautes presque inévitables de cette comédie, je ne suis pas fâché de l'avoir faite. J'avouerai, quoique j'en sois l'auteur, que j'y trouve de la gaieté, assez de verve, un dialogue vif et et facile : il est aisé d'y reconnoître un jeune poëte, qui a mis dans son coup d'essai le peu qu'il avoit de talent, tout soi-même ; c'est un premier amour.

Depuis, j'ai un peu changé sur la route. *L'Optimiste* déja l'annonçoit. *L'Inconstant* avoit fait rire franchement; on sourit seulement à *l'Optimiste*. C'est pourtant celui de mes ouvrages qui eut le plus de succès dans sa nouveauté. Le caractère principal excita une émotion douce : l'action n'étoit pas bien forte, ni les situations très attachantes ; mais elles suffirent pour conduire la piéce jusqu'au dénouement, qui en général fit plaisir. Le style a moins de verve, et le dialogue moins de rapidité que dans *l'Inconstant;* mais les vers sont naturels, et quelques uns partent du cœur. En un mot, si ce n'est pas une bonne, une franche comédie, c'est peut-être un ouvrage agréable.

On a fait, contre le but moral de *l'Optimiste,* une préface... étrange, pour ne rien dire de plus. Je n'y répondis point dans le temps, persuadé que mon ouvrage se défendoit lui-même sous ce rapport (1); et maintenant que l'auteur de cette critique ne vit plus, on juge bien que je m'interdirai plus que jamais toute réplique qui lui seroit personnelle. Je ne veux me ressouvenir que

(1) Tu voulus y répondre, loyal, trop sensible Chabanon! et j'eus bien de la peine à t'en empêcher. Que d'autres marques d'amitié ne m'as-tu pas données !

de son talent, qui étoit mâle, énergique, et dont il nous reste, entre autres, un gage distingué. Mais il me sera permis, ou plutôt je me dois à moi-même, de justifier mes intentions, qui étoient honnêtes et pures.

Si M. de Plinville étoit ce qu'on appelle un homme à systèmes, on pourroit examiner jusqu'à quel point celui-ci seroit dangereux à propager. Il seroit à craindre peut-être que l'on ne s'en prévalût, que l'on n'en abusât pour s'aveugler sur les torts des hommes, ou s'endurcir sur leur misère. Mais ici rien de tel : cet optimisme, ou plutôt l'habitude d'être *toujours content* (car c'est là le second, le vrai titre de l'ouvrage), n'est pas même une opinion chez le bon Plinville ; c'est un sentiment, ou plutôt c'est l'effet d'une heureuse organisation. Ne faisant, à chaque pas, que du bien, il peut ne pas croire au malheur ; pur et loyal, il ignore le vice, et soupçonne à peine le mal (1); supportant de si bonne grace les contradictions, il présume par instinct que c'est de même pour les autres une peine légère : enfin, ce n'est point un philosophe ; c'est un bon homme. En l'attaquant ainsi à toute outrance, on lui a fait, d'un côté, trop d'honneur ; mais, de l'autre, on l'a traité avec bien de l'injustice. Quoique je me sentisse sans reproche à cet égard,

---

(1) J'ai développé cette idée dans quelques passages nouveaux, intercalés dans le corps de l'ouvrage.

je n'en ai pas moins été blessé jusqu'au fond du cœur. —

Je ferai pourtant quelques aveux; car, si injustement que l'on soit accusé, calomnié même, que l'on s'examine bien, et l'on trouvera presque toujours quelque foible qui a fourni un prétexte, donné prise à la critique. Avec les meilleures vues du monde, je puis avoir quelquefois passé le but. J'ai mis dans la bouche de l'Optimiste des saillies que je croyois plaisantes, que maintenant je trouve exagérées; telles que ce trait: « Bon! il ne meurt personne (1); » et autres semblables. En cela, j'ai eu tort: *Rien de beau que le vrai*, a dit notre maître. Le même Plinville peut dire, en parlant des gronderies de sa femme: « Son humeur parfois me divertit; » mais il pourroit se dispenser d'applaudir sans cesse à ses boutades, et d'obéir à ses moindres ordres comme un enfant. En général, sa patience va très loin: il est un peu trop *bon homme* aussi (2). J'ai tâché d'effacer quelques unes de ces taches; mais il en reste encore.

Cependant, tel qu'il est, avec toutes ses imperfections, *l'Optimiste* est encore celui de mes

---

(1) Je m'accuse de ce mot, même après l'avoir remplacé par un plus juste.

(2) Il est à souhaiter que les acteurs qui seront chargés du rôle principal, au lieu de laisser aller ce caractère, le soutiennent au contraire, et par là corrigent, en quelque façon, ce qu'il a de défectueux.

ouvrages que j'aime le mieux. Sans donner ma prédilection pour régle, j'ose espérer que l'on pourra toujours le voir sans danger, et qu'il consolera sur-tout plus d'un lecteur, sans le rendre égoïste.

Les Châteaux en Espagne sont au moins comiques par le titre.

« Qui n'a fait châteaux en Espagne? »

dit le bon La Fontaine, qui, par parenthése, m'a fourni plus d'un sujet.

Dans cette comédie, on distingue trop bien, je l'avoue, deux choses, le caractère et l'intrigue. La manie de faire des châteaux en Espagne, de *rêver en veillant*, qui est un peu celle de tous les hommes, rempliroit fort bien cinq actes; mais mon intrigue n'en comportoit que trois : je m'explique.

Que dans une famille où l'on attend un gendre futur (visite annoncée *incognito*), l'on prenne pour lui l'homme aux châteaux, *Dorlange*; que celui-ci, jeune, et confiant jusqu'à la présomption, trouve cet accueil tout naturel; que par son aisance même et sa familiarité il confirme d'abord dans leur erreur et la fille et le père, celui-ci bon homme, l'autre un peu romanesque; tout cela est possible, et voici fort bien la matière d'un premier acte. Que peu après *Florville*, le véritable futur, arrive, et soit reçu réellement comme un simple voyageur; que, surpris de voir un étranger établi dans la maison, il l'observe, écoute ses confidences, et voie venir tout le monde; j'admets encore cela, et le second acte peut être piquant.

Mais, de bonne foi, l'erreur peut-elle durer long-temps? Chaque mot des deux voyageurs ne devroit-il pas donner l'éveil, et faire naître un premier soupçon, qui en amenât d'autres? Est-il naturel que le vrai gendre laisse le champ libre à l'aventurier, qui alloit épouser, je crois, sans un trait de lumière qui le frappe, et le décide à faire courir sur les pas de Florville? Non, franchement, non, cela n'est pas vraisemblable. Il est impossible de filer raisonnablement cette méprise pendant cinq actes. C'est pourtant ce que j'ai fait; c'est pourtant ce que le parterre et les loges ont applaudi, et applaudissent encore: je pourrois fort bien m'être trompé, moi; mais, en vérité, je ne serai point plus sévère que le public.

—Eh! pourquoi n'avouerai-je pas que les saillies originales et les riantes descriptions de *Dorlange*; que la gaieté naïve de *Victor*, qui rit des projets de son maître, et qui en fait lui-même d'aussi extravagants; que plusieurs vers heureux, et un dénouement assez piquant; qu'enfin... je ne sais quel agrément répandu dans *les Châteaux en Espagne*, ont couvert une grande partie des fautes de la pièce? Ce n'est pas le premier ouvrage qui, de même que telle personne, ait su plaire avec ses défauts, plus que des beautés correctes mais froides.

Je ne ferai point à *Monsieur de Crac* l'honneur d'en parler longuement : c'est une folie de carnaval, que les vers soutiendront peut-être. On me pardonnera cette gaieté, j'espère : ce sont de ces écarts où je ne suis pas tombé souvent.

Bien que je me sois promis de faire grace au lecteur et des mémoires de ma vie, et même des détails relatifs à mes compositions, j'ose croire que le récit suivant porte avec lui son excuse.

En juillet 1789, je tombai dangereusement malade. Une fièvre brûlante, accompagnée de plus d'un accident, m'avoit réduit à l'extrémité. Mon médecin (1) et une sœur chérie n'avoient presque plus d'espérance. C'est dans une telle crise que, plein de.... je ne sais quel dieu, malade comme la Pythonisse, j'éclatai, comme elle, en un délire vague, obscur, mais moins extravagant peut-être. Enfin, de scène en scène, j'avois poussé la chose jusqu'à cinq actes, le tout sans rien jeter sur le papier. La joie que j'en ressentis ranima mes esprits. Une nuit, il m'en souvient, j'appelle d'une voix foible ma fidéle gouvernante ; je lui demande un bouillon, que j'avale d'un trait : je me fais apporter encre, plume et

(1) Alors M. Doublet, mon cher et estimable compatriote. Sa perte m'a été bien sensible ; mais puis-je encore me plaindre, ayant eu le bonheur de trouver un ami dans l'un de nos plus savants médecins, M. Hallé ?

papier; et, sur mon séant pour la première fois depuis un mois, j'écris, j'écris toute la nuit. Le matin, je me renfonce dans mon lit, et me tiens coi tout le jour. De nuit en nuit, je répète ce jeu; et, au bout de douze jours, je dis à Andrieux (1): « Mon ami, j'ai fait une comédie en vers et en « cinq actes. » Il me croit au dernier degré du transport. Je soulève mon drap, et lui fais voir et toucher un monceau de papiers; je lui donne un feuillet, qu'à peine il peut déchiffrer : alors je retrouve la parole, et je lui déroule ma pièce, scène par scène, au point de l'épouvanter. Il appelle sœur et médecin, et leur fait part de cette espèce de prodige; on peut juger de leur étonnement. En douze autres jours, je mets tout mon griffonnage au net, travail plus difficile que le premier. Je retombai malade; mais j'avois livré à mon ami une comédie en cinq actes, qui étoit *le Vieux Célibataire*, bien imparfait sans doute,

(1) Je ne fais que citer ici Andrieux comme témoin; j'en parle plus en détail dans la préface de *l'Optimiste*. Je crois seulement devoir ajouter que, si son goût exquis, si la finesse de son tact, m'ont été d'un grand secours, cependant (quoi qu'en ait dit un homme de lettres qui ne m'aime pas) mon ami n'a point fait mes vers*. Ils en vaudroient mieux sans doute; mais, depuis *l'Inconstant* jusqu'aux *Riches*, j'ai toujours fait ma besogne moi-même. Au reste, Andrieux, par une déclaration aussi prompte que loyale, avoit d'avance rendu cette note à peu près inutile; et pourtant, comme disent les commentateurs, *ma note subsiste*.

* J'en excepte la seconde scène du second acte de *l'Optimiste*. Voyez la préface de cette pièce.

puisqu'il l'est encore à présent: mais le personnage du vieillard s'annonçoit déja; le caractère de *madame Évrard* étoit, sinon développé, au moins tracé assez fortement; et la scène si folle des *cousins* étoit précisément telle qu'elle est. La chose est étrange, incroyable, impossible même; d'accord, mais, comme diroit *Sosie*,

« Elle ne laisse pas que d'être. »

Le succès de cet ouvrage me dispense d'en relever même les défauts, qui ne l'ont pas empêché de réussir. Que n'en ai-je pu faire seulement une pareille! Hélas! j'ai été depuis bien souvent malade; je le suis même encore, au moment où je fais ce récit: mais les maladies ne me rapportent plus autant.

C'est dans un moment de langueur que je composai *les Artistes;* ils se sont ressentis de cette disposition. La mélancolie semble les avoir inspirés: mauvaise conseillère pour un poëte comique! Il eût mieux valu, cette fois, souffrir et se taire. Cependant l'ouvrage n'étoit pas sans intérêt: le peintre offroit quelques traits du *beau idéal* (1); son père, le bon vieux cultivateur, étoit un personnage assez comique; il y avoit dans l'intrigue et dans le dénouement une sorte de charme: enfin, telle même qu'elle étoit, la pièce, froide-

(1) J'ai eu bien à me louer, à cet égard, des conseils et de la complaisance de l'estimable M. Vincent, mon confrère à l'Institut, qui a bien voulu me consacrer son pinceau.

ment accueillie le premier jour, se releva assez bien depuis; et si elle fut interrompue à la treizième représentation, cela tint à des circonstances étrangères à l'ouvrage.

Aussi je regrettois toujours un peu ces *Artistes*, comme on chérit souvent de préférence un enfant foible et délicat. J'avois recueilli les suffrages; j'y ai joint mes propres réflexions : j'ai reconnu que la piéce étoit trop longue (quoique déja réduite à quatre actes); que l'action, attachante, mais légère, étoit noyée dans d'éternels détails sur les *beaux arts;* que mes trois amis avoient à peu près le même ton, la même physionomie, et étoient presque parfaits tous trois, ce qui est un vice réel dans toute composition dramatique. Mais, en m'avouant ces défauts, je sentis qu'il étoit possible de les faire disparoître, et je l'ai essayé. D'abord j'ai resserré la piéce en trois actes (coupe plus naturelle qu'on ne le croit); et tous trois se passent dans l'atelier du peintre, unité bien favorable à l'illusion! Ensuite... mais à quoi bon détailler d'avance ce que je vais mettre sous les yeux du public? Il me suffit de dire que j'ai fait de mon mieux, et que de ce travail, assez considérable, il résulte une comédie presque neuve. Il m'eût été plus agréable de l'essayer sur la scène, avant de la faire entrer dans mon édition; mais, craignant d'attendre en vain pour cette piéce, comme pour tant d'autres, je commence par la faire imprimer. Si elle obtient le suffrage du lecteur, j'aurai reçu ma récompense.

J'ai eu plus de mérite peut-être à retoucher *les Mœurs du jour*, dont le succès avoit été moins contesté; mais ce succès ne m'avoit jamais fait entièrement illusion. Au plus fort même des représentations, je remarquois que la pièce paroissoit longue, ce qui est toujours un tort. Comme *les Mœurs du jour* ont été souvent interrompues, et que même elles n'ont pas été jouées depuis plus de deux ans, j'ai profité de cet intervalle pour la retoucher. Élaguer a été ma plus grande tâche, qui pourtant en a entraîné quelques autres. J'ai adouci quelques traits un peu lestes dans la bouche du cousin et du séducteur, surtout de madame Verseuil, plus dangereuse amie de la jeune femme; j'ai abrégé, en plus d'une scène, les discours un peu longs de madame Euler; et j'ai rendu, je crois, le rôle du frère plus intéressant encore : c'est lui qui, sauvant jusqu'à la fin sa sœur imprudente et chérie, la préserve des dangers qui l'attendoient à la sortie du bal. Dès-lors la pièce méritera plus que jamais le titre du *Bon frère*, que je lui avois donné d'abord, et que je lui rends. Dans mon ancien plan, le frère faisoit tout : le mari ne paroissoit point; ce que je sentois être plus convenable. Quelques amis furent d'un avis contraire; je les combattis, moins par des raisons que par le sentiment ; ils insistèrent; je craignis de m'être trompé, et je cédai. Les conseils sévères de mes amis, et, je puis dire, ma docilité assez rare, m'ont été souvent très utiles; mais quelquefois aussi je n'aurois pas mal fait d'en croire mon instinct.

Quoi qu'il en soit, voici encore un travail, ingrat et peu brillant, que je soumets au public. Mais, quelque soin que j'aie apporté à la retouche de cette piéce et des *Artistes*, je ne m'aveugle point sur le résultat d'une besogne où le courage et la patience ne remplacent jamais la verve qu'imparfaitement. Puisse-t-on y reconnoître au moins mon desir de mieux faire!

Je viens de parcourir les sept piéces de moi restées au théâtre François; et je crois les avoir examinées avec assez d'impartialité. Quant aux trois que j'ai données depuis au théâtre Louvois, il suffira d'une analyse plus rapide encore.

Je m'arrêterai peu sur *Malice pour malice*. Le second acte offre des situations assez piquantes: c'est l'un des plus gais que j'aie faits, peut-être. Mais l'exposition, qui remplit presque tout le premier acte, est lente et froide; et le troisième tient un peu de la charge. Cela eût pu faire, je crois, un fort joli acte. Nous devrions nous ressouvenir que *l'Esprit de contradiction* fut d'abord en cinq actes, puis en trois, et que, réduit à un seul, c'est le chef-d'œuvre de Dufresny, et l'une des meilleures petites piéces du répertoire françois.

Il veut tout faire, comédie épisodique en un

acte, mériteroit un reproche tout contraire. Ce sujet eût exigé plus de développement; il auroit suffi à trois actes, pour le moins. Que résulte-t-il de mon travail? Que je n'ai qu'indiqué un homme affairé; que la scène de raisonnement, qui, mieux préparée, auroit pu paroître intéressante, se trouve ici à l'étroit; et qu'enfin, le dénouement est brusque, et produit peu d'effet. Mais il me sera permis de dire que c'est une de mes pièces les mieux écrites. Une singularité assez piquante, c'est que mes deux comédies en un acte, celle-ci et *Monsieur de Crac,* sont peut-être, après *l'Inconstant,* ce que j'ai de plus soigné pour le style. Cela ne viendroit-il point de ce que la patience de l'écrivain n'a pas le temps de se lasser, ni sa verve de se refroidir?

J'ai gardé pour la fin *le Vieillard et les Jeunes gens,* bien qu'ils aient précédé le petit acte d'*Il veut tout faire.* C'est, je l'avouerai, une de mes pièces favorites; et j'y suis d'autant plus attaché, qu'en me donnant un rapport plus intime avec Picard, elle me l'a fait mieux apprécier encore, et que j'appris alors à chérir, à estimer de plus en plus la personne, moi qui avois si souvent applaudi à l'auteur avec tout Paris! Je m'arrête à regret en un sujet aussi agréable; mais mon *Épître dédicatoire* du *Vieillard et les Jeunes gens* dira le reste (1), et je ne veux point séparer *mes trois amis.*

(1) Voyez la première page du troisième volume.

Le Vieillard n'est pas une comédie bien forte, bien dramatique : plus d'un personnage accessoire y est à peine esquissé ; mais celui de M. *de Naudé* est, j'ose le dire, un assez bon modèle à offrir à nos jeunes gens. L'intrigue est légère ; mais elle attache, et se dénoue d'une manière simple et intéressante. Le style en est pur et la morale saine, sans austérité ni pédantisme : enfin l'ouvrage a du naturel, de la vérité ; et comme il est possible que *les Riches* (1) ne soient jamais joués, et qu'alors je puis regarder *le Vieillard et les Jeunes gens* comme ma dernière pièce de théâtre, je me repose avec quelque douceur sur cette fin, assez heureuse, de mes travaux.

Il me reste à dire un mot des *Poésies fugitives* qui terminent cette collection.

M'étant permis, trop souvent peut-être, de petits vers dans mes loisirs, et n'ayant pu me résoudre à en faire entièrement le sacrifice, au moins les ai-je revus avec une attention scrupuleuse. J'en ai retranché plusieurs, et j'ai corrigé soigneusement presque tout ce que j'ai conservé ; car c'est ici qu'il falloit être sévère. Le public a prononcé sur les pièces de théâtre ; mais il ne juge pas la plupart des poésies légères, dont les unes, se glissant dans des recueils périodiques, passent à la faveur de la foule ; les autres lues à des auditeurs

(1) Cette pièce n'étant point encore connue du public, je ne me permettrai à son sujet aucune réflexion : je soumets *les Riches* au jugement du lecteur, sans chercher à le prévenir.

bien disposés, sont écoutées sans conséquence, et souvent applaudies par politesse: encore, malgré tant de soins, malgré cette rigueur envers soi-même qui rappelle le vers de La Fontaine,

« Tout père frappe à côté, »

je ne puis me dissimuler que ces opuscules sont un peu négligés, bien voisins de la simple conversation, et dignes à peine du nom de *poésies*. Mais enfin, ces bagatelles sont presque toutes dialoguées; c'est encore de la comédie dans de plus petits cadres: c'est là que nous nous peignons le plus fidèlement; notre esprit y parle moins que notre cœur; et le lecteur aime quelquefois à reconnoître, dans ces épanchements naïfs et familiers d'un écrivain, son cachet, son caractère, et comme sa physionomie.

Je ne puis laisser échapper cette occasion de remercier la portion pure et respectable du public pour qui seule j'ai travaillé, et à qui seule aussi j'offre ce Recueil de mes ouvrages; de la remercier, dis-je, de l'intérêt, de l'indulgence, et j'ose ajouter de l'estime qu'elle m'a témoignée plus d'une fois. J'ai tâché de justifier sa bienveillance, en redoublant de zèle et d'efforts autant qu'il m'a été possible; car de fréquentes maladies, et une mélancolie presque habituelle, ne m'ont pas permis de faire tout ce que je voulois... et, je le sens, tout ce que j'aurois pu. Heureux du moins, trop heureux d'avoir recueilli, pour fruit de mes travaux, le suffrage des gens de bien, les douceurs de l'amitié, et, ce que je préfère à la célébrité, une réputation pure!

COLLIN D'HARLEVILLE.

16 août 1805.

THÉÂTRE.

L'INCONSTANT,

COMÉDIE

EN TROIS ACTES ET EN VERS,

Représentée pour la première fois par les comédiens françois, le 13 juin 1786.

« Il tourne au premier vent, il tombe au moindre choc,
« Aujourd'hui dans un casque, et demain dans un froc. »
BOILEAU, Sat. 8.

PERSONNAGES.

FLORIMOND, l'Inconstant.
ÉLIANTE, jeune veuve angloise.
M. DOLBAN, oncle de Florimond.
LISETTE, suivante d'Éliante.
CRISPIN, valet-de-chambre de Florimond.
M. PADRIGE, l'Hôte.

La scène est à Paris, dans un hôtel garni, appelé l'*Hôtel de Brest.*

L'INCONSTANT,

COMÉDIE

EN TROIS ACTES * ET EN VERS.

Le théâtre, pendant toute la pièce, représente un salon.

ACTE PREMIER.

SCÈNE I.

FLORIMOND, *en uniforme;* CRISPIN.

FLORIMOND.

Je te revois enfin, superbe capitale !
Que d'objets enchanteurs à mes yeux elle étale !
De l'absence, Crispin, admirable pouvoir !
Pour la première fois, il me semble la voir.

CRISPIN.

Je le crois. Mais, monsieur, quelle affaire soudaine
De Brest, comme un éclair, à Paris nous amène ?

* *L'Inconstant* fut d'abord joué en cinq actes, tel que nous le produisons dans le quatrième volume.

FLORIMOND.

D'honneur, jamais Paris ne me parut si beau.
Quelle variété! C'est un mouvant tableau.
L'œil ravi, promené de spectacle en spectacle,
De l'art, à chaque pas, voit un nouveau miracle.

CRISPIN.

Il est vrai. Mais ne puis-je apprendre la raison
Qui vous a fait ainsi laisser la garnison?

FLORIMOND.

La garnison, Crispin? Je quitte le service.

CRISPIN.

Vous quittez?...Quoi, Monsieur, par un nouveau caprice?...

FLORIMOND.

Je suis vraiment surpris d'avoir, un mois entier,
Pu supporter l'ennui d'un si triste métier.

CRISPIN.

Mais j'admire, en effet, votre persévérance:
Un mois dans un état! quelle rare constance!
Depuis quand cet ennui?

FLORIMOND.

Depuis le premier jour.
J'eus d'abord du dégoût pour ce morne séjour.
Dans une garnison, toujours mêmes usages,
Mêmes soins, mêmes jeux, toujours mêmes visages;
Rien de nouveau jamais à dire, à faire, à voir:
Le matin on s'ennuie, et l'on bâille le soir.
Mais ce qui m'a sur-tout dégoûté du service,
C'est, il faut l'avouer, ce maudit exercice.
Je ne pouvois jamais regarder sans dépit
Mille soldats de front, vêtus du même habit,
Qui, semblables de taille, ainsi que de coiffure,
Etoient aussi, je crois, semblables de figure.

ACTE I, SCÈNE I.

Un seul mot, à-la-fois, fait hausser mille bras;
Un autre mot les fait retomber tous en bas :
Le même mouvement vous fait, à gauche, à droite,
Tourner tous ces gens-là comme une girouette.

CRISPIN.

Cependant...

FLORIMOND.

Je pourrai changer d'habillement,
Et ne te mettrai plus...

CRISPIN.

Je vous plaignois, vraiment.
(*touchant l'habit de son maître.*)
Pauvre disgracié! va dans la garde-robe
Rejoindre de ce pas la soutane et la robe.
Que d'états! je m'en vais les compter par mes doigts.
D'abord...

FLORIMOND.

Oh! tu feras ce compte une autre fois.

CRISPIN.

Soit. Sommes-nous ici pour long-temps?

FLORIMOND.

Pour la vie.

CRISPIN.

Quoi! Brest...

FLORIMOND.

D'y retourner, va, je n'ai nulle envie.

CRISPIN.

Et votre mariage?

FLORIMOND.

Eh bien! il reste là.

CRISPIN.

Mais Léonor?

FLORIMOND.

Ma foi, l'épouse qui voudra.

CRISPIN.

J'ignore, en vérité, si je dors, si je veille :
Vous la quittez, monsieur, le contrat fait, la veille !

FLORIMOND.

Falloit-il, par hasard, attendre au lendemain ?

CRISPIN.

Là... sérieusement, vous refusez sa main ?

FLORIMOND.

Pour le persuader, il faudra que je jure !

CRISPIN.

Ah ! pouvez-vous lui faire une pareille injure ?
Car que lui manque-t-il ? Elle est jeune, d'abord.

FLORIMOND.

Trop jeune.

CRISPIN.

Bon, monsieur !

FLORIMOND.

C'est une enfant.

CRISPIN.

D'accord ;
Mais une aimable enfant : elle est belle, bien faite...

FLORIMOND.

Je sais fort bien qu'elle est d'une beauté parfaite ;
Mais cette beauté-là n'est point ce qu'il me faut :
J'aime sur un visage à voir quelque défaut.

CRISPIN.

C'est différent. J'aimois cette humeur enjouée
Qui ne la quittoit pas de toute la journée.

FLORIMOND.

Je veux qu'on boude aussi parfois.

CRISPIN.
Sans contredit.
FLORIMOND.
Trop de gaîté, vois-tu, me lasse et m'étourdit :
Qui rit à tout propos, ne peut que me déplaire.
CRISPIN.
Sans doute, Léonor n'étoit point votre affaire.
Une enfant de seize ans, riche, ayant mille attraits,
Qui n'a pas un défaut, qui ne boude jamais !
Bon ! vous en seriez las au bout d'une semaine.
Mais que dira de vous monsieur le capitaine ?
FLORIMOND.
Qu'il en dise, parbleu ! tout ce qu'il lui plaira :
Mais pour gendre jamais Kerbanton ne m'aura.
Qui ? moi ? bon Dieu ! j'aurois le courage de vivre
Auprès d'un vieux marin, qui chaque jour s'enivre,
Qui fume à chaque instant, et, tous les soirs d'hiver,
Voudroit m'entretenir de ses combats de mer ?...
Laissons là pour jamais et le père et la fille.
CRISPIN.
Parlons donc de Justine. Est-elle assez gentille ?
Des défauts, elle en a ; mais elle a mille appas :
Elle est gaie et folâtre, et je ne m'en plains pas :
Voilà ce qu'il me faut, à moi qui ne ris guère.
Enfin, elle n'a point de vieux marin pour père.
Pauvre Justine ! hélas ! je lui donnai ma foi :
Que va-t-elle à présent dire et penser de moi ?
FLORIMOND.
Elle est déja peut-être amoureuse d'un autre.
CRISPIN.
Nos deux cœurs sont, monsieur, bien différents du vôtre.
D'avoir perdu Crispin, jamais cette enfant-là,

C'est moi qui vous le dis, ne se consolera.

FLORIMOND.

Va, va, dans sa douleur le sexe est raisonnable,
Et je n'ai jamais vu de femme inconsolable.
Laissons cela.

CRISPIN.

Fort bien ; mais au moins, dites-moi
Pourquoi vous descendez dans un hôtel ?

FLORIMOND.

Pourquoi ?

CRISPIN.

Oui, monsieur. Vous avez un oncle qui vous aime,
Dieu sait !

FLORIMOND.

De mon côté, je le chéris de même ;
Mais je ne logerai pourtant jamais chez lui.
Je crus bien, l'an passé, que j'en mourrois d'ennui.
C'est un ordre, une règle en toute sa conduite !
Une assemblée hier, demain une visite,
Ce qu'il fait aujourd'hui, toujours il le fera :
Il ne manque jamais un seul jour d'opéra.
La routine est pour moi si triste, si maussade !
Et puis sa politique, et sa double ambassade !
Car tu sais que mon oncle étoit ambassadeur.
J'essuyois des récits... mais d'une pesanteur !
Tu vois que tout cela n'est pas fort agréable.
D'ailleurs je me suis fait un plaisir délectable
De venir habiter dans un hôtel garni.
Tout cérémonial de ces lieux est banni :
Je vais, je viens, je rentre et sors, quand bon me semble ;
Entière liberté. Le soir, on se rassemble :
L'hôtel forme lui seul une société ;

Et si je n'ai le choix, j'ai la variété.
CRISPIN.
On vient : de cet hôtel c'est sans doute le maître.

SCÈNE II.

FLORIMOND, CRISPIN, M. PADRIGE.

M. PADRIGE, *avec force révérences*.
Ma visite, monsieur, vous dérange peut-être ;
Mais je n'ai pu moi-même ici vous recevoir :
J'étois absent alors : j'ai cru de mon devoir
De venir humblement vous rendre mon hommage.
FLORIMOND.
Fort bien.
M. PADRIGE.
Je sais à quoi notre état nous engage.
CRISPIN, *lui rendant ses révérences*.
Monsieur !
M. PADRIGE, *à Florimond*.
De mon hôtel êtes-vous satisfait ?
FLORIMOND.
Très fort.
M. PADRIGE.
Vous le trouvez honnête ?
FLORIMOND.
Tout-à-fait.
M. PADRIGE.
Et votre appartement commode ?
FLORIMOND.
Oui, mon cher hôte,
Très commode.

CRISPIN.

Pourtant, ma chambre est un peu haute.

FLORIMOND.

Je me trouve fort bien.

M. PADRIGE.

Je vous suis obligé.
Il le faut avouer, je n'ai rien négligé
Pour réunir ici l'utile et l'agréable ;
Et vous voyez...

CRISPIN.

Au fait : avez-vous bonne table ?

M. PADRIGE, *à Florimond.*

Sans vanité, monsieur, je puis dire, entre nous,
Que je n'ai guère ici que des gens tels que vous.

CRISPIN, *s'inclinant.*

Ah !...

M. PADRIGE.

Des Bretons, sur-tout. C'est Brest qui m'a vu naître ;
Et, dieu merci, Padrige a l'honneur d'y connoître
Assez de monde : aussi l'on s'y fait une loi
Quand on vient à Paris, de descendre chez moi ;
Et c'est du nom de Brest que mon hôtel se nomme.

CRISPIN.

Ce bon monsieur Padrige a l'air d'un galant homme.

M. PADRIGE.

Monsieur... vient donc de Brest ?

FLORIMOND.

Oui.

M. PADRIGE.

J'ai, dans ce moment,
Une dame qui vient de Brest aussi.

FLORIMOND.

Comment ?...

M. PADRIGE.
Une Angloise.
FLORIMOND.
Une Angloise?
M. PADRIGE.
Oui, monsieur, très jolie,
Pour tout dire, en un mot, une dame accomplie,
Femme de qualité, qui voyage par goût,
Veuve depuis trois ans; Lisette m'a dit tout.
CRISPIN.
Lisette! Cette Angloise a donc une suivante?
M. PADRIGE.
Eh! oui; je l'ai donnée à madame...
CRISPIN.
Et charmante,
Sans doute?
M. PADRIGE.
On ne peut plus.
CRISPIN.
Je vois ce qui m'attend:
Cette Lisette-là va me rendre inconstant.
FLORIMOND.
Eh! mais... à tous ces traits je crois la reconnoître;
Car... Depuis quinze jours elle est ici peut-être?
M. PADRIGE.
Oui, monsieur.
FLORIMOND.
M'y voilà; c'est elle assurément,
C'est Éliante même.
M. PADRIGE.
Eh! monsieur, justement.
FLORIMOND.
Éliante en ces lieux! Rencontre inespérée!

Conduisez-moi chez elle.

M. PADRIGE.

Elle n'est pas rentrée;
Mais bientôt...

FLORIMOND.

Ah! bon Dieu! Laissez-nous; il suffit:
Je l'attends.

(*M. Padrige sort.*)

SCÈNE III.

FLORIMOND, CRISPIN.

FLORIMOND.

J'ose à peine en croire son récit.
Rencontrer en ces lieux l'adorable Éliante!
Mais ne trouves-tu pas l'aventure charmante?

CRISPIN.

Pardon : de vos transports je suis un peu surpris.
Il est bien vrai qu'à Brest vous étiez fort épris
D'une dame Éliante; et je sais que la dame
N'étoit pas insensible à votre tendre flamme :
Mais enfin, quinze jours au moins sont révolus
Depuis que j'ai cru voir que vous ne l'aimiez plus.

FLORIMOND.

Il est trop vrai, l'amour, sur-tout dans sa naissance,
Ne tient guère, chez moi, contre une longue absence.
Une affaire l'appelle à Paris : elle part.
Je tiens bon... quatre jours; mais enfin le hasard
M'offre au marin : bientôt il m'aime à la folie,
Me veut pour gendre : au fond, Léonor est jolie...
Que te dirai-je, moi? je la vis, je lui plus;

ACTE I, SCÈNE III.

Éliante étoit loin, et je n'y songeai plus...
Je la retrouve enfin, grace au sort qui me guide.

CRISPIN.

Votre cœur n'aime pas à rester long-temps vuide.

FLORIMOND.

Ni moi long-temps en place : elle est sortie; alors,
Je ne l'attendrai point.

CRISPIN.

Je le crois bien.

FLORIMOND.

Je sors.
Je vais courir un peu : demeure, toi.

(*Il sort.*)

CRISPIN, *seul*.

Quel maître !
Le vif-argent n'est pas... Mais, que vois-je paroître ?
Seroit-ce ?...

SCÈNE IV.

CRISPIN, LISETTE.

CRISPIN, *à part*.

Elle a vraiment un fort joli minois.
La peste !

LISETTE, *de loin, à part aussi*.

Ce garçon m'observe en tapinois.
Au fait, il n'est pas mal.

CRISPIN, *haut*.

De l'aimable Éliante
Ai-je l'honneur de voir l'adorable suivante ?

LISETTE.

Elle-même, monsieur.

CRISPIN, *à part.*

Justine n'est pas mieux.

LISETTE.

Monsieur... cet officier qui descend en ces lieux
Seroit-il votre maître?

CRISPIN.

Oui, beauté sans pareille!
Mais le mot de *monsieur* a blessé mon oreille:
Appelez-moi Crispin; car je suis sans façon.
On vous nomme Lisette?

LISETTE.

Oui.

CRISPIN.

Dieu! le joli nom!

(*à part.*)
Justine n'avoit pas cette friponne mine.

LISETTE.

Vous marmottez souvent certain nom de Justine.

CRISPIN, *embarrassé.*

Oh! rien... C'est une enfant que je connus jadis...
La maîtresse de l'un de mes meilleurs amis...
Et qui vous ressembloit. Justine étoit jolie...
Aussi ce drôle-là l'aimoit à la folie.
Mais, de grace, laissons Justine de côté,
Parlons de vous.

LISETTE.

Hé bien?

CRISPIN.

Lisette, en vérité,
J'ai couru le pays, j'ai vu bien des soubrettes

ACTE I, SCÈNE IV.

Gentilles à ravir, et sur-tout les Lisettes;
Mais je n'ai point encor rencontré de minois
Qui me plussent autant que celui que je vois.

LISETTE.

Fort bien!

CRISPIN.

Vraiment, j'admire une telle rencontre,
Que le premier objet que le hasard me montre...
Soit un objet... ma foi, je rends grace au hasard.
(*à part.*)
Justine, en vérité, je suis un grand pendard.

LISETTE.

Monsieur plaisante?

CRISPIN.

Point. C'est la vérité même:
Moi, j'y vais rondement, en trois mots, je vous aime.
Vous riez, c'est bon signe: oh! j'ai jugé d'abord
Que Lisette et Crispin seroient bientôt d'accord.

LISETTE.

Mais je ne conçois pas cette flamme subite:
Je n'aurois jamais cru qu'on pût aimer si vite.

CRISPIN.

Moi, j'en suis peu surpris; car enfin, sans orgueil,
Aux filles j'ai toujours plu du premier coup d'œil.

LISETTE.

Peste!

CRISPIN.

J'entends mon maître.

SCÈNE V.

CRISPIN, LISETTE, FLORIMOND.

FLORIMOND.
Ah! madame Éliante
Est-elle de retour?

CRISPIN.
Non : voici sa suivante
Qui me disoit...

LISETTE.
Madame avant peu va rentrer,
Je le suppose.

FLORIMOND.
O Dieu! Mais quand puis-je espérer?...

LISETTE.
Avant une heure, au plus.

FLORIMOND.
Eh! n'est-ce rien qu'une heure?
Une heure sans la voir! il faudra que j'en meure.
En vérité, je suis d'un malheur achevé.
J'ai passé chez mon oncle et ne l'ai point trouvé.
J'ai vite écrit deux mots et laissé mon adresse;
Puis, je suis accouru pour revoir ta maîtresse :
Hé bien! il faut une heure attendre son retour.

LISETTE.
En attendant, monsieur, songez à votre amour.
(*Elle le salue, sourit à Crispin, et sort.*)

SCÈNE VI.

FLORIMOND, CRISPIN.

FLORIMOND.

Peste des importuns! ce chevalier d'Arlière
Me force à l'écouter, la tête à la portière.
A quatre pas de là, c'est un autre embarras;
Et deux cochers mutins, avec leurs longs débats,
M'arrêtent un quart d'heure au détour d'une rue.
Oh! quel fracas! bon Dieu! quelle affreuse cohue!
Comment peut-on se plaire en ce maudit Paris?
C'est un enfer.

CRISPIN.

Tantôt c'étoit un paradis.
« L'œil ravi, promené de spectacle en spectacle,
« De l'art, à chaque pas, voit un nouveau miracle : »
C'étoient vos termes.

FLORIMOND.

Oui, d'abord cela séduit,
J'en conviens; mais au fond, de la foule et du bruit,
Voilà Paris. Ses jeux et ses vaines délices,
N'offrent qu'illusions et que beautés factices :
Ses plaisirs sont amers, son éclat emprunté,
Et, sous l'extérieur de la variété,
Il cache tout l'ennui d'une vie uniforme.

CRISPIN.

Uniforme, monsieur? ah! quel blasphème énorme!
Un jour est-il ici semblable à l'autre jour?
Ce sont nouveaux plaisirs qui règnent tour-à-tour.

FLORIMOND.

Je le veux; mais, au fond, ils composent à peine

Une semaine, au plus : hé bien ! chaque semaine,
De celles qui suivront est le parfait tableau ;
De semaine en semaine, il n'est rien de nouveau :
Alternativement, bal, concert, tragédie,
Wauxhall, Italiens, Opéra, Comédie...
Ce cercle de plaisirs peut bien plaire d'abord ;
Mais, la seconde fois, il ennuie à la mort.

CRISPIN.

C'est dommage. J'entends ; de journée en journée,
Vous voudriez du neuf pendant toute une année.
Eh ! que la vie, ici, soit uniforme ou non,
Qu'importe ? il ne faut pas disputer sur le nom.
Si l'uniformité de plaisirs est semée,
Cette uniformité mérite d'être aimée.
On dort, on boit, on mange ; on mange, on boit, on dort :
De ce régime, moi, je m'accommode fort.

FLORIMOND.

Tais-toi ; qu'attends-tu là ?

CRISPIN.

    Vos ordres.

FLORIMOND.

        Je t'ordonne
De n'être pas toujours auprès de ma personne.

CRISPIN.

C'est différent.

        (*Il sort.*)

SCÈNE VII.

FLORIMOND, *seul.*

Toujours un valet près de soi,
Qui semble dire : « Allons, monsieur, commandez-moi. »
Du matin jusqu'au soir... quelle pénible tâche !
Il faut, quoi qu'on en ait, commander sans relâche.
Quand j'y songe, morbleu ! je ne puis sans courroux
Voir que ces coquins-là soient plus heureux que nous.
(*Il s'assied et rêve.*)
Ce Crispin me déplaît. Monsieur fait le capable :
Vos ordres !... Il commence à m'être insupportable.
Depuis un mois pourtant ce visage est chez moi :
Je n'en gardai jamais aussi long-temps... ; ma foi,
Il est bien temps qu'enfin de lui je me défasse.
(*Il se lève et appelle.*)
Crispin !... Oh ! le sot nom !

SCÈNE VIII.

FLORIMOND, CRISPIN.

CRISPIN.
Monsieur ?
FLORIMOND, *à part.*
La sotte face !
(*haut.*)
De tes gages, Crispin, dis-moi ce qu'il t'est dû.
CRISPIN.
Ah ! monsieur...

FLORIMOND.

Parle donc.

CRISPIN.

Monsieur!...

FLORIMOND.

Parleras-tu?

CRISPIN.

(*à part.*) (*haut.*)
Ne faisons pas l'enfant. Ce n'est qu'une pistole.

FLORIMOND, *le payant.*

Tiens. — Veux-tu bien sortir?

CRISPIN.

Dites un mot, je vole.

FLORIMOND.

Hé bien!

CRISPIN.

Encore un coup, vous n'avez qu'à parler.

FLORIMOND.

J'ai parlé; sors.

CRISPIN.

Fort bien; mais où faut-il aller?

FLORIMOND.

Où tu voudras.

CRISPIN.

Eh! mais... expliquez-vous, de grace...

FLORIMOND, *impatienté.*

Quoi! tu ne comprends pas, maraud, que je te chasse?

CRISPIN.

Plaît-il? vous me chassez? qui, moi, monsieur?

FLORIMOND.

Oui, toi.

ACTE I, SCÈNE VIII.

CRISPIN.

Moi?

FLORIMOND.

Toi-même.

CRISPIN.

Allons donc! vous vous moquez de moi.

FLORIMOND.

Point du tout.

CRISPIN.

La raison? elle est un peu subite.

FLORIMOND.

La raison, c'est qu'il faut t'en aller au plus vite :
Je le veux.

CRISPIN.

Mais, enfin, pourquoi le voulez-vous?

FLORIMOND.

Parceque... je le veux.

CRISPIN.

Mon cher maître, entre nous,
Ce n'est pas raisonner que parler de la sorte.
Je le comprends fort bien, vous voulez que je sorte ;
Mais je ne comprends pas pourquoi vous le voulez :
Si j'ai failli, du moins, dites-le-moi, parlez.

FLORIMOND.

Avec ses questions, ce bavard-là m'excède :
Tu... tu m'as...

CRISPIN.

Voulez-vous, monsieur, que je vous aide?

FLORIMOND.

Puisque monsieur Crispin demande des raisons...

CRISPIN.

Oui, monsieur, une seule.

FLORIMOND.

Eh bien! nous le chassons,
Afin de ne plus voir sa maussade figure.

CRISPIN.

Maussade? le reproche est nouveau, je vous jure :
Ma figure jamais n'effaroucha les gens;
Même elle m'a valu des propos obligeants.

FLORIMOND.

Elle ne me déplaît que pour l'avoir trop vue.

CRISPIN.

Depuis un mois à peine elle vous est connue.

FLORIMOND.

C'est beaucoup trop; je veux un visage nouveau.

CRISPIN.

Mais, qu'il soit vieux ou neuf, qu'il soit maussade ou beau,
Qu'importe, enfin, pourvu qu'un valet soit fidèle,
Et qu'il serve son maître avec esprit et zèle?
Sans me vanter, monsieur, je vous sers à ravir.

FLORIMOND.

Je n'aime point non plus ta façon de servir.

CRISPIN.

Qu'a-t-elle, s'il vous plaît?...

FLORIMOND.

Elle est trop uniforme;
J'aime qu'à mon humeur un valet se conforme :
Toi, tu me sers toujours avec le même soin,
Toujours auprès de moi je te trouve au besoin;
Jamais...

(*Pendant ce discours, Crispin a pris une plume et du papier, et a l'air d'écrire sur son genou.*)

Que fais-tu là?

ACTE I, SCÈNE VIII.

CRISPIN.

J'écris ce que vous dites.
Vous me traitez, monsieur, par-delà mes mérites,
Et je n'ai pas besoin d'autre certificat :
Signez.
(*Il lui présente la plume et le papier.*)

FLORIMOND.

Oh! c'en est trop. Sais-tu bien, maître fat,
Qu'à la fin...?

CRISPIN.

Serviteur.
(*à part, en s'en allant.*)
Trouvons un stratagème
Pour le servir encore en dépit de lui-même.

SCÈNE IX.

FLORIMOND, *seul*.

On a bien de la peine à chasser un valet.
Ce maraud de Crispin, au fond, n'est point si laid.
Mais j'étois las de voir son grotesque uniforme,
Ses bottines, sa cape et sa ceinture énorme.
Elle ne revient point : allons, je vais courir,
Voir mes amis. Valmont le premier vient s'offrir;
Oui...

SCÈNE X.

FLORIMOND, M. DOLBAN.

M DOLBAN.

Te voilà !...

FLORIMOND.

Mon oncle !... Ah ! permettez de grace...
Cher oncle ! Après un mois, c'est donc vous que j'embrasse !

M. DOLBAN.

Je devois, avant tout, te quereller bien fort,
Et n'ai pu m'empêcher de t'embrasser d'abord ;
Mais je ne laisse pas d'être fort en colère.

FLORIMOND.

En quoi donc, par hasard, ai-je pu vous déplaire ?

M. DOLBAN.

En quoi ? belle demande ! Avoir un oncle ici,
Et descendre plutôt dans un hôtel garni !
A cette indifférence aurois-je dû m'attendre ?

FLORIMOND.

Je vous suis obligé d'un reproche si tendre.
Mais cela ne doit pas du tout vous chagriner.
Mon cher oncle, entre nous, j'ai craint de vous gêner ;
Et puis, je ne suis pas loin de votre demeure,
Et je pourrai vous voir chaque jour, à toute heure.

M. DOLBAN.

Tu sais toujours donner aux choses un bon tour.
Car, dans ta lettre aussi, tu mets sous un beau jour
Ton histoire de Brest et ton double caprice.
Jamais, au bout d'un mois, quitta-t-on le service ?

FLORIMOND.

Le service, en un mot, n'est point du tout mon fait.

M. DOLBAN.

Va, tu n'es fait pour rien, je te le dis tout net.
FLORIMOND.
En quoi voyez-vous donc?...
M. DOLBAN.

En toute ta conduite,
En tes écarts passés, en ta dernière fuite;
Et pour trancher ici d'inutiles discours,
Tu n'es qu'un inconstant, tu le seras toujours.
FLORIMOND.
Inconstant! Oh! voilà votre mot ordinaire!
Eh! c'est pour ne pas être inconstant, au contraire,
Qu'on me voit sur mes pas revenir tout exprès:
J'aime bien mieux changer auparavant qu'après.
M. DOLBAN.
Cette précaution est tout-à-fait nouvelle!
En as-tu moins, sans cesse, erré de belle en belle?
Depuis la robe, enfin, que bientôt tu quittas,
T'en a-t-on moins vu prendre et rejeter d'états?
Tour-à-tour la finance, et l'église, et l'épée...
Que sais-je? La moitié m'en est même échappée:
Vingt états de la sorte ont été parcourus;
Si bien qu'un an encore, et je ne t'en vois plus.
FLORIMOND.
C'est que je fus trompé, c'est qu'il faut souvent l'être,
C'est qu'il est maint état qu'on ne peut bien connoître,
A moins que par soi-même on ne l'ait exercé:
Ce n'est qu'après l'essai qu'on est désabusé.
J'aurai pu me trouver dans cette circonstance,
Sans être pour cela coupable d'inconstance.
Je goûte d'un état: j'y suis mal, et j'en sors;
Rien de plus naturel. Quoi! faudroit-il alors

Végéter sans desirs, sans nulle inquiétude,
Et, stupide jouet de la sotte habitude,
Garder, par indolence, un état ennuyeux,
N'être heureux qu'à demi, quand on peut être mieux?

M. DOLBAN.

Tu crois donc rencontrer un bonheur sans mélange?
Hélas!... le plus souvent, que gagne-t-on au change?
La triste expérience avant peu nous apprend
Que ce nouvel état n'est qu'un mal différent...
Que dis-je? Au lieu du bien après quoi l'on soupire,
Souvent d'un moindre mal on tombe dans un pire...
Aussi, sans espérer d'en trouver de meilleurs,
Tu quittes un état, pourquoi? pour être ailleurs.

FLORIMOND.

Vous mettez à ceci beaucoup trop d'importance.
M'allez-vous quereller pour un peu d'inconstance?
A tout le genre humain dites-en donc autant.
A le bien prendre, enfin, tout homme est inconstant;
Un peu plus, un peu moins, et j'en sais bien la cause :
C'est que l'esprit humain tient à si peu de chose!
Un rien le fait tourner d'un et d'autre côté :
On veut fixer en vain cette mobilité :
Vains efforts; il échappe; il faut qu'il se promène :
Ce défaut est celui de la nature humaine.
La constance n'est point la vertu d'un mortel;
Et pour être constant, il faut être éternel.
D'ailleurs, quand on y songe, il seroit bien étrange
Qu'il fût seul immobile; autour de lui, tout change.
La terre se dépouille, et bientôt reverdit;
La lune, tous les mois, décroît et s'arrondit.
Que dis-je? En moins d'un jour, tour-à-tour on essuie
Et le froid et le chaud, et le vent et la pluie.

Tout passe, tout finit, tout s'efface ; en un mot,
Tout change : changeons donc, puisque c'est notre lot.

M. DOLBAN.

De la frivolité, digne panégyriste !

FLORIMOND.

N'êtes-vous point vous-même un censeur un peu triste?

M. DOLBAN.

D'un oncle, d'un ami, je remplis le devoir.
Tu te perds, Florimond, sans t'en apercevoir.
Espères-tu, dis-moi, t'avancer dans le monde,
Toi, qu'on a toujours vu d'une humeur vagabonde,
Effleurer chaque état, qui changes pour changer,
Qui n'es dans chacun d'eux qu'un simple passager?
Digne emploi des talents qu'en toi le ciel fit naître !
Avec tant de moyens de te faire connoître,
Tu seras donc connu par ta légèreté !
Ah ! si tu ne fais rien pour la société,
A l'estime publique il ne faut plus prétendre.
Tremble, et vois à quel sort tu dois enfin t'attendre.
A force de courir, toujours plus loin du but,
Et bientôt de l'état méprisable rebut,
Désœuvré, las de tout, comme à tout inhabile,
De tes concitoyens spectateur inutile,
Tu sentiras l'ennui miner tes tristes jours,
Si l'affreux désespoir n'en abrége le cours.

FLORIMOND.

Courage, livrez-vous à vos sombres présages ;
Étalez à plaisir les plus noires images ;
Pourquoi? parcequ'on est un tant soit peu léger.

(*Après un moment de silence.*)

Quoi qu'il en soit, je crois que je m'en vais changer.

M. DOLBAN.

Bon!

FLORIMOND.

Sérieusement, je ne suis plus le même..

M. DOLBAN.

Depuis combien de temps déja?

FLORIMOND.

Depuis que j'aime.

M. DOLBAN, *en souriant.*

Ah! fort bien.

FLORIMOND.

N'allez pas prendre ici mes discours
Pour le frivole aveu de volages amours.
Il est passé, le temps des folles amourettes :
Un feu réel succéde à ces vaines bluettes.
J'aime, vous dis-je, enfin pour la première fois.

M. DOLBAN.

Du ton dont tu le dis, en effet je le crois.
Quelle est donc la personne?

FLORIMOND.

Elle a nom Éliante.
C'est une veuve angloise, une femme charmante :
Je ne vous parle pas de sa rare beauté,
Encor moins de ses biens et de sa qualité,
Quoiqu'elle soit pourtant et noble, et riche, et belle.
Mais, je vous l'avoûrai, ce que j'admire en elle,
Ce sont des qualités d'un bien plus digne prix.
Pour les frivolités c'est ce noble mépris,
C'est ce rare talent, le grand art de se taire,
Sa fierté même; enfin c'est tout son caractère.

M. DOLBAN.

Comment peux-tu si bien la connoître en un jour?

FLORIMOND.

Mais elle a fait à Brest un assez long séjour.
Quelque temps, il est vrai, je la perdis de vue;
Mais j'en fais en ce lieu la rencontre imprévue;
Et mon cœur, dégagé de cette Léonor,
La trouve ici plus belle et plus aimable encor.

M. DOLBAN.

Elle est riche?

FLORIMOND.

Très riche.

M. DOLBAN.

Et de haute naissance?

FLORIMOND.

Oh! très haute.

M. DOLBAN.

En effet, une telle alliance
Me semble... Écoute: il faut ne rien faire à demi.
L'ambassadeur de Londre est mon meilleur ami;
Je vais le consulter: et si le témoignage
Qu'il rendra d'Éliante est à son avantage,
Je reviens à l'instant, et demande sa main.

FLORIMOND.

Oui, mon oncle, et plutôt aujourd'hui que demain.

M. DOLBAN.

Tu vas m'attendre?

FLORIMOND.

Non: je vais rendre visite
A mon ami Valmont; mais je reviens bien vite.

M. DOLBAN, *d'un ton sentencieux.*

Je l'avois toujours dit: son cœur se fixera.
Attendons; tôt ou tard, son heure arrivera;
Et s'il trouve une femme....

FLORIMOND, *très vivement, et en reconduisant son oncle.*

Allons ; elle est trouvée,
Mon cher oncle ; et mon heure est enfin arrivée.

(*M. Dolban sort.*)

SCÈNE XI.

FLORIMOND, *seul.*

En rencontre, aujourd'hui, je suis vraiment heureux.
Pas encor de retour !... Mais quel désert affreux !
Cet hôtel est peuplé de gens peu sédentaires,
Qui, du matin au soir, courent à leurs affaires.
Dans une garnison, sans sortir de chez moi,
J'avois à qui parler... Qu'est-ce que j'aperçoi ?
Des livres !... Je n'ai plus besoin de compagnie :
Quand j'ai des livres, moi, jamais je ne m'ennuie.
Est-il rien, en effet, de si délicieux ?
Cela tient lieu d'amis, souvent cela vaut mieux.
Que je vais m'amuser !...

(*Il prend un livre, et regarde sur le dos.*)

Ah ! ah ! c'est *La Bruyère.*
J'en fais beaucoup de cas : lisons un caractère.

(*Il lit à l'ouverture du livre.*)

« Un homme inégal n'est pas un seul homme ; ce
« sont plusieurs. Il se multiplie autant de fois qu'il
« a de nouveaux goûts et de manières différentes.
« Il est à chaque moment ce qu'il n'étoit point, et il
« va être bientôt ce qu'il n'a jamais été. Il se succède
« à lui-même (1). »

[1] Chap. IX. *De l'homme.*

ACTE I, SCENE XI.

Où donc a-t-il trouvé ce caractère-là?
Jeux d'esprit; tout le livre est fait comme cela.
On le vante pourtant. Voyons quelque autre chose;
Aussi-bien je suis las de lire de la prose :
Les vers, tout à-la-fois, charment l'œil et l'esprit;
Par sa diversité la rime réjouit.
Voyons s'il est ici quelque poëte à lire.
   (*Il prend un autre livre.*)
Boileau!... Bon, celui-là! J'aime fort la satire.
  (*Il lit de même à l'ouverture du livre.*)
« Voilà l'homme en effet; il va du blanc au noir,
« Il condamne au matin ses sentiments du soir :
« Importun à tout autre, à soi-même incommode,
« Il change, à tout moment, d'esprit comme de mode;
« Il tourne au premier vent, il tombe au moindre choc,
« Aujourd'hui dans un casque et demain dans un froc(1)...»
   (*Il jette le livre sur la table.*)
L'insolent! C'est assez; et puis, dans un auteur,
La satire, à coup sûr, décèle un mauvais cœur :
J'eus toujours du dégoût pour ce genre d'escrime.
La peste soit des vers, de cette double rime,
Exacte au rendez-vous, qui de son double son
M'apporte, à point nommé, le mortel unisson!
Mais, d'un autre côté, la prose est insipide...
Il faut qu'entre les deux pourtant je me décide :
Car enfin, feuilletez tous les livres divers,
Vous trouverez par-tout de la prose ou des vers.
   (*Il s'assied, tout accablé.*)
Tout à la fois conspire à m'échauffer la bile...
Mais quelle solitude!... Aussi, dans cette ville,

---

[1] Satire 8.

Je n'avois qu'un valet pour me désennuyer,
Et je m'avise encor de le congédier!...
Mais j'entends... Oui...

SCÈNE XII.

FLORIMOND, ÉLIANTE.

FLORIMOND, *courant vers Éliante.*

C'est vous, ô ma chère Éliante!...
Pardonnez aux transports d'une ame impatiente,
Madame.

ÉLIANTE.

Est-il bien vrai? Florimond en ces lieux!
A peine, en ce moment, j'ose en croire mes yeux,
Quoique l'hôte, en montant, m'ait d'abord prévenue.
De grace, dites-moi quelle affaire imprévue...

FLORIMOND.

Aucune : ou, si l'amour doit ainsi se nommer,
Je n'en ai qu'une seule, et c'est de vous aimer.

ÉLIANTE.

Mais ma demeure, enfin, qui vous a pu l'apprendre?

FLORIMOND.

Eh! madame, mon cœur pouvoit-il s'y méprendre?
Le sort en cet hôtel ne m'eût pas amené,
Qu'avant la fin du jour je l'aurois deviné.

ÉLIANTE.

Avec mes questions, je vais être indiscrète;
Mais, encore une seule, et je suis satisfaite :
Comment avez-vous pu quitter la garnison?

FLORIMOND.

En quittant le service.

ACTE I, SCÈNE XII.

ÉLIANTE.

Ah!... pour quelle raison?

FLORIMOND.

Eh! mais... c'est que d'abord le service m'ennuie.
Et puis, je ne veux plus de chaîne qui me lie...
Hors la vôtre : comblez mes souhaits les plus doux ;
Je suis tout à l'amour, madame, et tout à vous.
Oui, sous vos seules lois je fais gloire de vivre :
Vous voyagez, par-tout je suis prêt à vous suivre :
Vous retournez à Londre, et j'en suis citoyen.
Votre pays, madame, est désormais le mien.

ÉLIANTE.

Je ressens tout le prix d'un pareil sacrifice...
Pardon ; j'ai cru vous voir très content du service.

FLORIMOND.

Ah! vous étiez à Brest alors, et je n'y plus ;
Mais l'ennui règne aux lieux que vous n'habitez plus.

ÉLIANTE.

Et moi, de cet ennui m'avez-vous crue exempte?
Aurois-je été de Brest aussi long-temps absente,
Si l'affaire qui seule ici me fit venir,
Quinze jours, malgré moi, n'eût su m'y retenir.
Ils m'ont paru bien longs! et, distraite, isolée,
Au milieu de Paris j'étois comme exilée.

FLORIMOND.

Qu'entends-je! Vous m'auriez quelquefois regretté?
Je ne méritois pas cet excès de bonté.

ÉLIANTE.

Mais vous faisiez de même ; au moins j'aime à le croire.
Je me disois : « Je suis présente à sa mémoire;
« Sans doute, il songe à moi comme je songe à lui. »
Cette douce pensée allégeoit mon ennui.

3.

FLORIMOND, *à part.*

Chaque mot qu'elle dit ne sert qu'à me confondre.
(*haut, et avec beaucoup d'embarras.*)
Ah! quel monstre, en effet, pourroit ne pas répondre...
A ces doux sentiments? Oui, madame... en ce jour...
Je jure qu'à jamais le plus tendre retour...

ÉLIANTE.

Eh! que me font, monsieur, tous les serments du monde?
Sur de meilleurs garants ma tendresse se fonde.
J'en crois votre ame franche, exempte de détours,
Qui toujours se peignit en vos moindres discours...

FLORIMOND, *toujours avec embarras.*

C'en est trop... Vous jugez de mon cœur par le vôtre...
Moi, je ne prétends pas être plus franc qu'un autre...
Mais jamais de tromper je ne me fis un jeu,
Madame; et quand ma bouche exprime un tendre aveu,
C'est que j'aime en effet, et de toute mon ame.

ÉLIANTE.

Ah! je vous crois sans peine.

SCÈNE XIII.

FLORIMOND, ÉLIANTE, PADRIGE.

PADRIGE, *une serviette à la main.*

On a servi, madame.

ÉLIANTE, *à Florimond.*

Vous dînez avec moi?

FLORIMOND.

Vous me faites honneur.

Oui, de vous rencontrer puisque j'ai le bonheur,
Je tiens quitte Paris des beautés qu'il rassemble,
Et vous me tenez lieu de tout Paris ensemble.
(*Il donne la main à Éliante, et sort avec elle.*)

FIN DU PREMIER ACTE.

ACTE SECOND.

SCÈNE I.

LISETTE, *seule.*

Comme, depuis tantôt, son front s'est éclairci !
Et comme de sa voix le son s'est adouci !
J'avois cru jusqu'ici son chagrin incurable :
Mais monsieur Florimond est un homme admirable.
Hai... Son valet Crispin me revient fort aussi.
S'il pouvoit deviner que je suis seule ici ?
On vient... Ce n'est pas lui.
(*Elle veut sortir.*)

SCÈNE II.

LISETTE, PADRIGE.

PADRIGE, *la retenant.*
Ma belle demoiselle,
Écoutez donc un peu : savez-vous la nouvelle ?
Crispin est renvoyé.

LISETTE.
Bon !

PADRIGE.
Oui, vraiment.

LISETTE.
Hé bien,
Voyez si dans la vie on peut compter sur rien !

Le trait est-il piquant?
PADRIGE.
Rassurez-vous, de grace;
Crispin saura trouver sans peine une autre place.
LISETTE.
Mais moi, je le trouvois fort bien dans celle-ci.
Et savez-vous pourquoi monsieur le chasse ainsi?
PADRIGE.
Ma foi, non.
LISETTE.
Ce sera pour quelque bagatelle;
Car je répondrois bien que Crispin est fidéle.
Les maîtres, sans mentir, sont étrangement faits!
Ils sont pleins de défauts, et nous veulent parfaits.
PADRIGE.
Vous prenez bien à cœur...
LISETTE, *avec dépit.*
Non, c'est que de la sorte
Je n'aime pas qu'on mette un laquais à la porte.
Il cherchera long-temps un aussi bon valet.
PADRIGE.
Mais je le crois trouvé! je connois un sujet
Qui vaudra le Crispin.
LISETTE.
Allons, je le desire.
PADRIGE.
J'aperçois Florimond.
LISETTE.
Et moi je me retire;
Car je suis en colère, et je m'emporterois.
(*Elle sort.*)

PADRIGE.

(*seul.*)

Adieu donc. Ce Crispin lui cause des regrets.
Mais bon! son successeur consolera la belle.

SCÈNE III.

PADRIGE, FLORIMOND.

PADRIGE.

Monsieur, je viens vous faire une offre.

FLORIMOND.

Ah! quelle est-elle?

PADRIGE.

Vous êtes sans laquais, m'a-t-on dit.

FLORIMOND.

Il est vrai.
Je m'en aperçois bien; et j'ai fait un essai...
De m'habiller tout seul; tant mieux; car mon système
Est qu'on seroit heureux de se servir soi-même.
Cependant vous venez?...

PADRIGE.

Dussé-je être importun,
Si monsieur desiroit un laquais, j'en sais un...

FLORIMOND.

Importun? Au contraire, et votre offre m'oblige.
Donnez; de votre main, mon cher monsieur Padrige,
Je le reçois d'avance.

PADRIGE.

Ah!... j'ai bien votre fait.

FLORIMOND.

Bon.

PADRIGE.
Un garçon docile, intelligent, discret,
Honnête homme sur-tout.
FLORIMOND.
Eh! voilà mon affaire.
PADRIGE.
Je le crois. Si pourtant il n'eût pas su vous plaire,
J'en avois un autre.
FLORIMOND.
Ah!... Cet autre, quel est-il?
PADRIGE.
C'est un laquais charmant, du plus joli babil.
FLORIMOND.
Fort bien.
PADRIGE.
De la toilette il connoît les finesses;
Il n'a servi qu'abbés, que petites-maîtresses:
Il est élégant, souple, et prompt comme l'éclair.
FLORIMOND.
J'aime mieux celui-ci.
PADRIGE, *à part*
Courage.
FLORIMOND.
Allez, mon cher.
PADRIGE.
J'aurois pu vous parler d'un autre domestique;
Mais j'ai craint que monsieur n'aimât point la musique.
FLORIMOND.
Si fait. Cet autre donc est un musicien?
PADRIGE.
Oui, fort habile : il est un peu fou...

FLORIMOND.

Ce n'est rien.

PADRIGE.

Sans doute. Comme un maître, il pince la guitare,
Sait jouer de la flûte.

FLORIMOND.

Eh! c'est un homme rare.

PADRIGE.

Ce n'est pas tout; il a le plus joli gosier,
Sa voix aux instruments saura se marier.

FLORIMOND.

Bravo! voilà mon homme : allons vite, qu'il vienne.

PADRIGE.

Mais êtes-vous bien sûr, monsieur, qu'il vous convienne?
Car le dernier toujours est celui qui vous plaît.

FLORIMOND.

Oh! non, je m'y tiendrai.

PADRIGE, *à part, voyant venir Crispin.*

Diable! un autre paroît.

SCÈNE IV.

FLORIMOND, PADRIGE; CRISPIN, en *habit de baigneur.*

CRISPIN, *à part de loin.*

Ferme, Crispin : monsieur te reprendra peut-être.

FLORIMOND.

Qu'est-ce?

CRISPIN, *avec l'accent gascon.*

C'est moi, monseu.

ACTE II, SCÈNE IV.

FLORIMOND.

Que cherchez-vous?

CRISPIN.

Un maître.

FLORIMOND.

(*à part.*) (*haut.*)
Ce garçon-là me plaît. Padrige, laissez-nous.

PADRIGE, *bas à Crispin.*

Monsieur aime à changer.

CRISPIN, *bas aussi.*

Jé lé sais mieux qué vous.

PADRIGE, *à Florimond.*

Et ce laquais, faut-il?...

FLORIMOND.

Non, ce n'est pas la peine.

PADRIGE, *à part, en s'en allant.*

Tant mieux : il n'auroit pas achevé la semaine.

SCÈNE V.

FLORIMOND, CRISPIN.

FLORIMOND.

On te nomme?

CRISPIN, *toujours avec l'accent gascon.*

La Flur, pour vous servir.

FLORIMOND.

La Fleur.

J'aime ce nom.

CRISPIN.

Monseu mé fait beaucoup d'honneur.

FLORIMOND.

D'où sors-tu donc?

CRISPIN.

De chez un ancien militaire.

FLORIMOND.

Quel homme?

CRISPIN.

Eh mais, il est d'un fort bon caractère,
Parfois un peu bizarre, à ne vous point mentir;
Mais, tout coup vaille, encor je voudrois le servir.

FLORIMOND.

Pourquoi l'as-tu quitté?

CRISPIN.

C'est bien lui qui mé quitte.

FLORIMOND.

Et pour quelle raison?

CRISPIN.

Il né mé l'a pas dite,
Monseu.

FLORIMOND.

Ton air, je crois, ne m'est pas inconnu.

CRISPIN.

Mais... Qûéque part aussi... je crois vous avoir vu.

FLORIMOND.

Eh mais...

CRISPIN, *à part*.

Nous y voilà.

FLORIMOND.

N'est-ce pas toi?

CRISPIN.

Peut-être.

ACTE II, SCÈNE V.

FLORIMOND.

Mais oui, c'est toi, Crispin.

CRISPIN, *reprenant sa voix naturelle.*

Non pas, mon ancien maître;
Ce n'est plus lui: Crispin n'étoit point votre fait;
Il n'étoit plus le mien, et je m'en suis défait.

FLORIMOND.

Es-tu fou?

CRISPIN.

Mais, monsieur, franchement, pour vous plaire,
J'ai d'un peu de folie orné mon caractère.
D'abord d'un autre nom j'ai trouvé le secret,
Et je me doutois bien que ce nom vous plairoit.
J'ai, dépouillant ma cape et mes gants, et ma veste,
Pris d'un valet-de-chambre et l'habit et le geste;
J'ai mis bas la bottine, et chaussé l'escarpin:
Vous voyez bien, monsieur, que ce n'est plus Crispin.

FLORIMOND.

Le stratagème est neuf, et ne peut me déplaire.

CRISPIN.

Oh! vous me reprendrez: car je suis votre affaire.
J'ai senti que j'avois mérité mon congé.
Mais je suis jeune encor: j'ai tout-à-coup changé
De manières, de ton, et presque de visage.

FLORIMOND.

Tant mieux.

CRISPIN.

Crispin, dit-on, s'avisoit d'être sage.
Le faquin! Oh, la Fleur est un franc libertin.
C'étoit un buveur d'eau que ce monsieur Crispin.
Le fat! La Fleur boit sec. J'ai su que l'imbécile,
Valet officieux, souple, exact et docile,

Couroit au moindre signe, et servoit rondement.
Patience : la Fleur est un bon garnement
Qui vous fera par jour donner cent fois au diable.
Mais on m'a dit encore un trait plus pitoyable :
Il se donnoit les airs d'être honnête homme ; fi !

FLORIMOND.

Oh ! j'entends que la Fleur le soit.

CRISPIN.

Cela suffit.

Hé bien ?

FLORIMOND.

Je te reprends. Mais si tu veux qu'on t'aime ;
Plus de Crispin.

CRISPIN.

Parbleu ! n'en parlez plus vous-même.
Parlons plutôt ici, parlons de vos amours.
Éliante, monsieur, vous plaît-elle toujours ?

FLORIMOND, *avec embarras*.

Pourquoi me rappeler le nom de cette dame ?
Il m'afflige, et de plus m'accuse au fond de l'ame...
Elle étoit estimable, et j'en tombe d'accord...
Oh, je ne change pas, et je l'estime encor...;
Et tu me fais songer que, dans ce moment même,
Mon oncle, qui toujours suppose que je l'aime,
Fait à ce sujet-là des démarches pour moi :...
Mais enfin, à mon âge, est-on maître de soi ?
Que veux-tu ?... De mon cœur je suis la douce pente ;
J'aime, la Fleur, j'adore une fille charmante.

CRISPIN.

Bon !

FLORIMOND.

La sœur de Valmont, que je quitte à l'instant.

CRISPIN.
A tous vos traits, monsieur, jamais on ne s'attend.
FLORIMOND.
Je ne m'attendois pas à celui-ci, moi-même :
Nouveau César, je viens, je la vois, et je l'aime.
CRISPIN.
Et pourroit-on savoir...?
FLORIMOND.
Le voici sans détour.
J'entretenois Valmont de mon nouvel amour.
Tandis qu'à ses transports mon ame s'abandonne,
On ouvre... J'aperçois une jeune personne...
Divine : son maintien, ses graces, sa douceur,
Tout me ravit d'abord. Il l'appelle sa sœur :
Moi, j'ignorois qu'il eût une sœur aussi chère :
Elle étoit au couvent quand je connus son frère.
Elle parla fort peu, mais ce peu me suffit ;
Et je répondrois bien qu'elle a beaucoup d'esprit.
Le seul son de sa voix annonce une belle ame :
Que te dirai-je enfin de ma naissante flamme?
Elle sortit bientôt, et je l'aimois déja.
CRISPIN.
Quoi! si vite?
FLORIMOND.
Il est vrai qu'un coup d'œil m'engagea.
Mais, vois-tu? cette chaîne est la mieux assortie :
C'est là ce qu'on appelle amour de sympathie.
Souvent l'on est d'avance unis, sans le savoir,
Et l'on n'a, pour s'aimer, besoin que de se voir :
Voilà comment ici la chose est arrivée.
CRISPIN.
Oui, cette sympathie est assez bien trouvée.

FLORIMOND.

Ce n'est pas tout encore. Ils ont quelques instants
Parlé tout bas : j'admire et me tais : mais j'entends
Qu'ils projettent d'aller bientôt à la campagne :
« Ah! dis-je, permettez que je vous accompagne. »
« Volontiers, dit Valmont; mais pendant quinze jours
« Pourras-tu te résoudre à quitter tes amours? »
J'insiste, on y consent; je suis de la partie.

CRISPIN.

Courage. Allons, monsieur, vive la sympathie!

FLORIMOND.

Ah! la Fleur, quel plaisir je me promets d'avoir!
Pendant quinze grands jours je m'en vais donc la voir,
L'entendre, lui parler, enfin vivre auprès d'elle.
J'espère, je l'avoue, amant discret, fidèle,
Faire agréer mes soins, mon hommage, mes vœux,
Et peut-être obtenir quelques touchants aveux.
Je crois qu'à la campagne on est encor plus tendre,
Que d'aimer tôt ou tard on ne peut s'y défendre.
Bois, prés, fleurs, d'un ruisseau les aimables détours,
Et ce peuple d'oiseaux qui chantent leurs amours,
Tout, le charme puissant de la nature entière,
Pénétre, amollit l'ame, et l'ame la plus fière.
Quand on aime une fois, rien ne distrait d'aimer :
On est tout à l'objet qui nous a su charmer.
On ne se quitte plus, comme deux tourterelles...
(Car à chaque pas, là, vous trouvez des modèles),
Promenades, travaux, plaisirs, tout est commun;
Et tous deux... mais que dis-je?.alors, on n'est plus qu'un.

CRISPIN.

Vous voilà tout rempli de votre amour champêtre!
Et quelque jour, monsieur, assis au pied d'un hêtre,

Je m'attends à vous voir, au milieu d'un troupeau,
Soupirer pour Philis, bergère du hameau.

FLORIMOND.

Tu ris, mais j'étois fait pour y passer ma vie.
Heureux cultivateur, que je te porte envie!
Ton air est toujours pur, ainsi que tes plaisirs;
Mille jeux innocents partagent tes loisirs.
Tu vois mourir le jour et renaître l'aurore;
Ton œil, à chaque pas, voit la nature éclore;
Ta femme est belle, sage, et tes enfants nombreux...
Non, ce n'est plus qu'aux champs que l'on peut être heureux.

CRISPIN.

Au moins n'espérez pas que la Fleur vous imite:
Le diable étoit plus vieux quand il se fit ermite.
Et puis, vous connoissez le bon monsieur Dolban:
Donnera-t-il les mains à votre nouveau plan,
Lui qui, pour l'autre hymen (car c'est vous qui le dites),
S'occupe, en ce moment, à faire des visites?

FLORIMOND.

Eh! que m'importe? aussi pourquoi se presser tant?
Voyez, ne pouvoit-il différer d'un instant?
Voilà comme est mon oncle; il prend tout à la lettre:
Jamais au lendemain on ne l'a vu remettre.
Et puis il aime fort ces commissions-là,
Négociation, demande, *et cœtera;*
Il croit en ce moment conduire une ambassade.
Mais il pourroit venir; et de peur d'incartade,
Je sors, moi... mais on vient, et c'est peut-être lui.

CRISPIN.

C'est madame Éliante.

FLORIMOND.

      Autre surcroît d'ennui.

(*Il prête l'oreille.*)
C'est elle-même. Dieu! quel pénible martyre!
Comment l'aborderai-je, et que lui vais-je dire?
(*Il rêve un moment.*)
Je lui vais dire, moi, la chose comme elle est;
Que je ne l'aime plus, et qu'une autre me plaît:
Je crois qu'il est affreux de tromper une femme.
(*à Crispin.*)
Laisse-nous.
(*Crispin sort.*)

SCÈNE VI.

FLORIMOND, ÉLIANTE.

ÉLIANTE, *en voyant Florimond.*
Ah! monsieur...
FLORIMOND, *avec beaucoup d'embarras.*
Pardon... il faut, madame...
(*à part.*)
Je ne puis plus long-temps... Mais non. Un tel aveu
Seroit trop dur: il faut le préparer un peu;
(*haut.*)
J'y vais songer. Madame... Excusez ma conduite...
De tout, dans un moment, vous allez être instruite.
(*Il sort très précipitamment.*)

SCÈNE VII.

ÉLIANTE, *seule.*

Qu'entend-il par ces mots, et par ce brusque adieu?
On diroit qu'il a peine à me faire un aveu...
Dieu! si cet embarras, cette fuite si prompte,
D'un fatal abandon cachoit toute la honte?...
Si c'étoit!... on le dit inconstant et léger...
Je n'aurois inspiré qu'un amour passager!
Seroit-il vrai?... Mais quoi, peut-être je m'abuse:
Peut-être, sans sujet, d'avance je l'accuse.
Florimond, après tout, peut bien être distrait...
Que sais-je? il est très vif; et j'ai vraiment regret
D'avoir formé trop vite un soupçon téméraire
Sur un cœur que je crois généreux et sincère.
Attendons jusqu'au bout; ne précipitons rien :
S'il me trahit, hélas! je le saurai trop bien.

SCÈNE VIII.

ELIANTE, M. DOLBAN.

M. DOLBAN.
J'ai l'honneur de parler à madame Éliante?

ÉLIANTE.
Oui, monsieur.

M. DOLBAN.
Librement à vous je me présente,
Madame... Mais je suis Dolban, ambassadeur
Deux fois, à Pétersbourg, à Madrid.

ÉLIANTE.

Ah! monsieur!
Votre nom m'est connu.

M. DOLBAN.

J'ai cru que, sans scrupule,
Je pouvois supprimer tout fade préambule.
Je m'explique en deux mots. Florimond, mon neveu,
Brûle de voir l'hymen couronner son beau feu.
S'il est digne à vos yeux d'une faveur si grande,
J'ose en venir pour lui faire ici la demande.

ÉLIANTE.

(à part.)   (haut.)

Je respire : voilà tout son secret. Monsieur,
La demande pour moi n'a rien que de flatteur;
Et d'un début si franc, bien loin d'être surprise,
Je m'en vais y répondre avec même franchise.
Monsieur votre neveu, dès que je le connus,
M'inspira de l'estime... et s'il faut dire plus,
Il m'inspira bientôt un sentiment plus tendre.
C'est bien assez, je crois, monsieur, vous faire entendre
Quel prix j'attache aux soins qu'il me rend aujourd'hui.

M. DOLBAN.

Que de graces je dois vous rendre ici pour lui!

ÉLIANTE.

Un peu trop librement peut-être je m'exprime.

M. DOLBAN.

Cela ne fait pour vous qu'augmenter mon estime,
Madame; ce ton-là fut toujours de mon goût.

ÉLIANTE.

En ce cas, permettez que, franche jusqu'au bout,
D'une crainte que j'ai je vous fasse l'arbitre :
Estimable d'ailleurs, et même à plus d'un titre,

ACTE II, SCÈNE VIII.

Généreux, plein d'honneur... monsieur votre neveu
Passe pour inconstant... et je le crains un peu.

M. DOLBAN.

Rassurez-vous, madame; on peut bien, à cet âge,
Être vif et léger, et même un peu volage;
Mais, fût-il inconstant, c'est un léger défaut
Dont près de vous, sans doute, il guériroit bientôt :
Car votre ambassadeur, qu'en ce moment je quitte,
M'a peint en peu de mots votre rare mérite...
Pardon... daignerez-vous me marquer l'heureux jour
Où Florimond verra couronner son amour?

ÉLIANTE.

Monsieur...

M. DOLBAN.

Mais c'est à lui de vous presser lui-même;
Un tel soin le regarde, il est jeune, il vous aime,
Et sur son éloquence on peut se reposer.

ÉLIANTE.

A la vôtre, monsieur, que peut-on refuser?
Mais souffrez qu'à présent chez moi je me retire;
Ce que je vous ai dit, vous pouvez le lui dire.

(*M. Dolban la reconduit jusqu'à la porte de son appartement.*)

SCÈNE IX.

M. DOLBAN, *seul.*

Cette femme est aimable, oui, très aimable... au fond,
Je porte, je l'avoue, envie à Florimond.
Allons voir les parents, avertir le notaire;
En un mot, brusquement terminons cette affaire.

L'homme est vif, sémillant, difficile à saisir :
D'échapper, cette fois, qu'il n'ait pas le loisir.

SCÈNE X.

M. DOLBAN, FLORIMOND.

M. DOLBAN, *de loin, à part.*

Mais le voici ; je vais faire un homme bien aise.

(*haut.*)

Hé bien, l'ambassadeur connoît fort notre Angloise.

FLORIMOND.

Vraiment ?

M. DOLBAN.

Il m'en a fait un éloge complet.
Moi-même, je l'ai vue, et la trouve en effet
Telle que tous les deux vous me l'aviez dépeinte.
Je déclare tes feux, elle y répond sans feinte ;
Je demande sa main, et sa main est à toi :
Maintenant, Florimond, es-tu content de moi ?

FLORIMOND, *avec embarras.*

Mon oncle... assurément... je ne saurois vous rendre...
Je suis confus des soins que vous voulez bien prendre.

M. DOLBAN.

Mon ami, je les prends avec un vrai plaisir ;
Je suis tout délassé quand j'ai pu réussir.
Je vais disposer tout pour la cérémonie,
Et veux que dans trois jours l'affaire soit finie.

FLORIMOND.

Dans trois jours ?

M. DOLBAN.

Oui, mon cher, j'espère, dans trois jours,

ACTE II, SCÈNE X.

Par un heureux hymen couronner tes amours.

FLORIMOND.

Mon oncle,... vous allez un peu vite, peut-être;
A peine, en vérité, peut-on se reconnoître.

M. DOLBAN.

Comment?..tu trouves donc que trois jours sont trop peu?..

FLORIMOND.

Je trouve que l'hymen n'est point du tout un jeu,
Et qu'on ne sauroit trop y réfléchir d'avance.

M. DOLBAN.

Toi-même me pressois de faire diligence.

FLORIMOND.

Oui... C'est que, d'un peu loin, l'hymen a mille attraits;
Mais je tremble, mon oncle, en le voyant de près.

M. DOLBAN.

Tu trembles?... il est temps quand j'ai fait la demande!
Et, dis-moi, d'où te vient une frayeur si grande?
Eh quoi! l'amant qui touche au moment desiré
D'être uni pour jamais à l'objet adoré,
De joie et de plaisir tressaille, et tu frissonnes!
Quoi! l'union des cœurs, bien plus que des personnes,
Union dont jamais n'approcha l'amitié,
Les doux embrassements d'une tendre moitié,
D'une épouse, à-la-fois modeste et caressante,
Ce riant avenir te glace et t'épouvante!
Insensible à l'espoir de renaître avant peu
Dans un enfant chéri, gage du plus beau feu,
D'embrasser de tes traits une image aussi chère,
Tu trembles en songeant au bonheur d'être père!
Ah! si ce sont pour toi des maux à redouter,
Je crains pour les plaisirs que tu sauras goûter.

FLORIMOND.

Permettez; le portrait d'une épouse chérie
S'offre bien quelquefois à mon ame attendrie;
Quelquefois je souris à ce groupe joyeux
De quatre ou cinq enfants qui croissent sous mes yeux,
Et je voudrois déja d'un tableau qui m'enchante
Voir se réaliser l'image si touchante...
Mais je songe à l'instant qu'à tous ces chers objets
Je serai, par des nœuds, attaché pour jamais;
Que ce qui fut d'abord un penchant volontaire,
Bientôt va devenir un bonheur nécessaire:
Ce spectacle dès-lors perd toute sa beauté;
Dès-lors, je n'y vois plus que la nécessité;
Et puisque l'on ne peut, grace à la loi sévère,
Sans cesser d'être libre, être époux, être père;
Mon cher oncle, à ce prix, je ne suis point jaloux
D'acheter les beaux noms et de père et d'époux.

M. DOLBAN.

Ainsi l'on ne sent plus maintenant, on raisonne!
Par le raisonnement, ainsi l'on empoisonne
La source du bonheur, des plaisirs les plus doux!
Hé bien, j'étois né, moi, pour être père, époux...
L'aspect d'un couple heureux m'a toujours fait envie.
Oui. l'hymen auroit fait le bonheur de ma vie;
A mon amour pour toi je l'ai sacrifié,
Et sans toi, sans toi seul, je serois marié.

FLORIMOND.

Mon oncle, je le sais, et je vous en rends grace;
Mais faudroit-il que, moi, je me sacrifiasse?
Ce n'est pas seulement l'hymen en général
Que je redoute ici; je crains de choisir mal,
Je le vois, Éliante est une philosophe

Qui de rien ne s'émeut, qui jamais ne s'échauffe,
Qui ne rit pas, je gage, une fois en un jour,
Et, quand il faut aimer, disserte sur l'amour.
Elle a beaucoup d'esprit, elle est sage, elle est belle;
Mais j'ai peur, entre nous, de m'ennuyer près d'elle.

M. DOLBAN.

Voilà donc tes raisons! elles me font pitié.
De mes soins c'est ainsi que je me vois payé!
Ainsi, mal à propos j'ai fait une demande :
On m'a donné parole, il faut que je la rende ;
Et tu viens te dédire au moment du contrat!
Peux-tu donc à ce point me compromettre, ingrat?

FLORIMOND.

Je suis mortifié de ces démarches vaines...

M. DOLBAN.

Tu pourrois d'un seul mot payer toutes mes peines :
Dis seulement, dis-moi que tu l'épouseras.

FLORIMOND.

Je ne puis, en honneur.

M. DOLBAN.

Tu ne le veux donc pas?

FLORIMOND.

Mais quel acharnement, mon oncle, est donc le vôtre?
Puis-je, aimant une femme, en épouser une autre?

M. DOLBAN.

Comment?...

FLORIMOND.

Oui, pour trancher d'inutiles discours,
J'aime une autre, vous dis-je, et l'aimerai toujours.

M. DOLBAN.

Je ne m'attendois pas à ce trait, je l'avoue :
Aimer une autre! ainsi de son oncle on se joue!

Quoi! pendant que je fais des démarches pour toi,
Tu cours aux pieds d'une autre, et lui promets ta foi!
Mais, à mon tour aussi je m'en vais te confondre :
Pour la dernière fois, il s'agit de répondre :
Ne crois pas qu'à ton gré je consente à fléchir.
Je veux bien te donner du temps pour réfléchir :
Florimond, dans une heure il faut me satisfaire,
Ou... tu verras alors ce que je saurai faire.

SCÈNE XI.

FLORIMOND, *seul.*

Eh mais! de ce ton-là je suis un peu surpris.
Que me veut-il, enfin? je ne suis point son fils :
On se fait un devoir d'obéir à son père;
On cède avec plaisir aux ordres d'une mère;
Pour les oncles! ma foi, l'on ne dépend pas d'eux.
        (*Il regarde à sa montre.*)
Mais Valmont et sa sœur sont sortis tous les deux.
Qu'ai-je à faire? Voyons : j'aime la vie active.
        (*Il rêve.*)
Ah! bon! la Fleur!... la Fleur! Mais voyez s'il arrive.
On ne sauroit jouir de ce maudit valet.
La Fleur!... Il ne vient plus que quand cela lui plaît...
Il me l'avoit bien dit... Ce coquin-là se forme...
Cela gêne pourtant. Je vais voir... pour la forme,
L'Opéra, les François et les Italiens :
Je ne fais qu'y paroître, et bientôt je reviens.

FIN DU SECOND ACTE.

ACTE TROISIÈME.

SCÈNE I.

ÉLIANTE, LISETTE.

LISETTE.

Un si prompt changement a lieu de me surprendre,
Madame, pardonnez... Mais ne pourrois-je apprendre
La cause du chagrin, du trouble où je vous voi?
　　ÉLIANTE, *une lettre à la main, très émue.*
Je ne veux plus jamais croire à la bonne foi.
　　　　　　LISETTE.
Vous avez lu vingt fois et relu cette lettre
Qu'à l'instant en vos mains l'hôte vient de remettre :
C'est elle qui, sans doute, a causé tout le mal.
　　　　　　ÉLIANTE.
Il est trop vrai, Lisette; et ce courrier fatal
M'apprend de Florimond l'action la plus noire.
A Brest, au premier jour, aurois-tu pu le croire?
Il va se marier, et le contrat est fait.
　　　　　　LISETTE.
Qu'entends-je? Un trait pareil est bien noir en effet.
　　　　　　ÉLIANTE.
Essuya-t-on jamais un plus sensible outrage?
Oui, j'en pleure à-la-fois et de honte et de rage.
　　　　　　LISETTE.
Madame, trêve, en grace, à ce trouble mortel.
　　　　　　ÉLIANTE.
Je ne puis un moment rester en cet hôtel.

Hélas! moi, je croyois que cette impatience....
Eh! qui n'eût, à ma place, eu même confiance?
Qui n'auroit cru de même à cette vive ardeur,
A ces transports brûlants?... Je vantois sa candeur!

LISETTE.

Madame, tout cela me paroît impossible.

ÉLIANTE.

Ce qui porte à mon cœur le coup le plus sensible,
Lisette, ce n'est pas son infidélité;
C'est sa noirceur profonde, oui, c'est sa fausseté.
Il pouvoit m'oublier, il en étoit le maître;
Mais de m'en imposer qui le forçoit?... le traître!
« Non, jamais de tromper je ne me fis un jeu,
« Disoit-il; quand ma bouche exprime un tendre aveu,
« C'est que j'aime en effet. »

LISETTE.

Nous avoir abusées!
Voyez pourtant à quoi nous sommes exposées!
Mais c'est peut-être un bruit que l'on a répandu.
Pourquoi le condamner sans l'avoir entendu?

ÉLIANTE.

Oui, tu m'y fais songer. J'ai tort : hélas! peut-être
C'est sur de faux rapports que je le crus un traître.
Attendons en effet. Justement le voici :
Laisse-nous . avant peu j'aurai tout éclairci.

(*Lisette sort.*)

SCÈNE II.

ÉLIANTE, FLORIMOND.

FLORIMOND, *à part de loin, en apercevant Éliante.*
Encor!

ÉLIANTE.

Soulagez-moi d'une peine cruelle,
Monsieur.

FLORIMOND.
(*à part.*)
Qui? moi, madame? Ah! bon Dieu! sauroit-elle
Que la sœur de Valmont?...

ÉLIANTE.
A l'instant je reçoi
Un avis, mais auquel je n'ose ajouter foi.

FLORIMOND, *à part.*
Allons, elle sait tout.

ÉLIANTE.
Une action si noire
Est indigne de vous, je ne dois point y croire.
On dit, monsieur....

FLORIMOND.
Hé bien, je le nierois à tort,
Madame: on vous a fait un fidèle rapport.

ÉLIANTE.
Qu'entends-je?

FLORIMOND.
Il est trop vrai. Je confesse à ma honte
Une infidélité si coupable et si prompte.

ÉLIANTE.
Eh quoi! monsieur.... j'en crois à peine un tel aveu:

Quoi, vous?... c'est donc ainsi que l'on se fait un jeu?...
FLORIMOND.
Madame, j'avouerai que je suis bien coupable.
Oui, je sens qu'à vos yeux je suis inexcusable;
Aussi je suis bien loin de me justifier.
Un autre, dans ma place, auroit su tout nier :
Un autre eût fait mentir ses yeux et son visage ;
Mais je ne fis jamais ce vil apprentissage.
Je suis léger, volage, et j'ai bien des défauts ;
Mais du moins je n'ai pas un cœur perfide et faux.
ÉLIANTE.
Ce langage m'étonne, il faut que je le dise.
Il vous sied bien, monsieur, de jouer la franchise,
A vous, qui me cachant un indigne secret!....
FLORIMOND.
Ah! si je me suis tu, ce n'étoit qu'à regret.
Vous dûtes voir combien une telle contrainte
Coûtoit à ma franchise, et que la seule crainte
Retenoit mon secret, tout près de m'échapper.
Mais se taire, après tout, ce n'étoit pas tromper.
ÉLIANTE.
Vous soutenez fort bien ce noble caractère.
Comme si vous n'aviez fait ici que vous taire!
De grace, dites-moi, quel fut votre dessein,
Quand votre oncle pour vous vint demander ma main?
Répondez....
FLORIMOND.
A cela, je répondrai, madame,
Que mon oncle ignoroit cette subite flamme.
ÉLIANTE.
Allons, fort bien. Mais vous, monsieur, vous le saviez,
Quand ici même, ici, vous sûtes à mes pieds

ACTE III, SCÈNE II.

Prodiguer les serments d'une amour éternelle.

FLORIMOND.

Moi, madame? depuis ma passion nouvelle,
Je ne vous ai pas dit un mot de mon amour.

ÉLIANTE.

J'admire un tel sang-froid. Quoi! monsieur, en ce jour,
Plus tendre que jamais, plein d'une ardeur extrême.
Vous n'êtes pas venu me dire, *je vous aime?*

FLORIMOND.

Sans doute, je le dis, madame, j'en convien,
Et quand je le disois, mon cœur le sentoit bien.

ÉLIANTE, *à part.*

O ciel! à sa franchise aurois-je fait injure?
Expliquons-nous ici, monsieur, je vous conjure.
M'auroit-on abusée en voulant m'informer
Des nœuds que votre main étoit près de former?

FLORIMOND.

Non, madame.

ÉLIANTE.

C'est donc vous qui m'avez trompée?

FLORIMOND.

Non, madame.

ÉLIANTE.

A présent, me voilà retombée
Dans mon incertitude et mes premiers combats.
Eh quoi! monsieur, tantôt vous ne me trompiez pas?

FLORIMOND.

Non, je suis infidèle, et ne suis point un traître.

ÉLIANTE.

Point traître, dites-vous? Et n'est-ce donc pas l'être,
Que de venir ici m'engager votre foi,
Quand vous êtes, à Brest, près d'épouser?

FLORIMOND.

Qui? moi?
Je n'épouse personne à Brest, je vous le jure.

ÉLIANTE.

Monsieur, c'est trop long-temps soutenir l'imposture.
Il n'est pas vrai qu'à Brest vous êtes sur le point
D'épouser Léonor?....

FLORIMOND.

Je ne l'épouse point.

ÉLIANTE.

C'en est trop.

FLORIMOND.

Jusqu'au bout écoutez-moi, de grace;
Il s'en est peu fallu que je ne l'épousasse.
Pardonnez.... envers vous je ressens tous mes torts.
Mais enfin, revenu de mes premiers transports,
J'ai couru jusqu'ici pour fuir ce mariage.
Je vous ai fait tantôt honneur de ce voyage,
Et je n'ai qu'en cela blessé la vérité:
Encore pour le faire, il m'en a bien coûté.
Mais tout le reste est vrai: mon ardeur se réveille,
Dès qu'ici votre nom vient frapper mon oreille;
Et c'est de bonne foi, madame, qu'en ce jour
Je jurois à vos pieds un éternel amour.

ÉLIANTE.

Ah! je respire.... Et moi, trop prompte, je l'accable!...
Ainsi de fausseté vous n'étiez point coupable?

FLORIMOND.

Madame, sans cela, je le suis bien assez.

ÉLIANTE.

Ne parlons plus de torts; ils sont tous effacés.

FLORIMOND.
Tantôt, à ce pardon j'aurois osé prétendre,
Mais....

ÉLIANTE.
Hé bien?

FLORIMOND.
Maintenant...

ÉLIANTE.
Je ne puis vous entendre.
Expliquez-vous.

FLORIMOND.
Hélas! si je m'explique mieux,
Madame, je m'en vais vous paroître odieux.

ÉLIANTE.
Votre aveu me dût-il porter un coup bien rude,
Je le préfère encore à cette incertitude.
Parlez, monsieur, parlez.

FLORIMOND.
Hé bien, puisqu'il le faut,
C'est qu'...en vous attendant chez mon ami.... Tantôt....
J'ai trouvé... Mais pourquoi vous perdois-je de vue?
D'une charmante sœur la visite imprévue...
Je ne saurois poursuivre, embarrassé, confus....

ÉLIANTE.
J'entends; épargnez-moi ces discours superflus.

FLORIMOND.
Un tel aveu, sans doute, a droit de vous déplaire.

ÉLIANTE.
Il ne mérite pas seulement ma colère.
Adieu.

(*Elle sort.*)

SCÈNE III.

FLORIMOND, seul.

Je m'attendois à ce parfait dédain....
Il ne lui sied pas mal, et ce dépit soudain
Donne un air plus piquant à toute sa personne ;
Elle paroît très fière... Et même je soupçonne...
Ah! la sœur de Valmont vaut encor mieux pourtant :
Peut-on, quand on la voit, n'être pas inconstant?
(*Il voit M. Dolban.*)
Allons la voir. Mon oncle ! O qu'il m'impatiente !

SCÈNE IV.

FLORIMOND, M. DOLBAN.

M. DOLBAN.

L'heure est passée : hé bien, sur l'hymen d'Éliante
As-tu changé d'avis?

FLORIMOND, *fièrement.*

Je n'en change jamais.

M. DOLBAN.

Tu ne l'épouses point?

FLORIMOND.

Non, je vous le promets.

M. DOLBAN.

Pour la troisième fois, pesez votre réponse :
Renoncez-vous enfin à sa main?

FLORIMOND.

J'y renonce.

ACTE III, SCÈNE IV.

M. DOLBAN.

C'est votre dernier mot?

FLORIMOND.

Oui, monsieur.

M. DOLBAN.

En ce cas,
Je vais prendre un parti que tu ne prévois pas.
Je n'ai que cinquante ans, je suis libre, je l'aime;
Je me propose, moi.

FLORIMOND.

Vous, mon oncle?

M. DOLBAN.

Moi-même.
Sottement, pour toi seul, j'étois resté garçon :
J'étois trop bon vraiment!

FLORIMOND, *reprenant un air détaché.*

Oui, vous avez raison,
Mon oncle; dans la vie, il faut se satisfaire.

M. DOLBAN.

Elle aura tout mon bien, je n'en fais point mystère.

FLORIMOND.

Chacun peut à son gré disposer de son bien.
Tout le vôtre est à vous, et je n'y prétends rien.

M. DOLBAN.

Nous verrons si toujours cela te fera rire!
Je n'ose encor la voir, mais je lui vais écrire.

(*Il veut sortir.*)

FLORIMOND.

Ne sortez point; ici, vous avez ce qu'il faut :
La lettre et la réponse arriveront plus tôt.
De grace, asseyez-vous, mettez-vous à votre aise.

(*Pendant que son oncle écrit il se parle à lui-même.*)

5.

Qu'il se hâte, morbleu! d'épouser son Anglaise,
Et me laisse en repos. Les moments sont si chers,
Voilà, je gage, au moins deux heures que je perds.
Je brûle de revoir la beauté que j'adore;
Car je l'ai vue à peine, et ne sais pas encore
Comment elle se nomme; en un mot, je ne sais
Rien, sinon que je l'aime, et qu'elle a mille attraits.
(*Il se retourne vers son oncle et le regarde.*)
(*haut.*)
Il prend la chose au vif. En ce tendre langage,
Vous n'aviez pas écrit depuis long-temps, je gage?

M. DOLBAN, *pliant sa lettre.*

Pas tant que toi.

FLORIMOND.

Je crois que vous me peignez mal.
Il faut se défier toujours de son rival.

M. DOLBAN.

C'est fait.

FLORIMOND *appelle.*

Crispin!... la Fleur!

SCÈNE V.

M. DOLBAN, FLORIMOND, CRISPIN.

CRISPIN.

Monsieur?

FLORIMOND.

Prends cette lettre;
A madame Éliante, allons, cours la remettre.

CRISPIN.

J'y vais, monsieur.

M. DOLBAN.
Reviens, et je t'attends ici.
(*Crispin entre chez Éliante.*)

SCÈNE VI.

M. DOLBAN, FLORIMOND.

FLORIMOND.
Mon oncle jusqu'au bout soutiendra le défi.
M. DOLBAN.
Oh, ne crois pas que moi, sitôt je me démente.
Trop heureux d'obtenir une femme charmante,
De joindre à ce bonheur le plaisir non moins doux
De punir un ingrat, un...
FLORIMOND.
Calmez ce courroux.
On n'a plus rien à dire, alors que l'on se venge.
Bien loin de m'en vouloir, parcequ'ici je change,
Sachez-m'en gré plutôt; et convenez enfin
Que c'est à mon refus que vous devrez sa main.
M. DOLBAN.
Hai... Tel qui feint de rire, enrage au fond de l'ame.
FLORIMOND.
Certes, ce n'est pas moi, je n'aime plus la dame,
Vous l'adorez; hé bien, tout s'arrange ici-bàs:
Vous l'épousez, et moi, je ne l'épouse pas.

SCÈNE VII.

M. DOLBAN, FLORIMOND, CRISPIN, *une lettre à la main.*

FLORIMOND, *à Crispin.*

Déja?

CRISPIN.

Comme j'entrois, madame alloit écrire.
(*à M. Dolban, en lui remettant la lettre.*)
Puis vous n'en aurez pas, je crois, beaucoup à lire.
(*à Florimond.*)
Eh mais, je ne sais pas ce que madame avoit :
Je l'observois, monsieur, pendant qu'elle écrivoit...

FLORIMOND.

Sors.

SCÈNE VIII.

M. DOLBAN, FLORIMOND.

FLORIMOND, *à M. Dolban, qui lit.*
Hé bien? Quoi! l'effet trompe-t-il votre attente?
Elle ne veut pas même, hélas! être ma tante!

M. DOLBAN.

Apprenez à quel point vous êtes odieux :
Le seul nom de votre oncle est un tort à ses yeux.
Mariez-vous ou non, il ne m'importe guères :
Je ne me mêle plus de toutes vos affaires.

(*Il sort.*)

SCÈNE IX.

FLORIMOND, *seul.*

Tant mieux. Voyez un peu quel bruit ces oncles font!

SCÈNE X.

FLORIMOND, CRISPIN.

FLORIMOND, *à Crispin, qui lui remet une lettre.*
Ah! ah! de quelle part?
CRISPIN.
De chez monsieur Valmont.
FLORIMOND.
Donne, mon cher la Fleur. Ouvrons vite : sans doute,
Il me marque le jour où l'on se met en route.
Attends.

(*Il lit tout haut.*)

« Pardon, mon cher ami, si je ne vais pas te ren-
« dre ta visite. Je ne le puis aujourd'hui, ayant une
« affaire pressée à terminer avant mon départ. Car,
« toutes réflexions faites, nous partons demain matin,
« si tu le veux bien : Aie soin de te tenir tout prêt...»

Je le serai. La Fleur, va promptement
Préparer tout : allons, ne perds pas un moment.
CRISPIN.
Tout sera prêt, monsieur.
(*Il sort.*)

SCÈNE XI.

FLORIMOND, seul.

     O la bonne nouvelle!
A demain, c'est demain que je pars avec elle.
Poursuivons.
« Ma sœur est enchantée que tu sois du voyage : elle
« paroît t'estimer beaucoup... »
    De nouveau, lisons ces mots charmants :
« Ma sœur est enchantée que tu sois du voyage : elle
« paroît t'estimer beaucoup... »
Ah! j'espère inspirer de plus doux sentiments.
« J'ai même voulu te ménager un plaisir de plus, et
« j'ai engagé son mari à nous accompagner... »
Son mari!.. que dit-il?... sa sœur est mariée?
Par nul engagement je ne la crus liée...
Relisons.
« et j'ai engagé son mari à nous accompagner : c'est
« un homme charmant... »
    Mon malheur n'est que trop assuré.
D'un chimérique espoir je me suis donc leurré.
   (*Il tombe accablé sur son fauteuil, et reste quelque temps ainsi.*)
Je suis bien malheureux! il n'étoit qu'une femme
Que je pusse chérir... là... de toute mon ame :
Elle seule, en dépit de tous mes préjugés,
M'eût fait aimer l'hymen. Hé bien, morbleu, jugez
Si jamais infortune approcha de la mienne!
D'un mois, peut-être il faut qu'un autre me prévienne.

SCÈNE XII.

FLORIMOND, CRISPIN.

CRISPIN.
Monsieur, combien faut-il que je mette d'habits?
FLORIMOND.
Aucun. Je ne pars plus.
CRISPIN.
Quoi?
FLORIMOND.
J'ai changé d'avis :
Je reste.

CRISPIN.
Mais, monsieur, vous n'êtes point malade?
FLORIMOND.
Non.

CRISPIN, *à part.*
C'est, je gage, encore ici quelque boutade.
(*haut.*)
Comment, vous n'allez point visiter ce château?
FLORIMOND.
Non.

CRISPIN.
C'est pourtant dommage : on dit qu'il est si beau!
FLORIMOND.
Quelque château bien vieux, avec un parc bien triste :
Veux-tu que j'aille là m'établir botaniste,
Et goûter le plaisir unique et sans pareil
D'assister, chaque jour, au lever du soleil?

CRISPIN.

Vous faisiez cependant une belle peinture
Des touchantes beautés de la simple nature!

FLORIMOND.

Qui? moi?

CRISPIN.

Je m'en souviens. De plus, contre Paris,
Dieu sait comme tantôt vous jetiez les hauts cris!
Si vous fuyez la ville, et craignez la campagne,
Où faut-il donc, monsieur, que je vous accompagne?

FLORIMOND.

Je ne demande pas ton sentiment, bavard.

CRISPIN.

Mais il faut bien pourtant demeurer quelque part.

FLORIMOND.

Que t'importe?

CRISPIN.

Du moins, nous soupons?

FLORIMOND.

Paix, je pense:
Il me vient un projet d'une grande importance,
Et qui me rit.

CRISPIN.

Quoi donc?

FLORIMOND.

Je me fais voyageur.

CRISPIN.

Superbe état pour vous, mon cher maître!

FLORIMOND.

Ah! la Fleur!
Quel plaisir! quel délice en voyageant l'on goûte!

Toujours nouveaux objets s'offrent sur votre route.
Chaque pas vous présente un spectacle inconnu.
On ne revoit jamais ce qu'on a déja vu.
Une plaine aujourd'hui, demain une montagne;
Le matin c'est la ville, et le soir la campagne.
Ajoute qu'on ne peut s'ennuyer nulle part:
Un lieu vous plaît, on reste; il vous déplaît, on part.

CRISPIN.

Et l'amour!

FLORIMOND.

Plus d'amour, plus de brûlantes flammes.

CRISPIN.

Quoi, tout de bon, monsieur, vous renoncez aux femmes?

FLORIMOND.

Dis que j'y renonçois, quand mon cœur enchanté
Adoroit constamment une seule beauté;
Quand mes yeux, éblouis par un charme funeste,
Fixés sur une seule, oublioient tout le reste:
Car je faisois alors injure au sexe entier.
Mais cette erreur, enfin, je prétends l'expier.
Je le déclare donc, je restitue aux belles
Un cœur qui trop long-temps fut aveugle pour elles.
Entre elles, désormais, je vais le partager,
Le donner, le reprendre, et jamais l'engager.
J'offensois cent beautés, quand je n'en aimois qu'une:
J'en veux adorer mille, et n'en aimer aucune...
Quel jour est-ce?

CRISPIN.

Jeudi.

FLORIMOND.

Bon. Jour de bal; j'y cours.

C'est là le rendez-vous des jeux et des amours :
C'est là que je vais voir, parés de tous leurs charmes,
Tant d'objets enchanteurs, de beautés sous les armes.
Je ne pouvois choisir plus belle occasion
Pour faire au sexe entier ma réparation.

FIN DE L'INCONSTANT.

VARIANTES (1).

FLORIMOND.
Je connois maintenant à fond mon caractère :
Il ne me permet pas de rester sédentaire,
De prendre une moitié, d'embrasser un état.
La liberté, la Fleur, avec le célibat,
Voilà ce qu'il me faut : et je réponds d'avance
Que l'on ne viendra plus m'accuser d'inconstance ;
Car on ne peut changer dès qu'on ne choisit rien.
Débarrassé du choix, libre de tout lien,
Qu'on ne me parle plus d'états, de mariages :
Je vais, dès ce matin, commencer mes voyages ;
Je le voulois tantôt, et je le veux encor.

CRISPIN.
Oui.
  (à part.)
  Pour combien de temps?

---

1 Ces deux dénouements ont été joués, et tous deux ont réussi ; cependant je n'en ai jamais été satisfait ; et en réduisant *l'Inconstant* en trois actes, j'ai trouvé dans ma pièce même, mon vrai dénouement, à ce que je crois.

J'observerai seulement que le dernier vers de la tirade sur le cloître parut dans le temps un trait de caractère :

« Rassure-toi ; mes vœux ne sont pas encor faits. »

Mais que le vers de Crispin qui termine l'autre dénouement :

« Il n'est pas de raison pour que cela finisse. »

étoit plus heureux encore, en ce qu'il faisoit la juste critique et du dénouement et du sujet.

(*haut.*)
Prenons donc notre essor :
Sans doute, nous allons en Russie, en Asie?
FLORIMOND.
En Russie? oh! non.
CRISPIN.
Quoi? quelle autre fantaisie?
FLORIMOND.
Une très bonne idée. Oui, je songe, mon cher,
Qu'il vaut mieux commencer par voyager sur mer.
Je vais en Amérique.
CRISPIN.
Hé bien donc, pour vous plaire,
En Amérique, soit ; et vogue la galère !
FLORIMOND.
Mais je n'y songeois pas : moi ! voyager sur l'eau ?
Je ne pourrois jamais sortir de mon vaisseau.
Ce n'est pas voyager que de rester en place.
CRISPIN.
En effet ; mais alors... Voici qui m'embarrasse :
Il faut se mettre en route ou par terre, ou par mer.
Il n'est point de milieu.
FLORIMOND.
Sot ! le milieu, c'est l'air :
Eh ! que n'ai-je, à l'instant, un ballon qui m'emporte !
CRISPIN.
Je n'y monterois pas ; pour aller où ?
FLORIMOND.
Qu'importe ?
En attendant, courons et par monts et par vaux :
Eh, oui ! sans but, sans gêne, au gré de nos chevaux ;
Partons vite.

CRISPIN.

Partons ; et que Dieu nous bénisse !
Il n'est pas de raison pour que cela finisse.

AUTRE DÉNOUEMENT.

Ne pourrai-je trouver quelques partis plus stables ?
Car tous ces changements, d'honneur ! sont détestables (1).
Eh ! mais en ce moment, il me vient à l'esprit
Une idée excellente, et qui vraiment me rit.
Je lisais ce matin, dans Boileau, le grand maître,
Quelques vers, où d'abord je crus me reconnoître :
« Il tourne au premier vent, il tombe au moindre choc,
« Aujourd'hui dans un casque, et demain dans un froc. »
Il seroit bien plaisant que ce trait de satire,
Que le siècle passé Boileau mit là, pour rire,
Me peignît aujourd'hui, tout de bon, trait pour trait.
J'essayai vingt états, celui-ci me manquoit.
Voyons : entrer au cloître, au sortir du service,
Et, capitaine hier, être aujourd'hui novice !
Le trait est bien de moi : ce projet est charmant,
Et je voudrois déja me voir dans mon couvent.
Allons...

CRISPIN.

N'espérez pas que la Fleur vous imite ;
Le diable étoit plus vieux quand il se fit ermite :
Et puis, quand on est là, monsieur, c'est pour jamais.

FLORIMOND.

Rassure-toi ; mes vœux ne sont pas encor faits.

1 Le marquis de Biévre, si heureux pour les jeux de mots, appliquoit, assez plaisamment, ce vers-là même à tous les divers dénouements que je présentai tour-à-tour au public.

AUTRES VARIANTES.

SCÈNES DES MÉDECINS (1).

(*N. B.* Dans mon ancien plan, Florimond, éprouvant une sorte de malaise, avoit envoyé chercher un médecin par Crispin; et Padrige lui en faisoit venir un autre.)

SCÈNE I.

FLORIMOND, M. BOURRIFARD.

M. BOURRIFARD, *toujours d'un ton brusque.*
C'est pour vous?

FLORIMOND.
Oui, monsieur, pour votre serviteur.

M. BOURRIFARD.
Beau malade, vraiment!

FLORIMOND.
Eh! monsieur le docteur,
Je ne suis point malade.

M. BOURRIFARD.
Alors, je me retire :
Si vous vous portez bien, je n'ai rien à vous dire.

---

1 Ces scènes paroîtront exagérées et un peu folles; mais ce sont mes premiers vers, et j'eus le bon esprit de les supprimer avant la représentation. Si je les fais imprimer en *variantes*, c'est qu'elles ont, je crois, du sel, de la gaieté, une sorte de verve; c'est un peu le ton de l'ancienne comédie.

FLORIMOND.

Mais je ne vous dis pas que je me porte bien.

M. BOURRIFARD.

Vous êtes donc malade? Allons, qu'avez-vous?

FLORIMOND.

Rien.

M. BOURRIFARD.

Eh! si vous n'avez rien, vous n'êtes pas malade.
(*à mi-voix.*)
Je pense qu'il est fou.

FLORIMOND.

Monsieur, point d'incartade:
Je ne suis point malade, il est vrai; mais pourtant
Je ne m'aperçois point que je sois bien portant.

M. BOURRIFARD, *à part.*

A-t-il perdu l'esprit?

FLORIMOND.

Une douleur aiguë,
Ou la langueur, du mal annonce la venue;
Au contraire, une vive ou douce volupté
Doit toujours précéder et suivre la santé;
Et moi, je ne sens rien.

M. BOURRIFARD.

Vous seriez insensible?

FLORIMOND.

Je ne sais...

M. BOURRIFARD.

Allons donc, cela n'est pas possible.

FLORIMOND.

Je vous dis...

M. BOURRIFARD.

Mangez-vous... là, de bon appétit?

FLORIMOND.

Eh! oui.

M. BOURRIFARD.

Vous digérez fort bien?

FLORIMOND.

Sans contredit.

M. BOURRIFARD.

Dormez-vous?

FLORIMOND.

De la nuit, jamais je ne m'éveille.

M. BOURRIFARD.

Eh! ventrebleu! c'est là se porter à merveille.
L'appétit, le sommeil, que voulez-vous de mieux?

FLORIMOND.

Eh bien, monsieur, pour moi rien n'est plus ennuyeux :
Une santé pareille est insipide et fade;
J'aimerois presque autant, je crois, être malade.

M. BOURRIFARD, *riant aux éclats.*

Courage!

SCÈNE II.

LES MÊMES, M. POUPELIN.

M. BOURRIFARD, *à M. Poupelin, qui entre.*

Vous allez bien rire, en vérité :
Monsieur se plaint à moi de son trop de santé.
Avez-vous jamais vu chagrin aussi bizarre?

M. POUPELIN, *d'un ton mielleux.*

Bizarre, dites-vous? pas tant; je vous déclare
Que de ces santés-là l'on se dégoûte fort;
Et, quand j'y réfléchis, je vois qu'on n'a pas tort.

M. BOURRIFARD.

Comment! vous oseriez?...

M. POUPELIN.

Ah! si monsieur s'emporte,
Je me tais; je n'ai pas la poitrine assez forte.
Une grosse santé convient aux artisans,
Dans leurs rudes travaux soutient les paysans;
J'y consens : elle donne à tous nos mercenaires
Ces grossiers appétits qui leur sont nécessaires;
Mais elle siéroit mal à des gens comme il faut :
Pour eux, trop de santé seroit un vrai défaut.

M. BOURRIFARD.

Ainsi, vous prétendez, monsieur?...

M. POUPELIN.

Que la foiblesse
Donne aux sensations plus de délicatesse.

FLORIMOND.

C'est aussi mon avis; voilà ce que je sens :
J'enrage d'être égal à ces gros paysans.

M. BOURRIFARD.

Et moi, qu'au paradoxe ainsi l'on applaudisse.
Sans doute qu'au village, un plus rude exercice
Veut une santé forte et des membres nerveux;
Mais quel sot préjugé, mais quel système affreux,
De vouloir, loin de nous, reléguer au village
Un bien qui fut aussi créé pour notre usage!

M. POUPELIN.

Je ne dis pas qu'il faille aux champs la reléguer;
Mais je dis qu'on pourroit tant soit peu l'élaguer.
Je voudrois qu'à nos mœurs elle fût mieux liée,
Que des nerfs adoucis, la chaîne déliée
Du moindre sentiment avertît le cerveau;
Je voudrois que l'on vît, au travers de la peau,
Notre sang, goutte à goutte, aller de veine en veine,

Ainsi qu'un doux ruisseau qui coule sur l'arène.
De ces membres nerveux je fais très peu de cas.
Ayons une peau douce et des os délicats.
On ne s'habille point aux champs comme à la ville;
Ce n'est point le même air, c'est un tout autre style.
Si rien entre eux et nous n'est en communauté,
Pourquoi jouirions-nous de la même santé?

FLORIMOND, *à M. Bourrifard.*

Répondez.

M. BOURRIFARD.

Tout cela n'est qu'un pur radotage.
Un honnête embonpoint sied bien à tout visage;
Quand on se porte bien, on en vit plus long-temps :
Trop heureux qui par là ressemble à vos manants!

M. POUPELIN.

Dieu m'en garde! Souvent l'arbre haut et robuste
Est plus tôt renversé que l'humble et foible arbuste.
Je ne donnerois pas mes petites santés
Pour celle des manants qu'ici vous nous vantez.
Qu'à ces deux santés-là même accident survienne,
Un sort divers attend et la vôtre et la mienne :
Par ce coup, que jamais elle n'a combattu,
La vôtre sent bientôt son courage abattu;
La mienne, au moindre choc, baisse la tête et plie,
Et jamais par le mal n'est tout-à-fait saisie.

FLORIMOND, *à M. Poupelin.*

Votre raisonnement est subtil et profond.

M. POUPELIN.

Je possède, il est vrai, cette matière à fond.

M. BOURRIFARD.

On devroit, à l'instant, purger la capitale
De monstres tels que vous, dont la ligue infernale
Semble avoir déclaré la guerre à la santé,

VARIANTES.

Et, malgré les efforts de notre faculté,
La mine sourdement, abâtardit l'espèce,
Tout en parlant de nerfs et de délicatesse.

M. POUPELIN.

Ah! messieurs, soyez donc un peu plus indulgents,
Vous qui, par ignorance, assassinez les gens;
Et, confondant sans cesse et le foie et la rate,
Exterminez l'espèce, en parlant d'Hippocrate.

M. BOURRIFARD.

Médecin de vapeurs, vous osez m'insulter!

M. POUPELIN.

De vapeurs? en ce cas, il faudroit vous traiter.

M. BOURRIFARD.

Craignez...

M. POUPELIN.

Oui, je craindrois un peu votre colère,
Si je n'avois l'honneur d'être votre confrère.

M. BOURRIFARD.

Votre air doux et bénin est bien plus dangereux.
(*à Florimond.*)
Vous serez satisfait au-delà de vos vœux;
J'espère qu'avant peu, vous deviendrez étique,
Pulmonique, asthmatique, enfin paralytique;
Soyez sûr, en un mot, d'être si bien traité,
Que vous ne reverrez de long-temps la santé.

M. POUPELIN.

Je ferai pour monsieur tout ce qu'il faudra faire:
S'il eût voulu mourir, vous étiez son affaire.

FLORIMOND, *à M. Bourrifard, voulant le payer.*

Monsieur...

M. BOURRIFARD, *sans accepter.*

Bonsoir.

(*Il sort brusquement, comme il étoit entré.*)

SCÈNE III.

M. POUPELIN, FLORIMOND.

M. POUPELIN.

Il va s'en venger en chemin :
Malheur à qui d'abord tombera sous sa main !

FLORIMOND.

Ce monsieur Bourrifard, par de telles boutades,
A coup sûr, ne doit pas réjouir ses malades.

M. POUPELIN.

Bon ! de sa belle humeur comment s'apercevoir ?
Ses malades à peine ont le temps de le voir.

FLORIMOND.

Ah ! j'entends. Vous m'avez tout l'air d'un galant homme,
Monsieur ; puis-je savoir de quel nom on vous nomme ?

M. POUPELIN.

Mille graces, monsieur ; Poupelin est mon nom.
Vous n'avez donc jamais été malade ?

FLORIMOND.

Non.

M. POUPELIN.

Hai... La santé chez vous doit avoir pris racine,
Et pourra tenir bon contre la médecine.

FLORIMOND.

Comment ?

M. POUPELIN.

Rassurez-vous ; mon art triomphera,
Et la santé robuste avant peu cédera.
Il faudra débuter par... ce que l'on doit taire,
Qui sache s'introduire à l'ombre du mystère,
Reconnoisse la place, et nous puisse du corps

Révéler, au retour, les foibles et les forts.
Puis, d'une potion, ensemble amère et douce,
Nous pourrons hasarder la légère secousse,
A votre intérieur annoncer l'ennemi,
Réveiller en sursaut l'estomac endormi;
Égratigner ce cœur, à la marche discrète,
Qui bat *incognitò* dans sa sombre retraite,
Gourmander ces poumons, que trop de liberté
Engourdissoit au sein de la sécurité.
Avec eux tous, ainsi, vous ferez connoissance,
Et vous allez enfin entrer en jouissance.

FLORIMOND, *qui commence à s'ennuyer.*
J'entends.

M. POUPELIN.
De la lancette empruntant le secours,
J'interromprai du sang cet uniforme cours,
Et troublerai par-là cet accord immobile
Entre un sang trop épais et la stagnante bile.
Un essaim de vapeurs d'en bas s'élèvera,
Et dans votre cerveau s'impatronisera.
Grace à ce tourbillon, désormais vos idées
Par un principe exact ne seront plus guidées:
Ce pouls qui, pas à pas, marchoit également,
Ira tantôt fort vite, et tantôt lentement;
Et...

FLORIMOND.
Monsieur Poupelin, s'il faut que je le dise,
Votre voix m'affadit par trop de mignardise.

M. POUPELIN.
Le reproche est nouveau; mais je puis...

FLORIMOND.
C'est assez.

M. POUPELIN.

Je n'ai plus que deux mots...

FLORIMOND.

De grace, finissez.

M. POUPELIN.

Je reviendrai demain.

FLORIMOND.

Non, je vous en dispense.

M. POUPELIN.

Pourquoi donc? s'il vous plaît.

FLORIMOND.

Que voulez-vous? Je pense
Qu'il vaut encore mieux rester comme je suis :
Avec mon ennemi je vivrai, si je puis.

(*Il paie M. Poupelin, qui accepte.*)

Votre peine, du moins, ne sera pas perdue.

M. POUPELIN, *souriant.*

Vous et votre ennemi, monsieur, je vous salue.

(*Il sort.*)

FIN DES VARIANTES.

L'OPTIMISTE,

ou

L'HOMME TOUJOURS CONTENT,

COMÉDIE

EN CINQ ACTES ET EN VERS,

Représentée pour la première fois par les comédiens françois, le 22 février 1788.

PRÉFACE (1).

Je voudrois ne pas faire une préface trop longue, et cependant j'ai bien des choses à dire. Mon cœur est plein de joie et de reconnoissance ; il a besoin de s'épancher. Que je suis heureux ! que j'ai bien sujet de m'écrier avec mon *Optimiste, tout est bien !* Le public avoit accueilli mon *Inconstant* avec indulgence, dans l'espoir d'un meilleur ouvrage. Cet ouvrage meilleur, il a cru le trouver dans *l'Optimiste ;* mais je vois bien qu'il attend de moi pour l'avenir quelque chose encore de mieux. Je tâcherai de faire mieux, sans doute ; mais je crains, je l'avoue, de ne jamais rencontrer un sujet aussi intéressant que *l'Optimiste.* Je puis, je crois, sans qu'on me taxe de vanité, louer ce caractère : ce n'est pas moi qui l'ai inventé ; il s'est présenté à mon esprit, et je l'ai saisi. Quelques personnes ont dit qu'il n'étoit pas dans la nature, qu'il n'existoit point : on a répondu pour moi qu'il étoit possible, au moins ; et cette réponse suffiroit. J'ajoute que j'en ai trou-

---

1 Cette préface est la seule que je conserve de toutes mes préfaces particulières. On en jugera aisément le motif en la lisant.

vé le modéle dans la maison paternelle. Quand je lus mon manuscrit à ma mère, à mes sœurs, à mon frère, tous reconnurent d'abord mon père. Il lui étoit plus aisé qu'à M. de Plinville d'être optimiste. Peu riche, il est vrai, mais jouissant d'une honnête médiocrité, libre, chéri de tout son village, il habitoit une jolie maison, que lui-même avoit fait bâtir, des bois et des jardins qu'il avoit plantés et dessinés lui-même, et que, dans son enthousiasme, il trouvoit aussi beaux que le parc de Versailles, dans une vallée délicieuse, sur les bords de l'Eure, à une demi-lieue du bel aqueduc de Maintenon, de Maintenon, ma patrie : il étoit aimé et caressé du seigneur, de feu M. le maréchal de Noailles[1], qui venoit de temps en temps le visiter dans son ermitage. Plus heureux que *l'Optimiste,* il avoit une compagne aimable, aussi vertueuse que belle ; il n'avoit pas une fille seulement, il en avoit six, qui m'ont souvent inspiré, et deux garçons, dont le cadet a seul pu mettre à l'épreuve son caractère, en s'obstinant à suivre un penchant qui n'a été justifié que par l'événement. Encore entendoit-il louer

---

[1] Son fils, M. le maréchal de Noailles, n'aimoit pas moins mon père, comme il aime sa veuve et ses enfants. Il sourit à mes vers : il ne me protége point. Il fait plus, j'oserois presque dire qu'il m'aime.

PRÉFACE.

avec un secret plaisir mes premiers essais semés dans l'*Almanach des Muses;* et si le ciel n'eût ravi ce bon père, chargé d'ans et de bonnes actions, il auroit souri peut-être aux descriptions champêtres de *l'Inconstant*, et se seroit attendri en voyant son image dans *l'Optimiste*.

Ce caractère existoit donc. On me dit chaque jour que mille personnes s'y reconnoissent plus ou moins, ou reconnoissent leurs amis. J'ai eu tort peut-être d'intituler ma comédie *l'Optimiste*. Ce titre a pu promettre un homme à systèmes, et annoncer *Candide* mis en action. J'avois prévu d'avance cette objection, et c'est ce qui m'avoit fait ajouter, *ou l'Homme content de tout* (1). Ce n'est pas la seule objection que l'on ait faite contre mon ouvrage. J'aime à croire que toutes ont été dictées par l'amour de l'art : plusieurs sont sans réplique. Je pourrois répondre à quelques unes (2). J'aime mieux convenir que je n'ai point eu la prétention de faire une comédie parfaite. Celle-ci seroit bien plus défectueuse encore, sans les conseils sages et sévères d'un digne académicien, recommandable par son goût exquis, par le don heureux de sentir finement, et de s'ex-

---

1 J'ai craint que le second titre ne fût encore trop général, et je m'arrête à celui-ci : *l'Homme toujours content.*

2 Voyez la préface générale.

primer avec grace; d'un académicien d'abord mon *censeur* seulement, puis mon guide, puis enfin mon ami. *L'Inconstant* lui eut bien des obligations; *l'Optimiste* lui en a davantage. Il ne veut pas que je le nomme : j'obéis; mais il se nommera lui-même à la fin de mon ouvrage (1).

Après lui, un jeune ami m'a été de tous le plus utile. C'est l'auteur d'*Anaximandre* et des *Étourdis*, cher au public à ces deux titres, plus cher à mon cœur par ses vertus et par son amitié. Je ne parle pas des vers qu'il m'a prêtés çà et là, et que je lui rendrai en nature à la première occasion; mais je déclare hautement qu'il y a dans *l'Optimiste* une scène tout entière de lui (celle de madame de Roselle avec Belfort au second acte). Ce n'est pas la moins bonne, assurément; c'est un enfant adoptif que je chéris autant que les miens propres.

J'ai fait usage de beaucoup d'autres conseils; car j'ai le double bonheur d'avoir des amis éclairés, et d'être assez docile. En un mot, j'ai lieu d'être content de tout; content de tout le monde, de mes amis, qui ne m'ont point flatté ni épargné; de MM. les journalistes, qui, presque tous, m'ont traité avec indulgence; des acteurs, qui ont déployé pour moi tout leur zéle et tous leurs

1 M. Suard.

talents; enfin du public, qui m'a accueilli avec tant de bienveillance. Puissé-je mériter un jour tout cela! Puisse ma santé foible et délicate me permettre de mettre au jour quelques comédies que je sens que j'ai dans la tête, ou plutôt dans le cœur!

PERSONNAGES.

M. DE PLINVILLE, l'Optimiste.
Mme DE PLINVILLE.
ANGÉLIQUE, leur fille.
Mme DE ROSELLE, nièce de M. de Plinville.
M. DE MORINVAL.
M. DORMEUIL.
M. BELFORT, secrétaire de M. de Plinville.
ROSE, jeune suivante d'Angélique.
PICARD, vieux portier de M. de Plinville.
LÉPINE, laquais de M. de Plinville.
UN POSTILLON.

La scène est en Touraine, au château de Plinville.

L'OPTIMISTE,

OU

L'HOMME TOUJOURS CONTENT,

COMÉDIE.

La scène représente un bosquet rempli d'arbres odoriférants.

ACTE PREMIER.

SCÈNE I.

Mme DE ROSELLE, *un bouquet à la main, tire sa montre.*

Est-il bien vrai ? qui ? moi, levée avant six heures ?
Moi ! dans ce vieux château, dans ces tristes demeures !
Chez mon oncle ?.. heureux homme ! il prétend que chez lui
Tout va le mieux du monde ; et moi j'y meurs d'ennui...
Peut-être ai-je bien fait d'y venir... J'imagine
Que je puis être utile à ma jeune cousine.
Je crois... s'il étoit vrai ?... j'avouerai qu'à ce prix
Je regretterois peu les plaisirs de Paris.
Près de se marier, cette pauvre Angélique

Paroît de plus en plus triste et mélancolique...
Ce jeune secrétaire, au maintien noble, aisé,
Seroit-il, par hasard, un amant déguisé?
C'est un point qu'il faudroit éclaircir; je soupçonne
Qu'on va sacrifier cette jeune personne:
Tâchons de l'empêcher. Observons... Cependant
Le mariage peut se faire en attendant.
Comment le retarder? Il faudra que j'y songe:
Un prétexte... ma sœur;... bon! le premier mensonge
Suffira...

SCÈNE II.

Mme DE ROSELLE, ROSE.

Mme DE ROSELLE.
Bonjour, Rose! Où portez-vous vos pas?
ROSE.
Ah! madame! pardon; je ne vous voyois pas.
J'ai poussé jusqu'au bout de la grande avenue;
Et puis, sans y songer, je suis ici venue.
Je vais...
(*Elle veut se retirer.*)
Mme DE ROSELLE.
Vous me fuyez? causons.
ROSE.
Avec plaisir:
Car, moi, j'aime à causer; d'ailleurs, j'ai du loisir:
Mademoiselle écrit.
Mme DE ROSELLE.
Elle est déja levée?

ROSE.

Bon! jamais le soleil au lit ne l'a trouvée :
Elle n'en dort pas mieux.

Mme DE ROSELLE.

Elle a donc mal dormi?

ROSE.

Très mal : je l'entendois ; elle a pleuré, gémi.

Mme DE ROSELLE.

Elle a du chagrin?

ROSE, *soupire.*

Oui.

Mme DE ROSELLE.

Ma tante aussi la gronde!...

ROSE.

Elle est grondée ainsi depuis qu'elle est au monde.

Mme DE ROSELLE.

Oui, ma tante souvent prend de l'humeur pour rien.

ROSE.

Tout en nous querellant, elle nous veut du bien :
Pour sa fille sur-tout sa tendresse est extrême.

Mme DE ROSELLE.

Elle aime aussi mon oncle, et le gronde de même.

ROSE.

Tenez, je sais fort bien la cause de son mal :
C'est qu'elle n'aime point monsieur de Morinval ;
Car, lorsqu'elle le voit, ou dès qu'on le lui nomme...

Mme DE ROSELLE.

Morinval cependant a l'air d'un galant homme.

ROSE.

Galant homme, d'accord ; mais boudeur et chagrin :
On ne lui voit jamais un air ouvert, serein.
Pour moi, son seul aspect m'inspire la tristesse :

7.

Il se peint tout en noir, excepté ma maîtresse ;
Et puis, il n'est point jeune, et ma maîtresse l'est.

Mme DE ROSELLE.

Il n'est pas vieux non plus.

ROSE.

Ah ! pardon, s'il vous plaît.
Il a bien cinquante ans, elle n'en a que seize :
Comment voulez-vous donc qu'un tel époux lui plaise ?
Pour moi, je ne sais pas quand je me marierai ;
Mais je répondrois bien que je n'épouserai
Qu'un jeune homme : du moins, quand on est du même âge,
On fait jusques au bout, ensemble, le voyage.

Mme DE ROSELLE.

Monsieur Belfort paroît aimable ?

ROSE.

Oh ! oui.

Mme DE ROSELLE.

Sait-on,
Dites-moi, ce que c'est que ce jeune homme ?

ROSE.

Non.
Car monsieur l'a reçu sur sa seule figure.

Mme DE ROSELLE.

Par quel hasard ?

ROSE.

Un soir, la nuit étoit obscure,
Un jeune homme demande un asile : on l'admet...
C'étoit monsieur Belfort. Il entre ; l'on soupoit :
On l'invite. Il paroît spirituel, honnête.
Le lendemain il veut repartir, on l'arrête.
Il pleuvoit : cependant comme il pleuvoit toujours,
Monsieur, qui le retint ainsi pendant huit jours,

ACTE I, SCÈNE II.

Goûtoit de plus en plus son ton, son caractère.
Enfin, quoiqu'il n'eût pas besoin de secrétaire,
En cette qualité monsieur l'a retenu.

Mme DE ROSELLE.

Bon! et depuis ce temps n'est-il pas mieux connu?

ROSE.

Ses bonnes qualités l'ont assez fait connoître.

Mme DE ROSELLE.

Il a plus d'un emploi, car il tient lieu de maître
A ma cousine.

ROSE.

Eh! oui : comme il parloit un soir
D'anglois, mademoiselle a voulu le savoir.
« Donnez-en des leçons », dit monsieur : il en donne.

Mme DE ROSELLE.

Avec succès, dit-on?

ROSE.

Il dit qu'elle l'étonne,
Madame; elle savoit sa grammaire en huit jours.

Mme DE ROSELLE.

En huit jours! Êtes-vous toujours là?

ROSE.

Moi? toujours.

Mme DE ROSELLE.

Belfort paroît donner ces leçons avec zèle.

ROSE.

Tout-à-fait; il chérit beaucoup mademoiselle.

Mme DE ROSELLE.

A ce que je puis voir, elle-même en fait cas?

ROSE.

Oh! beaucoup : en effet, qui ne l'aimeroit pas?
Mademoiselle et moi, même esprit nous anime,

Et, comme elle, pour lui, moi, j'ai beaucoup d'estime.
Si vous saviez combien il est honnête, doux !...
Mme. DE ROSELLE.
Je l'ai jugé d'abord. Que dit-il, entre nous,
De l'air triste et rêveur de ma jeune cousine?
ROSE.
Mais il est bien chagrin de la voir si chagrine.
On lit dans ses regards une tendre pitié :
Un frère pour sa sœur n'a pas plus d'amitié.
Le matin, de sa chambre il attend que je sorte,
Et me demande alors comment elle se porte.
Mais on rit ; c'est monsieur.

SCÈNE III.

Mme DE ROSELLE, M. DE PLINVILLE, ROSE.

M. DE PLINVILLE.
      Ah ! ma nièce, c'est toi !
La rencontre vraiment est heureuse.
Mme DE ROSELLE.
        Pour moi.
Mon cher oncle est toujours au comble de la joie.
M. DE PLINVILLE.
Pour en avoir, madame, il suffit qu'on vous voie.
(à Rose.)
Bonjour, Rose.
ROSE.
Monsieur...
M. DE PLINVILLE.
      Mais comme elle embellit !

ACTE I, SCÈNE III.

Du matin jusqu'au soir, elle chante, elle rit.

ROSE.

Monsieur me dit toujours quelque chose d'honnête.

M. DE PLINVILLE.

Nous aurons du plaisir, j'espère, à notre fête.
J'ai dans l'idée;... oh! oui: j'ai fait, ma chère enfant,
Un rêve!... car je suis heureux, même en dormant.

Mme DE ROSELLE.

Oh! je le crois.

ROSE.

Monsieur, contez-nous donc, de grace...

M. DE PLINVILLE.

Il n'en reste au réveil qu'une légère trace;
Et j'aurois maintenant peine à le ressaisir:
Je me souviens du moins qu'il m'a fait grand plaisir,
Et cela me suffit; car, lorsque je me lève,
Je suis heureux encor, mais ce n'est plus en rêve.

Mme DE ROSELLE.

Vous rêvez bien encor, mais c'est tout éveillé.

M. DE PLINVILLE.

Il est vrai: que de fois je me suis oublié
Au bord d'une fontaine, ou bien dans la prairie!
Là, seul, dans une vague et douce rêverie,
Je suis... ce que je veux, grand roi, simple berger!...
Que sais-je, moi? Quelqu'un vient-il me déranger?
Alors j'aime encor mieux être moi que tout autre.

Mme DE ROSELLE.

Le sort d'un roi n'est pas plus heureux que le vôtre.
Je suis contente aussi: pour la première fois
J'ai vu l'aurore.

M. DE PLINVILLE.

Bon!

ROSE.

Tous les jours je la vois.

M. DE PLINVILLE.

En effet, on n'est pas plus matinal que Rose.

Mme DE ROSELLE.

Savez-vous que l'aurore est une belle chose?

M. DE PLINVILLE.

Oh! oui, sur-tout ici, sur-tout au mois de mai.
C'est bien le plus beau mois de l'année.

Mme DE ROSELLE.

Il est vrai.

ROSE.

C'est un mois qu'en effet, comme vous, chacun aime.
Mais en janvier, monsieur, vous disiez tout de même.

M. DE PLINVILLE.

J'avouerai, mon enfant, que toutes les saisons
Me plaisent tout-à-tour, par diverses raisons :
Janvier a ses beautés, et la neige est superbe.

Mme DE ROSELLE.

Il est plus doux pourtant de voir renaître l'herbe
Et les fleurs...

M. DE PLINVILLE.

Oui, les fleurs. Par exemple, en ces lieux,
On respire une odeur, un frais délicieux.
Dis-moi, vit-on jamais plus belle matinée?
Que nous allons avoir une belle journée!
Il semble, en vérité, que le ciel prenne soin
D'envoyer du beau temps lorsque j'en ai besoin!

Mme DE ROSELLE.

Tout exprès!

M. DE PLINVILLE.

Pouvions-nous enfin, pour notre pêche,

Choisir une journée et plus douce, et plus fraîche?
Mme DE ROSELLE.
Oh! non. J'aime beaucoup à voyager sur l'eau.
M. DE PLINVILLE.
Oui? tant mieux!... Tu verras le plus joli bateau!...
ROSE.
Ah! charmant.
M. DE PLINVILLE, *à Rose.*
Angélique est sans doute habillée?
ROSE.
Pas encor.
M. DE PLINVILLE.
Bon! Du moins, est-elle réveillée?
ROSE.
Oh! oui, monsieur; je vais l'habiller à l'instant.
Ne partez pas sans nous.
M. DE PLINVILLE.
Non, non; l'on vous attend.
Hâtez-vous.
ROSE, *en s'en allant.*
Je voudrois être déja partie.
Une pêche! un bateau!... la charmante partie!

SCÈNE IV.

Mme DE ROSELLE, M. DE PLINVILLE.

M. DE PLINVILLE *la suit des yeux.*
Heureux âge! à seize ans, on n'a point de souci;
Tout plaît.
Mme DE ROSELLE.
Mais ma cousine est pourtant jeune aussi;

D'où vient donc le chagrin qui chaque jour la mine ?
M. DE PLINVILLE.
Quoi ! le chagrin, dis-tu ! Seroit-elle chagrine ?
Mme DE ROSELLE.
Vous ne remarquez pas ?
M. DE PLINVILLE.
Non.
Mme DE ROSELLE.
Pourtant, on voit bien
Qu'elle rêve...
M. DE PLINVILLE.
En effet ; mais bon ! cela n'est rien.
Elle a quelque regret de nous quitter, sans doute ;
Et puis, elle est modeste : on sait ce qu'il en coûte...
Mais dès que Morinval aura reçu sa main,
Tu verras : je voudrois que ce fût dès demain.
Mme DE ROSELLE.
A propos, cet hymen, il faudra le remettre.
M. DE PLINVILLE.
Et pourquoi ?
Mme DE ROSELLE.
De ma sœur je reçois une lettre ;
A la noce, dit-elle, elle veut se trouver,
Et dans huit jours, peut-être, elle doit arriver.
M. DE PLINVILLE.
Pourquoi donc avec toi n'est-elle pas venue ?
Mme DE ROSELLE.
Elle hésitoit toujours : sa lenteur est connue ;
Moi, je l'ai devancée.
M. DE PLINVILLE.
A ravir.

Mme DE ROSELLE.

Ce délai
N'est rien : qu'est-ce, après tout, que huit jours ?

M. DE PLINVILLE.

Il est vrai.
Trop heureux de revoir madame de Mirbelle !
Nous allons tous les deux disputer de plus belle.
Je la connois ; aussi, je vais me préparer.

Mme DE ROSELLE, *à part.*

Cela nous donnera le temps de respirer.

M. DE PLINVILLE.

Nous ne l'attendrons pas du moins pour notre fête.
Mais, on vient.

Mme DE ROSELLE.

Comment donc ! ma tante est déja prête ?

M. DE PLINVILLE.

Oh ! ma femme est toujours exacte aux rendez-vous.

SCÈNE V.

Mme DE ROSELLE, Mme DE PLINVILLE, M. DE PLINVILLE.

M. DE PLINVILLE *l'embrasse.*
Bonjour, ma chère amie.

Mme DE PLINVILLE.

Ah ! ah ! monsieur, c'est vous ?
Bonjour, ma nièce. Non, je crois que de la vie,
Maîtresse de maison ne fut plus mal servie :
En voilà déja trois qu'il m'a fallu gronder.

M. DE PLINVILLE.

Ma femme est vigilante ; elle sait commander.

Mme DE PLINVILLE.

J'en ai besoin, monsieur; car vous n'y songez guère.

M. DE PLINVILLE.

Puisque vous faites tout, je n'ai plus rien à faire.

Mme DE PLINVILLE.

Il faut bien faire tout, si vous ne faites rien.

M. DE PLINVILLE.

Bonne réplique! Allons, point de souci.

Mme DE PLINVILLE.

Fort bien!
Et vous croyez, monsieur, qu'avec ce beau système,
Les choses vont ici se faire d'elles-même?

M. DE PLINVILLE.

Il me semble pourtant qu'elles ne vont pas mal.
Nous rirons ce matin, Dieu sait! Si Morinval
Et ma fille venoient, on se mettroit en route.

Mme DE PLINVILLE.

On ne s'y mettra point.

M. DE PLINVILLE.

On ne part pas?

Mme DE PLINVILLE.

Sans doute.
La partie est remise.

Mme DE ROSELLE.

Est remise!... Comment?...
Vous riez?

Mme DE PLINVILLE.

Oui; je suis en belle humeur, vraiment!

M. DE PLINVILLE.

Mais encor, dites-moi quelle raison soudaine?...

Mme DE PLINVILLE.

Cette raison, monsieur, c'est que j'ai la migraine.

ACTE I, SCÈNE V.

Mme DE ROSELLE.

Cette migraine-là vient bien mal à propos.

Mme DE PLINVILLE, *à M. de Plinville.*

Aussi, dès le matin il trouble mon repos :
Il fait un bruit !...

M. DE PLINVILLE.

Qui ? moi ?

SCÈNE VI.

LES MÊMES, ROSE.

ROSE *accourt.*

Monsieur, mademoiselle
Va venir à l'instant.

Mme DE PLINVILLE.

On n'a pas besoin d'elle.

ROSE.

Comment ?...

Mme DE ROSELLE.

On ne part point.

ROSE.

Et le joli bateau ?
Où déjeûnera-t-on, en ce cas ?

Mme DE PLINVILLE.

Au château.

(*à madame de Roselle.*)
Venez-vous ? il s'agit d'une affaire importante :
Je reçois de Paris des étoffes...

Mme DE ROSELLE.

Ma tante...
Vous avez plus de goût...

Mme DE PLINVILLE.

Le mien est peu commun,
D'accord; mais deux avis valent toujours mieux qu'un.
Ma fille là-dessus est d'une insouciance!...
Je suis prête vingt fois à perdre patience.

M. DE PLINVILLE.

Elle fait la méchante.

Mme DE ROSELLE.

Il me semble, entre nous,
Qu'au fond, l'essentiel est le choix d'un époux.

Mme DE PLINVILLE.

J'en conviens : mais ce choix est une affaire faite ;
Et, de ce côté-là, ma fille est satisfaite.
Venez donc.

M. DE PLINVILLE.

Un moment.

Mme DE PLINVILLE.

Eh! oui, pour babiller.
Restez ici, monsieur, nous allons travailler.

Mme DE ROSELLE.

Mon oncle, dans le port faites rentrer la flotte.

SCÈNE VII.

M. DE PLINVILLE, ROSE.

M. DE PLINVILLE.

(*en riant.*)   (*à Rose.*)
Ah! la flotte! il est gai. Te voilà toute sotte!

ROSE.

J'en pleurerois.

ACTE I, SCÈNE VII.

M. DE PLINVILLE.

Ma femme a de fâcheux instants...
Heureusement, cela ne dure pas long-temps.

ROSE.

Mais cela recommence.

M. DE PLINVILLE.

Elle crie, elle gronde;
Mais c'est la femme, au fond, la meilleure du monde.

ROSE.

A cela près; pourquoi ne part-on pas, monsieur?

M. DE PLINVILLE.

Ma femme a la migraine; et l'on n'est pas d'humeur,
Quand on souffre... D'ailleurs le temps, je crois, se brouille:
Regarde.

ROSE.

Vous riez si bien lorsqu'on se mouille!
L'autre jour encore...

M. DE PLINVILLE.

Oui; mais un temps pluvieux
Nuiroit à ma santé.

ROSE.

Vous êtes beaucoup mieux,
Ce me semble, monsieur?

M. DE PLINVILLE.

Oui, vraiment, à merveille.
Je me sens chaque jour mieux portant que la veille,
Et je vois revenir les forces, l'appétit.

ROSE.

Hai... vous avez été bien malade.

M. DE PLINVILLE.

On le dit.

ROSE.

Vous en douteriez?...

M. DE PLINVILLE.

Non; mais, vois-tu, chère Rose,
D'honneur! je n'ai pas, moi, senti la moindre chose.
J'étois dans un profond et morne accablement,
Mais qui ne me faisoit souffrir aucunement.

ROSE.

Ah! ah!

M. DE PLINVILLE.

Notre machine alors est engourdie,
Et c'est un vrai sommeil que cette maladie;
Mais, en revanche aussi, que le réveil est doux!
Nous renaissons alors, et le monde avec nous.
Vous vivez par instinct; moi, je sens que j'existe.
J'éprouve une langueur, mais elle n'est point triste;
Et ma foiblesse même est une volupté
Dont on n'a pas d'idée en parfaite santé.
La santé peut paroître, à la longue, un peu fade;
Il faut, pour la sentir, avoir été malade :
Je voudrois qu'à ton tour tu pusses l'être aussi,
Et tu verrois toi-même...

ROSE.

Ah! monsieur, grand merci!
Tomber malade, moi!

M. DE PLINVILLE.

Ce seroit bien dommage.

ROSE.

Et puis, si je mourois?

M. DE PLINVILLE.

Bon! meurt-on à ton âge?
Tu me vois!...

ACTE I, SCÈNE VII.

ROSE.

Vous vivez, nous sommes tous contents ;
Mais, monsieur, je m'arrête en ce lieu trop long-temps :
Je m'en vais, de ce pas, trouver mademoiselle ;
Car le moins que je puis je me sépare d'elle.

M. DE PLINVILLE.

C'est bien fait.

(Rose sort.)

SCÈNE VIII.

M. DE PLINVILLE, *seul.*

Cette Rose est une aimable enfant ;
Elle aime sa maîtresse, oh ! mais si tendrement !
Dès sa première enfance, auprès d'elle nourrie,
On la prendroit plutôt pour une sœur chérie.
Hé bien, pour un peu d'or, voyez quelle douceur !
A ma fille je donne une amie, une sœur :
On est vraiment heureux d'être né dans l'aisance.
Je suis émerveillé de cette Providence
Qui fit naître le riche auprès de l'indigent :
L'un a besoin de bras, l'autre a besoin d'argent :
Ainsi, tout est si bien arrangé dans la vie,
Que la moitié du monde est par l'autre servie.

SCÈNE IX.

M. DE PLINVILLE, PICARD.

PICARD.

Bien arrangé pour vous ; mais, moi, j'en ai souffert.
Pourquoi ne suis-je pas de la moitié qu'on sert ?

M. DE PLINVILLE.

Parceque tu n'es point de la moitié qui paie.

PICARD.

Et pourquoi, par hasard, ne faut-il point que j'aie
De quoi payer ?

M. DE PLINVILLE.

Eh! mais, pouvions-nous être tous
Riches ?

PICARD.

Je pouvois, moi, l'être aussi bien que vous.

M. DE PLINVILLE.

Tu ne l'es pas, enfin.

PICARD.

Voilà ce qui me fâche.
Je remplis dans ce monde une pénible tâche,
Et depuis cinquante ans.

M. DE PLINVILLE.

Tu devrois, en ce cas,
Être fait au service.

PICARD.

Eh! l'on ne s'y fait pas.
Lorsque je veux rester, vous voulez que je sorte ;
Veux-je sortir, il faut que je garde la porte.
Vous êtes maître, enfin, et moi, je suis valet :

ACTE I, SCÈNE IX.

Je dois aller, venir, rester, comme il vous plaît.

M. DE PLINVILLE.

Tu n'en prends qu'à ton aise.

PICARD.

Oh!...

M. DE PLINVILLE.

L'on te considère,
Et tous mes gens ici te traitent comme un père.

PICARD.

Et je sers tout le monde.

M. DE PLINVILLE.

Eh! cela n'y fait rien :
Sois content de ton sort, ainsi que moi du mien.

PICARD.

Je n'ai point, comme vous, l'art de m'en faire accroire,
Et ne sais point voir clair quand la nuit est bien noire.

M. DE PLINVILLE.

Je suis donc bien crédule?

PICARD.

On vous vole à l'envi,
Et vous vous croyez, vous, parfaitement servi.

M. DE PLINVILLE *rit.*

En vérité?

PICARD.

Chez vous, on pille, on pleure, on gronde;
Vous trouvez tout cela le plus joli du monde.

M. DE PLINVILLE.

Mais je ne savois pas un mot de tout céci.

PICARD.

On vous battroit, enfin, vous diriez, *grand merci.*

M. DE PLINVILLE.

Le bon Picard a donc le petit mot pour rire?

8.

PICARD, *en s'en allant.*

Oui ! je suis fort plaisant !

M. DE PLINVILLE.

Tu n'as plus rien à dire !

PICARD, *enroué à force de s'être échauffé.*

Eh ! je sors.

M. DE PLINVILLE.

Où vas-tu ?

PICARD.

Du matin jusqu'au soir,
Ne faut-il pas courir ? je ne saurois m'asseoir :
Madame, à tous moments, m'envoie à ce village ;
Et... pour je ne sais quoi : dès le matin, j'enrage.

M. DE PLINVILLE.

Allons, va, mon ami.

PICARD.

Voilà bien leurs propos !
Va, mon ami ! Pour eux, ils restent en repos.

(*Il sort.*)

SCÈNE X.

M. DE PLINVILLE, *seul.*

Picard est un peu brusque, il faut que j'en convienne.
Chacun a son humeur, après tout : c'est la sienne.
Je dois quelques égards à ce vieux serviteur ;
Il m'est fort attaché, malgré son air grondeur.
Ce bon Picard est las de servir, à l'entendre ;
Et cependant au mot si je voulois le prendre,
Je l'attraperois bien : car, j'ai cela de bon,
Je suis aimé, chéri de toute ma maison.

(*Il s'arrête un moment, comme pour se recueillir.*)

Quand j'y songe, je suis bien heureux ! je suis homme,
Européen, François, Tourangeau, gentilhomme :
Je pouvois naître Turc, Limousin, paysan.
Je ne suis magistrat, guerrier ni courtisan :
Non ; mais je suis seigneur d'une lieue à la ronde ;
Le château de Plinville est le plus beau du monde.
Je suis de mes vassaux respecté comme un roi,
Adoré comme un père : il n'est autour de moi
Pas un seul pauvre, oh! non. Mes voisins me chérissent ;
Mes fermiers sont heureux, et même ils s'enrichissent.
J'ai, du moins je le crois, une agréable humeur ;
Trop ni trop peu d'esprit, et sur-tout un bon cœur.
Je suis heureux époux et père de famille :
Je n'ai point de garçons ; mais aussi quelle fille !
J'ai de bons vieux amis, des serviteurs zélés :
Je te rends grace, ô ciel ! tous mes vœux sont comblés.

SCÈNE XI.

M. DE PLINVILLE, M. DE MORINVAL.

M. DE PLINVILLE.

Ah ! bonjour, mon ami.

M. DE MORINVAL.

Bonjour, je vous salue.

M. DE PLINVILLE.

Vous venez à propos ; je passois en revue
Tous mes sujets de joie...

M. DE MORINVAL.

Et moi, tous mes chagrins.

M. DE PLINVILLE.

Je songeois comme ici mes jours sont purs, sereins.

M. DE MORINVAL.

Que ne puis-je me croire heureux comme vous faites!

M. DE PLINVILLE.

Mais il ne tient qu'à vous de le croire; vous l'êtes.

M. DE MORINVAL.

Heureux! moi? sans sujet, mes parents m'ont haï;
Par des gens que j'aimois je me suis vu trahi.

M. DE PLINVILLE.

Oubliez-les; songez à l'ami qui vous reste.

M. DE MORINVAL.

Puis-je oublier encor cet accident funeste
Qui me priva d'un frère, hélas! que j'adorois?

M. DE PLINVILLE.

Je vous en tiendrai lieu.

M. DE MORINVAL.

Puis, quatre mois après,
Je devins veuf. Dès-lors, isolé, sans famille...

M. DE PLINVILLE.

Mais, si vous n'étiez veuf, vous n'auriez pas ma fille.

M. DE MORINVAL.

Je l'avoue.

M. DE PLINVILLE.

A propos, ma nièce a desiré
Que de huit jours au moins l'hymen fût différé.

M. DE MORINVAL.

Et pourquoi donc?

M. DE PLINVILLE.

Sa sœur en ces lieux doit se rendre
Dans huit jours : je ne puis m'empêcher de l'attendre.

M. DE MORINVAL.

Mais elle ne devoit pas venir.

M. DE PLINVILLE.

Il est vrai;

Elle a changé d'avis.
M. DE MORINVAL.
Mon ami, ce délai
N'est point naturel.
M. DE PLINVILLE.
Bon!
M. DE MORINVAL.
Je crains quelque mystère.
M. DE PLINVILLE.
A l'autre!
M. DE MORINVAL.
J'ai, je crois, le malheur de déplaire
A votre nièce.
M. DE PLINVILLE.
Eh! mais, vous êtes singulier;
Ma nièce fait de vous un cas particulier.
Et d'ailleurs, il suffit que ma fille vous aime.
M. DE MORINVAL.
Mais êtes-vous bien sûr qu'Angélique elle-même?...
M. DE PLINVILLE.
Eh! puisqu'elle consent à vous donner sa main...
M. DE MORINVAL.
J'ai peur qu'elle ne forme à regret cet hymen.
M. DE PLINVILLE.
Vos frayeurs, entre nous, ne sont pas raisonnables.
M. DE MORINVAL.
Si fait : je ne suis point de ces gens fort aimables :
Je ne suis plus très jeune.
M. DE PLINVILLE.
Avez-vous cinquante ans?
M. DE MORINVAL.
Non, pas encor.

M. DE PLINVILLE.

Hé bien, ce n'est plus le printemps,
Mais ce n'est pas l'hiver. Ma fille est douce et sage ;
Elle aimera bien mieux un époux de votre âge.

M. DE MORINVAL.

Je ne sais :... cependant elle me parle peu.

M. DE PLINVILLE.

Elle n'est point parleuse, et j'en rends grace à Dieu.

M. DE MORINVAL.

Je ne lui trouve pas cet air satisfait, tendre...

M. DE PLINVILLE.

Écoutez ; à notre âge, il ne faut pas s'attendre
A des transports d'amour...

M. DE MORINVAL.

Non, mais...

M. DE PLINVILLE.

Vous lui plaisez,
Vous avez son estime : hé bien, vous l'épousez.
Je vais vous confier le bonheur de ma fille,
Et nous ne ferons plus qu'une seule famille.
Déja depuis long-temps nous étions bons amis,
Séparés par l'humeur, par le cœur réunis.
Vous me grondez toujours, et toujours je vous aime.
Vous me convenez fort, je vous conviens de même.
Vous avez, comme moi, naissance, bien, santé :
Il ne vous manque plus qu'un peu de ma gaieté ;
Mais c'est un beau secret que vous allez apprendre :
On doit devenir gai, quand on devient mon gendre.

(*Il prend Morinval sous le bras, et sort avec lui.*)

FIN DU PREMIER ACTE.

ACTE SECOND.

SCÈNE I.

M. BELFORT, *seul*.

Que mon sort est cruel! Que de maux j'ai soufferts!
L'avenir m'en prépare encor de plus amers.
Non, je ne puis jamais être heureux ni tranquille.
Ah! je devrois quitter ce dangereux asile;
Je le veux, et pourtant j'y reste malgré moi.
(*Il rêve.*)

SCÈNE XII.

Mme DE ROSELLE, M. BELFORT (1).

Mme DE ROSELLE, *de loin, à part*.
Il doit être en ces lieux. Oui, c'est lui que je vois;
Profitons du moment. Avec un peu d'adresse,
De ses secrets bientôt je me rendrai maîtresse.
A son âge, on est franc, facile à pénétrer.
(*haut, à Belfort.*)
Ah! je n'espérois pas ici vous rencontrer,
Monsieur Belfort.

M. BELFORT.
Madame!...

---

[1] Cette scène est de mon ami Andrieux. (Voyez la préface de *l'Optimiste*.

Mme DE ROSELLE.

Excusez, je vous prie;
Je trouble quelque douce et tendre rêverie.

M. BELFORT.

Vous m'honorez beaucoup, en daignant la troubler.

Mme DE ROSELLE.

Moi, je serai fort aise aussi de vous parler.
Soyez persuadé qu'à vous je m'intéresse:
Je vous crois l'ame honnête et pleine de noblesse.
Vous avez de l'esprit.

M. BELFORT.

Ah! madame!

Mme DE ROSELLE.

Je veux
Que nous fassions ici connoissance tous deux.

M. BELFORT.

Madame, un tel discours et me flatte et m'oblige.

Mme DE ROSELLE.

Oui, je veux tout-à-fait vous connoître, vous dis-je.
Vous pouvez me parler sans nul déguisement.
Que faites-vous ici? répondez franchement.

M. BELFORT.

Moi? j'y suis secrétaire, et fort content de l'être.

Mme DE ROSELLE.

Voilà tout?

M. BELFORT.

Voilà tout.

Mme DE ROSELLE.

Vous êtes bien le maître
De ne pas m'avouer, monsieur, tous vos secrets:
Mais, tenez, je les sais, ou du moins à-peu-près.

ACTE II, SCÈNE II.

M. BELFORT.

Que savez-vous?

Mme DE ROSELLE.

En vain vous voudriez me taire
Que vous n'êtes point fait pour être secrétaire.

M. BELFORT.

Sur quoi le jugez-vous?

Mme DE ROSELLE.

C'est que j'ai de bons yeux,
Le talent d'observer, et l'esprit curieux.
Un geste, un seul regard en dit plus qu'on ne pense.
Et puis, quelqu'un peut-être a votre confidence:
On auroit pu savoir par des gens bien instruits...

M. BELFORT.

Oh! non : je réponds bien qu'on ignore où je suis.
Mon père, dans le monde, est le seul qui le sache:

Mme DE ROSELLE.

Oui? j'avois donc raison. Ici monsieur se cache:
Vous allez admirer ma pénétration.
Vous êtes, je le vois, né de condition.

M. BELFORT.

Qui peut vous avoir dit?... Quelle surprise extrême!

Mme DE ROSELLE.

Faut-il vous raconter votre histoire à vous-même?
Votre nom de Belfort est un nom supposé.

M. BELFORT.

Vous le savez?

Mme DE ROSELLE.

Ici, vous êtes déguisé.

M. BELFORT.

Déguisé? point du tout.

Mme DE ROSELLE.

Par quelle fantaisie
Avez-vous accepté cet emploi, je vous prie?

M. BELFORT.

Mais, par nécessité.

Mme DE ROSELLE.

Vous plaisantez, comment?
Votre père a du bien?

M. BELFORT.

Oh! non, certainement.
Il en avoit jadis; mais un revers funeste...

Mme DE ROSELLE.

Allons: dispensez-moi de vous conter le reste.
Vous voyez que je sais votre histoire assez bien.

M. BELFORT.

Je vois que vous savez très peu de chose, ou rien.

Mme DE ROSELLE.

Oui dà! vous me piquez. Hé bien, voulez-vous faire
Entre nous un accord qui ne peut vous déplaire?
Je vais vous dire encor quelque chose en secret:
Si je me trompe, à vous permis d'être discret;
Vous ne m'avouerez rien. Mais si, par aventure,
Je ne vous dis ici que la vérité pure,
Alors, promettez-moi de ne me rien cacher:
Il faut y consentir, ou vous m'allez fâcher.

M. BELFORT.

Eh bien, j'en cours le risque, et j'y consens, madame.

Mme DE ROSELLE.

Voici donc mon secret : c'est qu'au fond de votre ame
Vous aimez ma cousine, et que vous combattez
En vain un sentiment...

ACTE II, SCÈNE II.

M. BELFORT.

Ah! madame, arrêtez :
Comment avez-vous pu deviner que je l'aime,
Tandis que je voulois le cacher à moi-même?

Mme DE ROSELLE.

C'est donc là le moyen de vous faire parler?
J'en étois sûre.

M. BELFORT.

Ah! Dieu! vous me faites trembler.
Ce secret qu'en mon cœur vous venez de surprendre,
Gardez-le-moi, du moins. Je vais tout vous apprendre,
Madame; vos bontés ont su m'encourager :
Vous lirez dans mon cœur, et vous m'allez juger.
Vos conseils guideront mon inexpérience,
Ne vous offensez pas de tant de confiance.

Mme DE ROSELLE.

M'en offenser, monsieur! moi qui veux l'obtenir?
Non, en me l'accordant, vous me ferez plaisir.
Mais quoi! si vous voulez qu'en ceci je vous serve,
Il faudra me parler franchement, sans réserve.
On vous nomme?

M. BELFORT.

Dormeuil.

Mme DE ROSELLE.

Dormeuil! eh! mais, je crois
Que nous avons beaucoup de Dormeuil en Artois.

M. BELFORT.

J'en suis.

Mme DE ROSELLE.

Bon! en ce cas, je connois votre père,
Je l'ai vu fort souvent. C'est un bon militaire,
Fort estimé, rempli de courage et d'honneur;

Mais il aime le jeu, dit-on, à la fureur;
Et cette passion, aujourd'hui trop commune,
A dérangé, je crois, tout-à-fait sa fortune.

M. BELFORT.

Il est vrai : vous savez d'où vient tout mon malheur;
Un père que j'adore en est le seul auteur.
Je sais qu'il m'aime, au fond, et je lui rends justice.
Il m'avoit, jeune encor, fait entrer au service;
Mais, privé de secours, y pouvois-je rester?
Manquant de tout, madame, il m'a fallu quitter;
J'ai fui. J'ai cru devoir, honteux de ma misère,
Déguiser ma naissance et le nom de mon père :
Je vins ici ; mon cœur y perdit son repos,
Et c'est là le dernier, le plus grand de mes maux.

Mme DE ROSELLE.

A ma jeune cousine avez-vous fait connoître
Votre amour?

M. BELFORT.

Ah! jamais. Moi, le laisser paroître!
Hasarder un aveu! j'étois loin d'y penser;
A la fuir dès long-temps j'aurois dû me forcer.
Souvent j'allois partir; un charme involontaire
M'a retenu près d'elle : au moins j'ai su me taire;
Trop heureux de songer, quand je vois sa froideur,
Que je n'ai pas troublé sa paix et son bonheur!
Mais on vient : c'est monsieur. Il faut que je l'évite,
Il pourroit voir mon trouble.

Mme DE ROSELLE.

Eh quoi! partir si vite?

(*Il va pour sortir.*)

SCÈNE III.

M. BELFORT, M. DE PLINVILLE, Mme DE ROSELLE.

M. DE PLINVILLE, *à M. Belfort.*

Bon! vous vous retirez en me voyant? pourquoi?
Eh mais, ne faites point d'attention à moi.
Du matin jusqu'au soir, je viens, je me promène;
Vers ce lieu-ci, sur-tout, un penchant me ramène.

Mme DE ROSELLE.

J'y viens souvent aussi. C'est un joli berceau,
Solitaire, et pourtant très voisin du château.

M. DE PLINVILLE.

Vous-même, cher Belfort, c'est ici, ce me semble,
Que vous et votre élève étudiez ensemble?

M. BELFORT.

Oui, monsieur, très souvent.

M. DE PLINVILLE.

                      Et vous avez raison.
Voici, je crois, bientôt l'heure de la leçon.
  (*à madame de Roselle.*)
Angélique est savante; elle lit les poëtes.
  (*à M. Belfort.*)
Moi, je l'ai toujours dit : jeune comme vous l'êtes,
On enseigne bien mieux; rien n'est plus naturel.
Vous êtes, sans mentir, un bien heureux mortel!
Vous avez pour élève une jeune personne,
J'ose le dire, aimable, aussi belle que bonne.
Vous habitez, d'ailleurs, le plus charmant pays!...
Je vous traite aussi bien qu'on traiteroit un fils.

Il est aisé de voir que ma femme vous aime;
Chacun en fait autant; et ma fille elle-même,
Quand on parle de vous...
>M. BELFORT, *très ému.*

Elle me fait honneur,
Monsieur... assurément... je sens tout mon bonheur.
Je ne puis exprimer... Pardon, je me retire.
>M. DE PLINVILLE.

Allez, j'entends fort bien ce que cela veut dire.
>Mme DE ROSELLE, *à part.*

Ah! mon cher oncle, moi, je l'entends mieux que vous.

SCÈNE IV.

M. DE PLINVILLE, Mme DE ROSELLE.

>M. DE PLINVILLE.

Intéressant jeune homme! il s'éloigne de nous
Tout pénétré de joie et de reconnoissance.
Je suis charmé d'avoir fait cette connoissance.
>Mme DE ROSELLE.

De sa réception on m'a fait le récit :
Il est plaisant.
>M. DE PLINVILLE.

Toujours cela me réussit.
Je suis, sans me vanter, bon physionomiste;
Et je ne pense pas que, depuis que j'existe...
>Mme DE ROSELLE.

Vous prîtes cependant un laquais, l'an passé;
Pour vol, presqu'aussitôt, ma tante l'a chassé.
Vous aimiez, m'a-t-on dit, sa physionomie.

ACTE II, SCÈNE IV.

M. DE PLINVILLE.

Oh! l'on peut se tromper une fois en sa vie;
Mais tu vois, sur Belfort si je me suis trompé!
Dès le premier abord sa candeur m'a frappé.

Mme DE ROSELLE.

Oui, moi-même, en effet, dès la première vue,
Son air modeste et franc pour lui m'a prévenue,
J'en conviens.

M. DE PLINVILLE.

Je le crois : il suffit de le voir.

Mme DE ROSELLE.

Mais, entre nous, pourtant, j'aurois voulu savoir...

M. DE PLINVILLE.

Savoir? quoi?

Mme DE ROSELLE.

M'informer...

M. DE PLINVILLE.

Si Belfort est honnête?
Me préserve le ciel d'une pareille enquête!
Loin de moi les soupçons et les certificats;
Cela répugne trop à des cœurs délicats.
Le charme de la vie est dans la confiance :
J'en ai fait, mille fois, la douce expérience;
Chaque jour je l'éprouve au sujet de Belfort.
Va, les honnêtes gens se connoissent d'abord.
Un certain... ou plutôt, veux-tu que je te dise?
Je crois fort, et toujours ce fut là ma devise,
Que les hommes sont tous, oui, tous, honnêtes, bons.
On dit qu'il est beaucoup de méchants, de fripons;
Je n'en crois rien : je veux qu'il s'en trouve peut-être
Un ou deux; mais ils sont aisés à reconnoître.
Et puis, j'aime bien mieux, je le dis sans détours,

Être une fois trompé, que de craindre toujours.

Mme DE ROSELLE.

Eh! qui de vous tromper pourroit être capable?
Vous êtes pour cela trop bon et trop aimable.
Je me sens attendrie; il semble, auprès de vous,
Que je respire un air et plus calme et plus doux.
Mais quelqu'un vient, je crois.

M. DE PLINVILLE *regarde.*

C'est ma chère Angélique.

Mme DE ROSELLE.

Voyez, n'est-elle pas sombre, mélancolique?

M. DE PLINVILLE.

Non; ma fille toujours a l'esprit occupé:
Elle pense à l'anglois, ou je suis bien trompé.

Mme DE ROSELLE.

Elle marche à pas lents.

M. DE PLINVILLE.

Oui, sa démarche est sage.
Quelle aimable candeur brille sur son visage!

Mme DE ROSELLE.

Elle ne nous voit pas.

M. DE PLINVILLE.

Oh! ce bois est charmant!
Nous allons, nous venons, sans nous voir seulement.

SCÈNE V.

Mme DE ROSELLE, M. DE PLINVILLE,
ANGÉLIQUE.

(*Angélique vient sur le théâtre, et rêve, sans voir son père ni sa cousine.*)

M. DE PLINVILLE *s'avance doucement derrière elle.*
Angélique ! Angélique !

ANGÉLIQUE.

Ah ! mon père ! ah ! madame !

M. DE PLINVILLE.
Ce cri-là m'est allé jusques au fond de l'ame.

Mme DE ROSELLE.
Bonjour, mon cœur.

M. DE PLINVILLE.

Bonjour. Quel teint frais et vermeil !

ANGÉLIQUE.
J'ai cependant dormi d'un très léger sommeil.

M. DE PLINVILLE.
Léger, mais calme et doux, celui de l'innocence.
C'est aussi le sommeil de la convalescence.
Mais je suis un peu las : depuis le déjeûné,
Je cours. Asseyons-nous.

(*Il s'assied.*)

SCÈNE VI.

Mme DE ROSELLE, M. DE PLINVILLE, ANGÉLIQUE, Mme DE PLINVILLE.

Mme DE PLINVILLE.
          Je l'avois deviné.
Ce bosquet deviendra salon de compagnie.
Et moi, je reste seule : avec moi, l'on s'ennuie.
Mme DE ROSELLE.
A la campagne, on peut quelquefois se quitter.
Mme DE PLINVILLE.
Fort bien. Mais vous, monsieur, allez donc visiter
Vos ouvriers.
M. DE PLINVILLE.
          J'y vais. J'aurois été bien aise
De rester ; mais, pour peu que cela te déplaise,
Je pars. Puis, j'aime à voir ces pauvres malheureux
Travailler en chantant. Je raisonne avec eux.
Mme DE PLINVILLE.
Et vous les dérangez.
M. DE PLINVILLE.
          Voyez le grand dommage !
Cela les désennuie : ils font assez d'ouvrage.
Mme DE PLINVILLE.
Mais allez donc, enfin.
M. DE PLINVILLE.
          Eh ! calme-toi, bon Dieu !
Ce ton-là, tu le sais, m'épouvante fort peu :
Si je cède souvent, va, ce n'est pas, ma chère,
Que je te craigne ; oh ! non ! c'est que j'aime à te plaire.

Mme DE ROSELLE.

Eh! nous le savons bien.

(*Il s'en va, se retourne, envoie un baiser à sa femme, sourit à sa nièce et à sa fille, et sort gaiement.*)

SCÈNE VII.

Mme DE ROSELLE, Mme DE PLINVILLE, ANGÉLIQUE.

Mme DE PLINVILLE.

C'est un cœur excellent :
Mais, si quelqu'un ici n'avoit pas le talent....

Mme DE ROSELLE.

Vous l'avez ; car à tout ma tante sait suffire.
C'est un coup-d'œil ! un tact!... Pour moi, je vous admire.
Mais j'aime bien mon oncle, il est si gai !

Mme DE PLINVILLE.

Fort bien.
Mais cette gaîté-là, pourtant, n'est bonne à rien.

Mme DE ROSELLE.

Elle est bonne pour lui, du moins.

Mme DE PLINVILLE.

Le beau mérite !
Cette indulgence enfin, sa vertu favorite,
Fait que tout va de mal en pis dans sa maison :
Trouver tout bien, ainsi, sans rime ni raison,
C'est ne penser qu'à soi.

Mme DE ROSELLE.

Bon !

Mme DE PLINVILLE.

Un tel optimisme,

A parler franchement, ressemble à l'égoïsme.

Mme DE ROSELLE.

Égoïsme? mon oncle un égoïste, ô ciel!
Il a, je vous l'avoue, un heureux naturel:
Mais s'il prend très souvent ses maux en patience,
Même gaîment; a-t-il la même insouciance,
Quand il s'agit des maux et des revers d'autrui?
Quel est le pauvre enfin qui n'ait un père en lui?
Je conçois, en effet, que mon oncle, à la ronde
Faisant autant d'heureux, croie heureux tout le monde.

(*regardant Angélique avec intérêt.*)

Il peut bien se tromper sur le choix des moyens
D'assurer son bonheur et le bonheur des siens :
Mais son intention est toujours droite et pure;
Et je souhaiterois à tel qui le censure,
Et la même franchise et la même bonté.

Mme DE PLINVILLE.

Eh mais, quelle chaleur! Il semble, en vérité!...

Mme DE ROSELLE.

Que du nom d'*optimiste* en riant on le nomme;
Mais qu'on dise que c'est un honnête, un digne homme.

Mme DE PLINVILLE.

Qui vous dit le contraire?

ANGÉLIQUE.

Oh! personne; mais quoi!
L'entendre ainsi louer, est un plaisir pour moi,
Je ne m'en défends pas.

Mme DE PLINVILLE.

Fort bien, mademoiselle.
Mais la leçon d'anglois, quand commencera-t-elle?

ANGÉLIQUE.

Je croyois rencontrer monsieur Belfort ici.

Mme DE PLINVILLE.

Eh bien, de son côté, Belfort vous cherche aussi.

ANGÉLIQUE *voulant sortir*.

Je vais....

Mme DE PLINVILLE.

Où? le chercher au bout de l'avenue?
Perdez tout votre temps en allée et venue!
Je retourne au château; je vais vous l'envoyer.
Attendez-le, et songez à bien étudier.
Car vous vous mariez dans quelques jours peut-être :
Il faudra bien qu'alors vous vous passiez de maître.

(*Elle sort.*)

SCÈNE VIII.

Mme DE ROSELLE, ANGÉLIQUE.

Mme DE ROSELLE.

Je vous possède donc pour un petit moment.
On ne peut vous parler, ni vous voir seulement.
Il semble, en vérité, que vous fuyiez ma vue :
C'est cependant pour vous qu'ici je suis venue.

ANGÉLIQUE.

D'un tel empressement mon cœur est pénétré.

Mme DE ROSELLE.

En ce cas, prouvez-moi que vous m'en savez gré.
De ma jeune cousine on me vantoit sans cesse
L'enjouement, la beauté, la grace, la finesse.
Je trouve bien l'esprit, la grace, les appas ;
Mais, quant à l'enjouement, je ne le trouve pas.

ANGÉLIQUE.

Vous me flattez. Pour moi, s'il faut que je le dise,
Plus agréablement je fus d'abord surprise;

Car tout ce que je vois est encore au-dessus...

Mme DE ROSELLE.

Ne me louez pas tant, et riez un peu plus.
Faut-il donc vous prier d'être gaie, à votre âge,
Sur-tout quatre ou cinq jours avant le mariage ?
Le mari dont pour vous vos parents ont fait choix
Mérite votre amour, ou du moins je le crois.

ANGÉLIQUE.

Il est fort estimable.

Mme DE ROSELLE.

Oh! tout-à-fait, ma chère.
Et vous formez ces nœuds avec plaisir, j'espère.

ANGÉLIQUE.

Avec plaisir, madame? oui, c'en est un pour moi
De contenter mon père; il engage ma foi,
Me donne à son ami : j'obéis sans murmure.

Mme DE ROSELLE.

Vous serez très heureuse avec lui, j'en suis sûre.
(à part.)
Pauvre enfant! Ne laissons point faire cet hymen.
Mais j'aperçois Belfort. Suivons notre examen :
Sachons si, par hasard, ils sont d'intelligence.

SCÈNE IX.

Mme DE ROSELLE, ANGÉLIQUE, M. BELFORT.

Mme DE ROSELLE.

On pourroit vous gronder d'un peu de négligence.
On vous attend ici depuis long-temps....

M. BELFORT.

Pardon.

J'ai peut-être manqué l'heure de la leçon :
Mais c'est que j'ai cherché long-temps mademoiselle.

ANGÉLIQUE.

Point d'excuse, monsieur. Je connois votre zéle.

Mme DE ROSELLE.

Avez-vous un livre?

M. BELFORT.

Oui; j'ai là Milton.

Mme DE ROSELLE.

Eh bien
Commencez la leçon. Que je n'empêche rien.
(*à part.*)
Je vais les observer.

ANGÉLIQUE.

Mais...

Mme DE ROSELLE.

Commencez, de grace.
Je n'entends point l'anglois; mais j'ai sur moi le Tasse.
Je vais lire à deux pas. Allons, point de façon.
(*Elle se retire, mais ne va pas loin; et pendant la scène suivante, paroît de temps en temps à travers le feuillage.*)

SCÈNE X.

ANGÉLIQUE, M. BELFORT.

(*Ils restent un moment sans rien dire.*)

ANGÉLIQUE.

Je vais mettre à profit, monsieur, cette leçon;
Car... que sais-je?... peut-être est-elle la dernière.

M. BELFORT.

Vous croyez?...

ANGÉLIQUE.

Je le crains, monsieur. Votre écolière
Auroit encor besoin de vos leçons, je croi.

M. BELFORT.

Monsieur de Morinval sait l'anglois mieux que moi,
Et....

ANGÉLIQUE.

Je ne doute point du tout de sa science;
Mais je doute qu'il ait autant de patience.

M. BELFORT.

Croyez qu'auprès de vous on n'en a pas besoin.
Sans doute, avec plaisir, il va prendre ce soin :
Puis il parle la langue, il arrive de Londre;
Et c'est un avantage...

ANGÉLIQUE.

Oh! je puis vous répondre
Que je n'apprendrai point à prononcer l'anglois;
L'entendre bien, voilà tout ce que je voulois.

M. BELFORT.

Mais vous en êtes là : car enfin il me semble
Que vous l'entendez...

ANGÉLIQUE.

Oui, quand nous lisons ensemble.
Graces à vous, monsieur, je suis prompte à saisir;
Vous enseignez si bien!

M. BELFORT.

J'enseigne avec plaisir,
Du moins : il est aisé d'instruire une personne
Qui profite si bien des leçons qu'on lui donne!

ACTE II, SCÈNE X.

ANGÉLIQUE.

Vous trouvez donc, vraiment, que je fais des progrès?

M. BELFORT.

Ah! beaucoup.

ANGÉLIQUE.

Cette étude a pour moi des attraits,
Monsieur: j'ai tout de suite aimé la langue angloise.

M. BELFORT.

Je ne suis point du tout surpris qu'elle vous plaise,
Mademoiselle: il est des Angloises à vous
Un tel rapport d'humeur, de sentiments, de goûts!

ANGÉLIQUE.

Vous croyez?...

M. BELFORT.

Vous avez beaucoup de leurs manières.
Elles sont nobles, même elles sont un peu fières;
Elles parlent très peu, mais parlent à propos,
Ne médisent jamais; et dans leurs moindres mots,
On voit régner toujours une sage réserve.
Voilà leur caractère; et plus je vous observe,
Plus je crois voir qu'au vôtre il ressemble en tout point.

ANGÉLIQUE.

Je le souhaite, mais je ne m'en flatte point.

M. BELFORT.

Hé bien, je trouve encore une autre ressemblance.
Oui, d'elles vous avez jusqu'à l'indifférence...
Ah! pardon, je n'ai pas dessein de vous blâmer:
C'est sans doute un bonheur que de ne point aimer.
Mais vous leur ressemblez en cela davantage.
Car enfin, chacun sait qu'elles ont en partage
Un calme, une froideur... et peut-être un dédain
Qui sait les préserver...

ANGÉLIQUE.

Oui, d'un penchant soudain.
Mais elles ne sont pas toujours aussi paisibles.
Souvent ces dehors froids cachent des cœurs sensibles,
Où l'amour, en effet, entre d'un pas plus lent,
Mais tôt ou tard allume un feu plus violent...
Nous avons vu cela, monsieur, dans nos lectures.

M. BELFORT.

Oui, nous en avons lu d'assez belles peintures :
Mademoiselle lit avec goût, avec fruit.

ANGÉLIQUE.

Nous oublions, je crois, la leçon : le temps fuit.

SCÈNE XI.

ANGÉLIQUE, Mme DE ROSELLE, M. BELFORT.

Mme DE ROSELLE.

Hé bien, notre écolière est-elle un peu savante?

M. BELFORT.

Tout-à-fait.

Mme DE ROSELLE, *sans trop d'affectation.*

La lecture étoit intéressante.
Vous êtes attendrie, et votre maître aussi.
Ce Milton quelquefois est touchant. Mais voici
Rose...

SCÈNE XII.

Les mêmes, ROSE.

(Nota. *Que dans la scène précédente, on a dû obscurcir le théâtre, pour annoncer l'orage.*)

ROSE.

Eh mais, venez donc. Il va faire un orage
Terrible.

ANGÉLIQUE.

Un orage ?

ROSE.

Oui. Voyez ce gros nuage.

ANGÉLIQUE.

En effet, je n'avois pas fait attention....

Mme DE ROSELLE, *finement, mais toujours sans affectation.*

Il est vrai, quelquefois la conversation
Nous occupe si fort !

ROSE.

Allons-nous-en bien vite.

Mme DE ROSELLE.

Elle a raison.

ROSE.

N'ayez pas peur que je vous quitte.
Mais j'aperçois monsieur, ah ! j'ai moins de frayeur.

SCÈNE XIII.

Les mêmes, M. DE PLINVILLE.

M. BELFORT.

Le ciel est tout en feu.
   M. DE PLINVILLE.
      Quel spectacle enchanteur !
Je vais de ce tableau jouir tout à mon aise.
   Mme DE ROSELLE.
Mais comment se peut-il que ce tableau vous plaise ?
   ROSE.
Ah ! monsieur ! sauvons-nous.
   M. DE PLINVILLE.
      Allons, Rose, du cœur.
Auprès de moi, jamais, peux-tu craindre un malheur !
  (*Un coup de tonnerre épouvantable.*)
   TOUTES LES FEMMES.
Ah ! Dieu !
   M. BELFORT.
  Quel bruit affreux !
   M. DE PLINVILLE.
     Le beau coup ! il m'enflamme,
Vers la Divinité cela m'élève l'ame.
   ANGÉLIQUE.
Sans doute, il est tombé tout près d'ici.
   M. DE PLINVILLE.
       Non, non.
Le tonnerre jamais ne tombe en ce canton.
La grêle dans nos champs ne fait point de ravages ;
La rivière jamais n'inonde nos rivages.

Mme DE ROSELLE.

C'est vraiment un pays rare que celui-ci.

SCÈNE XIV.

LES MÊMES, M. DE MORINVAL.

M. DE MORINVAL.

Voyons, trouverez-vous du bonheur à ceci ?
Le tonnerre est tombé...

M. DE PLINVILLE.

Bon ! où donc ?

M. DE MORINVAL.

Sur la grange.
Elle est en feu.

M. BELFORT.

J'y cours.

(*Il sort.*)

M. DE PLINVILLE.

Je respire.

M. DE MORINVAL.

Qu'entends-je !
Vous vous réjouirez encor de ce fléau ?

M. DE PLINVILLE.

Pourquoi non ? il pouvoit tomber sur le château (1).

(*Ils sortent tous.*)

1 Quoique ce trait ait toujours paru faire plaisir, je n'en ai jamais été très content. Je regrette de n'avoir pas connu plus tôt l'excellent roman de Goldsmith (le Ministre de Wakefield). J'aurois pu faire usage d'un passage, où il est question aussi d'incendie, mais où l'optimiste Primerose est bien supérieur au mien. Il craint quelque temps pour ses enfants, s'agite, se dévoue, les sauve enfin ; et voyant d'un

côté sa femme et ses enfants hors de danger, et de l'autre sa maison en proie aux flammes, il s'écrie : « Tu peux brûler ! ô ma maison ! « j'ai sauvé les meubles les plus précieux. » Qui ne sent l'énorme différence qu'il y a entre ce trait sublime, et une saillie qui fait rire seulement ?

FIN DU SECOND ACTE.

ACTE TROISIÈME.

SCÈNE I.

M. DE PLINVILLE, ROSE.

M. DE PLINVILLE.
Le soleil reparoît. L'herbe est déja plus verte;
Chaque fleur se ranime, et la terre entr'ouverte
Exhale un doux parfum. N'est-il pas vrai qu'on sent...
Un calme..., une fraîcheur..., un charme ravissant?
Car il en est de nous ainsi que d'une plante.
O que voilà, ma chère, une pluie excellente!
Nous avions grand besoin de cet orage-ci.

ROSE.
Mais la grange est détruite.

M. DE PLINVILLE.
                        Il est vrai, mais aussi
J'ai sauvé l'écurie : elle étoit presque neuve.
Je le dois à Belfort. J'avois plus d'une preuve
De son bon cœur; mais quoi! c'est un brave, vraiment.
As-tu vu comme il s'est exposé hardiment?

ROSE.
Je le crois bien. Aussi s'est-il blessé.

M. DE PLINVILLE.
                                  Quoi, Rose?

ROSE.
Il s'est brûlé la main.

M. DE PLINVILLE.

Je sais, c'est peu de chose.

ROSE.

Peu de chose?

M. DE PLINVILLE.

Il m'a dit que cela n'étoit rien.

ROSE.

Il me l'a dit aussi; mais moi, je voyois bien
Qu'il souffroit, et beaucoup; car, à cette nouvelle,
J'étois vite accourue avec mademoiselle.
Nous le voyions auprès de monsieur Morinval.
Il ne s'occupoit pas seulement de son mal.
« Sur votre main, monsieur, lui dis-je, il faudroit mettre
« Quelque chose : je vais, si vous voulez permettre... »
« Bien obligé, dit-il, il n'en est pas besoin. »
« Oh! dis-je, avec plaisir je vais prendre ce soin. »
Il me donne sa main; ma maîtresse déchire
Un mouchoir, en tremblant : lui, paroissoit sourire,
Regardoit, tour-à-tour, mademoiselle et moi:
J'en suis encore émue, et je ne sais pourquoi.

M. DE PLINVILLE.

Tu m'enchantes : l'aimable et douce créature!

ROSE.

Il se faut entr'aider; c'est la loi de nature.
Dans La Fontaine, hier, je lisois ce vers-là.

M. DE PLINVILLE.

Vous lisez La Fontaine?

ROSE.

Eh oui, je sais déja
Douze fables au moins : cela s'apprend sans peine.
J'ai mon livre à la main, lorsque je me proméne.

M. DE PLINVILLE.

Bien.

ROSE.
C'est monsieur Belfort qui m'en a fait présent.
Il me fait réciter : il est si complaisant!
M. DE PLINVILLE.
D'avoir un pareil maître Angélique est charmée?
ROSE.
Oh! oui. C'est bien dommage : on est accoutumée....
Ce mariage-là va nous contrarier.
M. DE PLINVILLE.
Que veux-tu, mon enfant? il faut se marier.

SCÈNE II.

M. DE PLINVILLE, Mme DE PLINVILLE, ROSE.

Mme DE PLINVILLE.
A quoi s'amuse-t-elle? à babiller?
ROSE.
J'arrive.
Mme DE PLINVILLE.
Partez, allez ranger. Sur-tout, soyez moins vive.
ROSE.
Pardon.
Mme DE PLINVILLE.
Qu'attendez-vous? partez donc.
ROSE.
Je m'en vais.
Mademoiselle, au moins, ne me gronde jamais.
(*Elle sort.*)

SCÈNE III.

M. DE PLINVILLE, Mme DE PLINVILLE.

M. DE PLINVILLE.
Je suis vraiment fâché, quand je vois qu'on la gronde;
Car je l'aime beaucoup.

Mme DE PLINVILLE.
Vous aimez tout le monde.

M. DE PLINVILLE.
Rien n'est plus naturel. Hé bien, parlons du feu.
Il est éteint.

Mme DE PLINVILLE.
Enfin!

M. DE PLINVILLE.
En peu de temps, parbleu!
On s'en est rendu maître. Il n'a duré qu'une heure.
On l'a mené!...

Mme DE PLINVILLE.
Riez!

M. DE PLINVILLE.
Voulez-vous que je pleure?

Mme DE PLINVILLE.
Je sais bien que jamais vous n'avez de chagrin.

M. DE PLINVILLE.
Eh! tant mieux.

Mme DE PLINVILLE.
A lui voir ce visage serein,
On croiroit qu'il s'agit de la grange d'un autre!

M. DE PLINVILLE.
J'aime mieux que le feu soit tombé sur la nôtre.

Pour tout autre, ce coup eût été plus fatal :
Nous sommes en état de supporter le mal.
Mme DE PLINVILLE.
Vous êtes, sans mentir, un homme bien étrange!
M. DE PLINVILLE.
Eh! de quoi s'agit-il, après tout? d'une grange.
Hé bien, ma chère amie, on la rebâtira.
J'ai du bois en réserve, et l'on s'en servira.
Je n'ai pas fait bâtir depuis long-temps, je pense.
Mme DE PLINVILLE.
Vous ne cherchez qu'à faire ici de la dépense.
M. DE PLINVILLE.
Les pauvres ouvriers y gagneront. Enfin,
Sans de tels accidents, beaucoup mourroient de faim.
Eh! ne faut-il donc pas que tout le monde vive?
Mme DE PLINVILLE.
Oui, mais en nourrissant les autres, il arrive
Qu'on se ruine.
M. DE PLINVILLE.
Bon! l'on a toujours assez.
Et les cent mille écus qu'à Paris j'ai laissés?
Mme DE PLINVILLE.
Vous avez mal choisi votre dépositaire.
Que ne les placiez-vous plutôt chez un notaire?
M. DE PLINVILLE.
Un notaire, crois-moi, ne vaut pas un ami.
Dorval, assurément, ne s'est point endormi.
Il devoit me placer, comme il faut, cette somme.
Mme DE PLINVILLE.
Mais êtes-vous bien sûr qu'il soit un honnête homme?
M. DE PLINVILLE.
Honnête homme? Dorval!...

M. DE PLINVILLE.

Je sais qu'il joue.

M. DE PLINVILLE.

Un peu.

Mme DE PLINVILLE.

Beaucoup : c'est un joueur.

M. DE PLINVILLE.

Il est heureux au jeu.

Mme DE PLINVILLE.

La rente cependant ne vient point.

M. DE PLINVILLE.

Oh! j'espère...

Mme DE PLINVILLE.

Vous espérez toujours!

SCÈNE IV.

ANGÉLIQUE, M. et Mme DE PLINVILLE.

M. DE PLINVILLE, *à Angélique.*

Ah! te voilà, ma chère ;
Hé bien, es-tu remise un peu de ta frayeur?

ANGÉLIQUE.

Oui ; je craignois encore un bien plus grand malheur.

M. DE PLINVILLE.

Çà, puisque le hasard tous les trois nous rassemble,
Profitons-en : parlons de mariage ensemble.

Mme DE PLINVILLE.

Au lieu d'en parler, moi, je vais tout préparer.
Ce n'est pas tout : il faut promptement réparer
Le tort qu'a fait le feu. Ce soin-là me regarde ;
Car à tous ces détails vous ne prenez pas garde.

Voilà la flamme éteinte, et vous croyez tout dit.
Quel homme!

(*Elle sort en haussant les épaules.*)

SCÈNE V.

ANGÉLIQUE, M. DE PLINVILLE.

M. DE PLINVILLE.

Son humeur vraiment me divertit.
Dans un ménage, il faut de petites querelles.
Tu m'en diras bientôt toi-même des nouvelles.

ANGÉLIQUE.

Je vais donc vous quitter?

M. DE PLINVILLE.

J'en ai bien du regret;
Mais enfin....

ANGÉLIQUE.

Jour et nuit, j'en gémis en secret.

M. DE PLINVILLE.

Je le crois aisément : je connois ta tendresse.

ANGÉLIQUE, *serrant affectueusement la main de son père.*

Mon père!...

M. DE PLINVILLE.

Aimable enfant! Comme elle me caresse!
Délicieux transport! ah! viens, viens dans mes bras.

ANGÉLIQUE.

M'aimez-vous?

M. DE PLINVILLE.

Si je t'aime? eh! tu n'en doutes pas,
Je donnerois pour toi mon bien, mon sang, ma vie.

ANGÉLIQUE.

Hé bien...

M. DE PLINVILLE.

Parle, dis moi ce qui te fait envie.

ANGÉLIQUE.

Mon père, auprès de vous que je vive toujours.

M. DE PLINVILLE.

Oui, j'aurois avec toi voulu finir mes jours.
Tu sèmerois de fleurs la fin de ma carrière :
Je sourirois encore à mon heure dernière.
Mais ton futur époux demeure à trente pas,
Et nous serons voisins.

ANGÉLIQUE.

Vous ne m'entendez pas.

M. DE PLINVILLE.

Si fait. Je t'entends bien. Crois que ton père est tendre,
Qu'il est fait pour t'aimer et digne de t'entendre.
Tu soupires?

ANGÉLIQUE.

Hélas! si vous saviez... combien...
Morinval!...

M. DE PLINVILLE.

Est aimé? va, va, je le sais bien.

SCÈNE VI.

Les mêmes, M. DE MORINVAL, M. BELFORT.

(Celui-ci a la main enveloppée d'un ruban noir.)

M. DE PLINVILLE.

Ah! bonjour mes amis.

(*à Morinval, d'un air mystérieux.*)

Mais quels progrès vous faites!

M. DE MORINVAL.

Comment? que dites-vous?

M. DE PLINVILLE.

Trop heureux que vous êtes!

M. DE MORINVAL.

Ce n'est pas mon défaut, cependant... Vous riez?

M. DE PLINVILLE.

On vous aime cent fois plus que vous ne croyez;
Et l'on vient de me faire un aveu...

ANGÉLIQUE.

Quoi, mon père?...

M. DE PLINVILLE.

Non, tu voudrois en vain me prier de me taire.
Après tout, Morinval est ton futur époux.
Belfort est notre ami : nous le chérissons tous.
Sans doute il est charmé que Morinval te plaise.
N'est-il pas vrai, monsieur?

M. BELFORT, *d'un air contraint.*

Qui? moi? j'en suis fort aise.

M. DE PLINVILLE.

Sachez donc...

ANGÉLIQUE.
C'en est trop. Je ne puis...
M. DE PLINVILLE.
Il suffit
Je me tais; mais je crois en avoir assez dit.
M. DE MORINVAL.
Mon bonheur est trop grand pour qu'ici je le croie.
Je n'ose me livrer à l'excès de ma joie.
M. DE PLINVILLE.
Allons, doutez encor! Mais quel homme! En ce cas,
Vous mériteriez bien qu'on ne vous aimât pas.
Et vous, mon cher Belfort, comment va la blessure?
M. BELFORT, *avec un chagrin concentré.*
Ah! je n'y songeois pas, monsieur, je vous assure.
M. DE PLINVILLE.
Je n'oublierai jamais ce généreux secours.
M. BELFORT.
Monsieur, sans nul regret j'aurois donné mes jours.
Puis... ces blessures-là ne sont pas dangereuses.
M. DE PLINVILLE.
C'est dommage, mon cher, qu'elles soient douloureuses.
M. BELFORT.
Celle-ci doit, du moins, avant peu se guérir:
Trop heureux qui n'a pas d'autres maux à souffrir!
(*Il sort.*)

SCÈNE VII.

ANGÉLIQUE, M. DE MORINVAL,
M. DE PLINVILLE.

M. DE MORINVAL.

Il paroît abattu.

M. DE PLINVILLE.

Cette mélancolie
Lui sied : elle vaut mieux cent fois que la folie.
Mais parlons de vous deux. Ma fille, en ce moment,
Nous sommes sans témoins : et tu peux librement
Faire à ce bon ami l'aveu...

SCÈNE VIII.

LES MÊMES; LÉPINE, *d'un air niais.*

LÉPINE.

Mademoiselle,
Madame vous demande.

M. DE PLINVILLE.

Eh ! mais, que lui veut-elle ?

LÉPINE.

Moi, je ne sais, monsieur. On ne me dit jamais
Le pourquoi : seulement, on me dit *va,* je vais.

M. DE PLINVILLE.

Ce Lépine est naïf.

LÉPINE.

Vous êtes bien honnête.
Madame dit pourtant que je suis une bête;

Car madame et monsieur sont rarement d'accord :
Moi, je suis de l'avis de monsieur : ai-je tort ?

M. DE PLINVILLE.

Non, ce que tu dis là prouveroit le contraire.

(*Lépine sort.*)

SCÈNE IX.

M. DE MORINVAL, M. DE PLINVILLE.

M. DE PLINVILLE.

Enfin, vous êtes sûr que vous avez su plaire ;
Vous allez, je l'espère, être heureux à présent.

M. DE MORINVAL.

Oui, si l'on pouvoit l'être.

M. DE PLINVILLE.

Ah ! le trait est plaisant.
Si l'on pouvoit !... comment, vous en doutez encore ?

M. DE MORINVAL.

Toujours.

M. DE PLINVILLE.

Mais, vous aimez ma fille ?

M. DE MORINVAL.

Je l'adore.

M. DE PLINVILLE.

Angélique, à son tour, vous aime.

M. DE MORINVAL.

Je le croi.

M. DE PLINVILLE.

Vous allez recevoir et sa main et sa foi ;
Que vous faut-il de plus ?

ACTE III, SCÈNE IX.

M. DE MORINVAL, *vivement*.

Mais est-on, je vous prie,
Heureux, précisément parcequ'on se marie ?

M. DE PLINVILLE.

Ah ! mon ami, l'hymen...

M. DE MORINVAL.

L'hymen a ses douceurs,
Je le sais ; sur la vie il sème quelques fleurs ;
Mais j'en vois les soucis, les ennuis, les alarmes.

M. DE PLINVILLE.

Eh ! voyez-en plutôt les plaisirs et les charmes ;
Voyez ces chers enfants, gages de votre amour...

M. DE MORINVAL.

A des infortunés je donnerai le jour.

M. DE PLINVILLE.

Les voilà malheureux, même avant que de naître !

M. DE MORINVAL.

Je le fus, je le suis ; pourroient-ils ne pas l'être ?
Ils ne pourront, du moins, échapper aux douleurs :
L'homme, dès en naissant, crie et verse des pleurs.

M. DE PLINVILLE.

Ces pleurs sont un langage, et non pas une plainte.

M. DE MORINVAL.

De mille infirmités son enfance est atteinte.
Pendant deux ans entiers, captif en un berceau,
Il souffre...

M. DE PLINVILLE.

Avant d'être arbre, il faut être arbrisseau.

M. DE MORINVAL.

Tôt ou tard, un poison dans les veines circule,
Qui défigure ou tue...

M. DE PLINVILLE.

Oui ; mais on inocule.

M. DE MORINVAL.

En a-t-on moins le mal?

M. DE PLINVILLE.

Il n'est plus dangereux.
Pour les femmes, sur-tout, ce secret est heureux :
Elles ne craignent point de se voir enlaidies.

M. DE MORINVAL.

Mais combien d'autres maux!...

M. DE PLINVILLE.

S'il est des maladies,
Il est des médecins.

M. DE MORINVAL.

C'est encore bien pis.

M. DE PLINVILLE.

Répétez les bons mots que tout le monde a dits!
Il est d'habiles gens, et qu'à tort on insulte.
Souffre-t-on? on écrit à Paris ; on consulte
Un illustre.... Petit, je suppose : il répond,
Et vous guérit bientôt (1).

M. DE MORINVAL.

Ah! tout de suite!

M. DE PLINVILLE.

Au fond,
Soyons de bonne foi ; trop souvent nos souffrances
Sont la suite et le fruit de nos intempérances :
La nature nous a prodigué tous ses dons,

1 Quelques critiques ont prétendu que le public, ainsi que M. Petit, n'avoient pas besoin de cet éloge ; mais ils n'ont pas pensé que j'en avois besoin, moi, et que j'acquittois ainsi une dette chère à mon cœur.

Nous abusons de tout ; et puis, nous nous plaignons !
M. DE MORINVAL.
Vous pourriez, en ce point, avoir raison, peut-être.
Mais qu'on a droit, d'ailleurs, de se plaindre ! est-on maître,
Par exemple, d'avoir de la fortune ?
M. DE PLINVILLE.
Non ;
Mais le pauvre, content de sa condition,
Est heureux comme nous. Allez, le ciel est juste ;
Et l'ouvrier actif, le paysan robuste,
Ont aussi leurs plaisirs, plaisirs purs, naturels... (1)
M. DE MORINVAL.
Vous ne croyez donc pas qu'il soit des maux réels ?
M. DE PLINVILLE.
Très peu.
M. DE MORINVAL.
Nos passions, ennemis domestiques,
Ne sont donc, selon vous, que des maux chimériques ?
M. DE PLINVILLE.
Ah ! fort bien ! vous nommez les passions des maux !
Sans elles, nous serions au rang des animaux.
Il faut des passions, il nous en faut, vous dis-je ;
Et ce sont de vrais biens, pourvu qu'on les dirige.
M. DE MORINVAL.
Oui ! dirigez l'amour !
M. DE PLINVILLE.
Pourquoi non ? sentez-vous
Ce qu'un amour honnête a de touchant, de doux ?
Quel plaisir d'attendrir la beauté que l'on aime,
Et de s'aimer encore en un autre soi-même !
Dé !... J'en aurois parlé bien mieux à vingt-cinq ans.

1 Voyez la variante qui est à la suite de la pièce.

Hélas! j'ai, sans retour, passé cet heureux temps...
Mais un bien vient toujours nous tenir lieu d'un autre.
L'amitié me console, et je bénis la nôtre.

M. DE MORINVAL.

Vous nous parlez ici d'amour et d'amitié,
De nos affections ce n'est pas la moitié :
Ne comptez-vous pour rien l'avarice sordide,
L'ambition, l'envie, et la haine perfide?
Vous, monsieur, qui peignez toutes choses en beau,
Je vous défie ici d'égayer le tableau.

M. DE PLINVILLE.

Oui, ces noms sont affreux; mais les choses sont rares.
Au siècle où nous vivons, il est fort peu d'avares;
D'envieux, Dieu merci, je n'en connois pas un;
La haine, enfin, n'est pas un vice très commun :
L'ambition, peut-être, est un peu plus commune;
Mais, soit qu'elle ait pour but les honneurs, la fortune,
C'est un beau mouvement qui n'est pas défendu;
Souvent, loin d'être un vice, elle est une vertu.
Chaque chose a son temps : l'enfance est consacrée
Aux doux jeux; la jeunesse à l'amour est livrée,
Et l'âge mûr au soin d'établir sa maison.
Croyez-moi, le bonheur est de toute saison.

M. DE MORINVAL.

Vous allez voir qu'il est aussi dans la vieillesse!

M. DE PLINVILLE.

Sans doute, Morinval. Ainsi que la jeunesse,
A le bien prendre, elle a ses innocents plaisirs:
C'est l'âge du repos, celui des souvenirs.
J'aime à voir d'un vieillard la vénérable marche,
Les cheveux blancs; je crois revoir un patriarche.
Il guide la jeunesse, il en est respecté;

ACTE III, SCÈNE IX.

Il raconte une histoire, et se voit écouté.

M. DE MORINVAL.

Et tout cela finit?

M. DE PLINVILLE.

Mais... par la dernière heure.
Je suis né, Morinval; il faut donc que je meure.
Hé bien, tranquille et gai jusqu'au dernier instant,
Comme je vis heureux, je dois mourir content.

M. DE MORINVAL.

Et moi... car, à mon tour, il faut que je réponde,
Et que par mille faits, enfin, je vous confonde;
Je vous soutiens, morbleu! qu'ici-bas tout est mal,
Tout, sans exception, au physique, au moral.
Nous souffrons en naissant, pendant la vie entière,
Et nous souffrons sur-tout à notre heure dernière.
Nous sentons, tourmentés au-dedans, au-dehors,
Et les chagrins de l'ame, et les douleurs du corps.
Les fléaux avec nous ne font ni paix, ni trêve;
Ou la terre s'entr'ouvre, ou la mer se soulève :
Nous-mêmes, à l'envi, déchaînés contre nous,
Comme si nous voulions nous exterminer tous,
Nous avons inventé les combats, les supplices.
C'étoit peu de nos maux, nous y joignons nos vices :
Aux riches, aux puissants, l'innocent est vendu;
On outrage l'honneur, on flétrit la vertu.
Tous nos plaisirs sont faux, notre joie indécente :
On est vieux à vingt ans, libertin à soixante.
L'hymen est sans amour, l'amour n'est nulle part;
Pour le sexe on n'a plus de respect ni d'égard.
On ne sait ce que c'est que de payer ses dettes,
Et de sa bienfaisance on remplit les gazettes.
On fait de plate prose et de plus méchants vers.

On raisonne de tout, et toujours de travers ;
Et dans ce monde, enfin, s'il faut que je le dise,
On ne voit que noirceur, et misère, et sottise.

M. DE PLINVILLE.

Voilà ce qui s'appelle un tableau consolant !
Vous ne le croyez pas vous-même ressemblant.
De cet excès d'humeur je ne vois point la cause.
Pourquoi donc s'emporter, mon ami, quand on cause ?
Vous parlez de volcans, de naufrage... Eh ! mon cher,
Demeurez en Touraine, et n'allez point sur mer.
Sans doute, autant que vous, je déteste la guerre ;
Mais on s'éclaire enfin, on ne l'aura plus guère.
Bien des gens, dites-vous, doivent : sans contredit,
Ils ont tort ; mais pourquoi leur a-t-on fait crédit ?
L'hymen est sans amour ? Voyez dans ma famille.
L'amour n'est nulle part ? Demandez à ma fille.
Les femmes sont un peu coquettes ; ce n'est rien :
Ce sexe est fait pour plaire ; il s'en acquitte bien.
Tous nos plaisirs sont faux ? mais quelquefois, à table,
Je vous ai vu goûter un plaisir véritable.
On fait de méchants vers ? eh ! ne les lisez pas.
Il en paroît aussi dont je fais très grand cas.
On déraisonne ? eh oui, parfois, un faux système
Nous égare... Entre nous, vous le prouvez vous-même.
Calmez donc votre bile, et croyez qu'en un mot
L'homme n'est ni méchant, ni malheureux, ni sot.

M. DE MORINVAL.

Fort bien ! Cette réponse est très satisfaisante.

M. DE PLINVILLE.

Eh ! je ne réponds point, mon ami, je plaisante ;
Car, si je répliquois, nous ne finirions pas,
Et ce seroit matière à d'éternels débats.

Pardon, de disputer vous avez là manie ;
Oui, vous semblez goûter une joie infinie
A ces tristes tableaux ; d'honneur ! vous affectez
De voir tous les objets par leurs mauvais côtés.

M. DE MORINVAL.

Ah ! j'ai grand tort !...

M. DE PLINVILLE.

Peut-être ; oui, celui d'être extrême,
Et sur-tout de juger en moi comme un système
Ce qui n'est que l'effet d'un heureux naturel,
Qu'on peut blâmer, dont, moi, je rends graces au ciel.
Je n'ai point cet esprit de fiel et de critique :
Simple, et me piquant peu de vaste politique,
Je supporte les maux, je savoure les biens :
J'en jouis, à-la-fois, pour moi-même et les miens ;
Car mes soins ne pouvant embrasser tous les hommes,
Je tâche, ici du moins, que tous tant que nous sommes,
Goûtions la paix, l'aisance et le bonheur... ; bonheur
Que je trouve sur-tout dans le fond de mon cœur.

M. DE MORINVAL.

Je vois bien qu'avec vous je n'ai plus qu'à me taire.
Gardez, monsieur, gardez votre heureux caractère.

SCÈNE X.

M. DE MORINVAL, M. DE PLINVILLE, Mme DE ROSELLE.

Mme DE ROSELLE.

En vérité, voilà des chasseurs bien hardis !

M. DE PLINVILLE.

Comment donc ?

11.

Mme DE ROSELLE.
Ils sont là sept ou huit étourdis
Qui ne se gênent pas...

M. DE MORINVAL.
Ayez donc une chasse!

M. DE PLINVILLE.
Ils se seront trompés : il faut leur faire grace.

M. DE MORINVAL.
Mais allez voir, du moins....

M. DE PLINVILLE.
J'y vais...; quoiqu'entre nous,
Mon cher, je ne sois point de ces seigneurs jaloux
Qui gardent leur gibier comme on fait sa maîtresse.
Je sens très bien qu'il faut excuser la jeunesse.
Qu'un jeune homme, en passant, tire sur un perdreau...

M. DE MORINVAL.
On ne vient pas tirer à vingt pas d'un château.

M. DE PLINVILLE.
Aussi, j'y vais mettre ordre. En me voyant paroître,
Ils seront plus fâchés que moi-même, peut-être.

M. DE MORINVAL.
Ne vous exposez pas.

M. DE PLINVILLE.
A quoi, cher Morinval?
Pourquoi donc voulez-vous qu'on me fasse du mal,
A moi, qui n'en ai fait de ma vie à personne?

(*Il sort.*)

SCÈNE XI.

M. DE MORINVAL, Mme DE ROSELLE.

M. DE MORINVAL.

Jamais il ne craint rien, jamais il ne soupçonne.
Quel homme!

Mme DE ROSELLE.

Je voudrois pourtant lui ressembler.
(*à part.*)
Allons, nous voilà seuls; il est temps de parler.
(*haut.*)
Vous accusez tout bas madame de Mirbelle,
Monsieur; votre bonheur est retardé par elle.

M. DE MORINVAL.

Je dois m'en consoler, puisque je la verrai.
Encor, si mon bonheur n'était que différé!

Mme DE ROSELLE.

Ce retard, après tout, est fort heureux, peut-être :
Quand on doit s'épouser, il faut se bien connoître.

M. DE MORINVAL.

Pour connoître Angélique, il suffit d'un instant;
Et de moi, ce me semble, elle en peut dire autant.
Ma franchise, je crois...

Mme DE ROSELLE.

Sert d'excuse à la mienne.
Êtes-vous bien, monsieur, sûr qu'elle vous convienne,
Sûr de lui convenir?

M. DE MORINVAL.

Ah! quant au premier point,
Elle me plaît, madame, et vous n'en doutez point.

Je n'ose pas ainsi me flatter de lui plaire.
Peut-être en ce moment savez-vous le contraire?
Elle vous l'aura dit.

Mme DE ROSELLE.

Point du tout ; mais... j'ai peur...
Que vous dirai-je, enfin? il s'agit du bonheur.
Vous ne voudriez pas qu'elle fût malheureuse ;
Vous avez pour cela l'ame trop généreuse...

M. DE MORINVAL.

Fort bien. Je vous entends ; je vois ce qu'il en est :
Vous voulez doucement m'annoncer mon arrêt.

Mme DE ROSELLE.

Mais... quoique votre peur puisse être mal fondée,
Vous ne feriez pas mal de suivre votre idée ;
De savoir, en un mot, si l'on vous aime ou non.
La chose vous regarde.

M. DE MORINVAL.

Oui, vous avez raison ;
Et si c'est un refus que sa bouche prononce,
D'abord, quoiqu'à regret, à sa main je renonce ;
Et je vous saurai gré de m'avoir averti.

(*Il sort.*)

SCÈNE XII.

Mme DE ROSELLE, *seule*.

C'est un fort galant homme : il prendra son parti.
Angélique, du moins, n'a plus d'hymen à craindre.
Elle sera peut-être encore bien à plaindre ;
Mais son sort peut changer. Toujours est-ce un grand point
De ne pas épouser celui qu'on n'aime point.

FIN DU TROISIÈME ACTE.

ACTE QUATRIÈME.

SCÈNE I.

ANGÉLIQUE, ROSE.

ROSE.
Vous paroissez plus gaie.
ANGÉLIQUE.
Ah! j'ai sujet de l'être;
Morinval à ma main va renoncer peut-être.
ROSE.
Se peut-il?... Il sait donc que vous ne l'aimez point?
ANGÉLIQUE.
Il devroit le savoir. J'ai vu que sur ce point
Il venoit pour sonder le fond de ma pensée :
Il a dû me trouver contrainte, embarrassée ;
Et, s'il est pénétrant, il se sera douté...
ROSE.
Que ne lui parliez-vous avec plus de clarté ?
ANGÉLIQUE.
Je crois en avoir dit assez pour faire entendre
Qu'à mon cœur vainement il espéroit prétendre.
Rose, je me souviens d'avoir dit quelques mots
Assez clairs...
ROSE.
S'il pouvoit nous laisser en repos,
Mademoiselle! alors, toutes deux, ce me semble,
Nous serions, sans mari, bien tranquilles ensemble.

ANGÉLIQUE.

Ah! ma chère, il n'est point de bonheur ici-bas.

ROSE.

Pourquoi, mademoiselle?

ANGÉLIQUE.

Eh mais... on ne voit pas
Monsieur Belfort; où donc est-il?

ROSE.

Il se promène
Depuis une heure, seul, autour de la garenne.
Il est pensif, rêveur : il a quelques chagrins,
Ou je me trompe fort.

ANGÉLIQUE.

Est-il vrai?

ROSE.

Je le crains.
Il soupire.

ANGÉLIQUE.

Il soupire?... Entre nous, chère Rose...
De ses secrets ennuis t'a-t-il dit quelque chose?

ROSE.

Jamais. Il est discret.

ANGÉLIQUE.

Mais il a tort, je crois,
De demeurer ainsi tout seul au fond des bois.
Mon père, moi, sur-tout madame de Roselle,
Nous le dissiperions.

ROSE.

Eh oui, mademoiselle.
Si j'allois le chercher, moi-même?

ANGÉLIQUE.

Hé bien, va-s-y.

ACTE IV, SCÈNE I.

Qu'il se rende au château, Rose, et non pas ici.

ROSE.

Oh! non.

ANGÉLIQUE.

Ne lui dis point que c'est moi qui t'envoie.

(*Rose sort.*)

SCÈNE II.

ANGÉLIQUE, *seule*.

Des peines qu'il ressent que faut-il que je croie ?
J'ai les miennes aussi, qui me font bien souffrir.
Ce dernier entretien vient sans cesse s'offrir...
Mais chassons une idée... hélas! trop dangereuse,
Qui ne peut que me rendre à jamais malheureuse.

SCÈNE III.

M. DE PLINVILLE, ANGÉLIQUE.

M. DE PLINVILLE.

En ce lieu solitaire Angélique rêvoit.
Gageons que Morinval en étoit le sujet.

ANGÉLIQUE.

Non, mon père.

M. DE PLINVILLE.

Ma fille avec moi dissimule ?
Ah! cela n'est pas bien. A quoi bon ce scrupule ?
Pour cacher ton amour tes soins sont superflus.
Je le sais... Tu rougis! allons, n'en parlons plus.
Picard, dit-on, me cherche, afin de me remettre

Le paquet... et j'attends sur-tout certaine lettre...
(*Il voit Picard.*)
Ah! bon.
(*Il appelle.*)
Picard!

SCÈNE IV.

M. DE PLINVILLE, PICARD, *tout essoufflé*, ANGÉLIQUE.

PICARD.
Picard! vous me faites courir!...
M. DE PLINVILLE.
Pardon.
PICARD.
C'est un valet; il est fait pour souffrir.
M. DE PLINVILLE.
Donne, mon cher Picard, et retourne à ton poste.
(*en prenant les lettres des mains de Picard.*)
La belle invention que celle de la poste!
PICARD.
Parlons-en!
M. DE PLINVILLE.
Chaque jour, j'écris à mes amis;
Chaque jour, un courrier part et vole à Paris;
Et, pour me rapporter bientôt de leurs nouvelles,
Il repart à l'instant, et semble avoir des ailes.
PICARD.
Fort bien! vous allez voir que ce sont des oiseaux!
Ils se crèvent pour vous, ainsi que leurs chevaux.
Des ailes! oui!

M. DE PLINVILLE *lit*.

Que vois-je? ah! Dieu! quelles nouvelles!
Est-il bien vrai?

ANGÉLIQUE.

Mon père, eh! mais, quelles sont-elles?

PICARD.

Quoi, monsieur?

M. DE PLINVILLE.

Tous nos fonds de Paris sont perdus.

ANGÉLIQUE.

Ah! ciel!

M. DE PLINVILLE.

Dorval au jeu perd deux cent mille écus.
C'est trois cent mille francs que ce jeu-là nous coûte;
Car le pauvre Dorval manque et fait banqueroute.

PICARD.

Banqueroute, monsieur? ah! le maudit fripon!

M. DE PLINVILLE.

Il n'est que malheureux.

PICARD.

Eh! vous êtes trop bon.
Il vous vole; je dis que c'est un tour infame.
(*en s'en allant.*)
Banqueroute! ah! bon Dieu! que va dire madame?

SCÈNE V.

M. DE PLINVILLE, ANGÉLIQUE.

ANGÉLIQUE, *à part*.

Je te rends grace, ô ciel! de ce revers fatal;
Je n'épouserai point monsieur de Morinval.

M. DE PLINVILLE.

On est tout étourdi d'une pareille perte.
Pourtant, une ressource encore m'est offerte ;
Et si j'étois tout seul, je me consolerois :
Ma terre, Dieu merci, me reste, et j'en vivrois.
Mais, ma fille! à quel sort je te vois condamnée!

ANGÉLIQUE.

En quoi donc, plus que vous, serois-je infortunée?

M. DE PLINVILLE.

Hélas! la pauvre enfant, près de se marier!

ANGÉLIQUE.

Ah! croyez que, bien loin de me contrarier...

M. DE PLINVILLE.

Il est tout naturel, lorsque l'on est jolie,
Jeune, de souhaiter de se voir établie ;
Et toi, dans l'âge heureux des plaisirs, des amours,
Tu vas donc près de nous user tes plus beaux jours!
Ma fille, je te plains.

ANGÉLIQUE, *vivement*.

Gardez-vous de me plaindre ;
C'étoit l'hymen pour moi, l'hymen qu'il falloit craindre...
Non, vous ne savez pas à quel point je souffrois...
En m'éloignant de vous ; j'étouffois mes regrets ;
Dans un profond chagrin alors j'étois plongée.
Au contraire, à présent, je me vois soulagée,
En songeant que de vous rien ne peut m'arracher.

(*tendrement, et en le caressant.*)

Mon père! à vos côtés je prétends m'attacher ;
Je veux vous prodiguer mes soins et mes services ;
J'en ferai mon bonheur, j'en ferai mes délices.
Que me manquera-t-il? vous m'aimez : près de vous,
Ah! pourrois-je jamais regretter un époux?

M. DE PLINVILLE.

Chère enfant! que ces mots ont flatté mon oreille!
Je n'éprouvai jamais une douceur pareille.
Ainsi donc, comme un baume en notre affliction,
Le ciel nous envoya la consolation.
Par elle on souffre moins... On souffre moins! que dis-je?
Il faut plaindre celui qui jamais ne s'afflige,
Et que les coups du sort n'avoient point accablé;
Il n'a pas le bonheur de se voir consolé.
Pour moi, toujours content, sans chagrins, sans alarmes,
Je n'avois point encor versé de douces larmes;
Personne, jusqu'ici, ne m'avoit plaint, hélas!
Je me croyois heureux, et je ne l'étois pas.
Mais, dis, est-il bien vrai? faut-il que je te croie?
N'as-tu point de regrets?

ANGÉLIQUE.

Non, ma plus douce joie
Est d'adoucir vos maux, et de les partager.

M. DE PLINVILLE.

Mes maux, s'il est ainsi, n'ont rien que de léger.
Nous serons pauvres, soit; nous verrons moins de monde.
Ma femme dit qu'ici le voisinage abonde:
On sera plus discret; mais nous nous suffirons,
Et ce sera pour nous, enfin, que nous vivrons.

ANGÉLIQUE.

Vous savez que toujours j'aimai la solitude.

M. DE PLINVILLE.

Je le sais; et de plus, tu te plais à l'étude.
On ne peut s'ennuyer avec ces deux goûts-là.
Tiens, vois-tu? je me fais une fête déja
De vivre seul avec ma petite famille,
Entre ma chère femme et mon aimable fille.

J'aurai moins de laquais, et j'en serai ravi;
Par un seul domestique on est bien mieux servi.
Nous vivrons gais, contents : que faut-il davantage?
Nous nous aimerons bien : nous aurons en partage
Les vrais trésors, la paix, le travail, la santé,
Et... le premier des biens, la médiocrité.

ANGÉLIQUE.

Je sens bien ce bonheur; vous savez mieux le peindre.

SCÈNE VI.

M. ET Mme DE PLINVILLE, ANGÉLIQUE.

M. DE PLINVILLE *court à sa femme.*
Ma chère amie, au lieu de gémir, de me plaindre,
J'arrange un plan !...

Mme DE PLINVILLE.
    Hé bien, je vous l'avois prédit !
Vous vous en souvenez, je vous ai toujours dit :
« Monsieur, encore un coup, cette somme est trop forte
« Pour l'exposer ainsi; de grace... » Mais n'importe !
Il a voulu courir les risques...

M. DE PLINVILLE.
    J'en convien;
Mais quoi, le mal est fait.

Mme DE PLINVILLE.
    Eh ! oui, je le sais bien;
Aussi je viens déja d'y trouver un remède;
Car il faut toujours, moi, que je vienne à votre aide.

M. DE PLINVILLE.
Quoi?

Mme DE PLINVILLE.
Je suis décidée à quitter ce pays.

M. DE PLINVILLE.
Comment?

Mme DE PLINVILLE.
Dans quatre jours, nous partons pour Paris ;
Et vous aurez, je crois, la bonté de nous suivre.

M. DE PLINVILLE.
Expliquez-vous.

Mme DE PLINVILLE.
Ici je ne prétends plus vivre.
Si vous ne craignez point, vous, d'être humilié,
J'aurois trop à rougir aux lieux où j'ai brillé.

M. DE PLINVILLE.
Mais pour vivre à Paris ma fortune est trop mince :
Au lieu que nous serions à notre aise en province.

Mme DE PLINVILLE.
Bon ! l'on fait à Paris la dépense qu'on veut :
Il faudroit faire ici beaucoup plus qu'on ne peut.
J'ai pesé tout cela : nous vendrons notre terre.
Je vais à ce sujet écrire à mon notaire.

M. DE PLINVILLE.
Mais quelle promptitude !

Mme DE PLINVILLE.
Il faut saisir l'instant ;
C'est le jour du courrier, l'heure presse ; on m'attend :
Venez me retrouver, et vous verrez ma lettre.

M. DE PLINVILLE.
Je crois que tout cela peut fort bien se remettre.
Nous en reparlerons.

(*Madame de Plinville sort.*)

SCÈNE VII.

M. DE PLINVILLE, ANGÉLIQUE.

ANGÉLIQUE.
Eh quoi ! si promptement
Vous pourriez consentir à cet arrangement ?
M. DE PLINVILLE.
Consentir ? point du tout. L'affaire n'est pas faite.
Je tiens à mon projet : oui, je te le répète.
Mais, de ma part, vois-tu trop d'obstination
N'auroit fait qu'affermir sa résolution.
Je la connois. Au lieu, qu'à soi-même laissée,
Ma femme, dès demain, peut changer de pensée.
Je dispute toujours le plus tard que je puis.

SCÈNE VIII.

M. DE MORINVAL, M. DE PLINVILLE, ANGÉLIQUE.

M. DE MORINVAL, *de loin à part, sans les voir.*
Où donc le rencontrer ? par-tout je le poursuis.
Mais je le vois... Allons, dégageons ma parole.
(*haut.*)
Nous nous flattions tous deux d'un espoir trop frivole,
Cher Plinville. A regret, je viens vous déclarer...
Je ne puis plus long-temps vous laisser ignorer...
M. DE PLINVILLE.
Mon ami, je sais tout. Dorval fait banqueroute;

ACTE IV, SCÈNE VIII.

Je perds cent mille écus.

M. DE MORINVAL.

Cent mille écus?

M. DE PLINVILLE.

Sans doute.

M. DE MORINVAL.

(*à part.*)

Je l'ignorois. O ciel! je venois renoncer
A sa fille : de moi qu'auroit-on pu penser?

M. DE PLINVILLE.

Je sens bien qu'entre nous il n'est plus d'hyménée.

M. DE MORINVAL.

Au contraire.

M. DE PLINVILLE.

Ma fille est toute résignée.
Quant à moi, je ne suis malheureux qu'à demi ;
Car si je perds un gendre, il me reste un ami.

M. DE MORINVAL.

Eh mais je n'entends point ce que vous voulez dire.
Comment, vous avez cru que j'irois me dédire
A cause du revers qui vous est survenu?
Mon ami, je croyois vous être mieux connu.
Trop heureux d'être époux de votre aimable fille !

ANGÉLIQUE, *à part.*

Dieu !

M. DE PLINVILLE.

Vous voulez encore être de la famille?

M. DE MORINVAL.

Plût au ciel !

M. DE PLINVILLE.

A ce trait me serois-je attendu ?
Mais nous venons de perdre...

M. DE MORINVAL.

                      Elle n'a rien perdu ;
Et moi, lorsque je songe aux vertus qu'elle apporte,
Je trouve que sa dot est encore assez forte.

M. DE PLINVILLE.

(*émerveillé.*)
Hé bien, ma fille !... Mais qu'as-tu donc?

ANGÉLIQUE.

                              Je n'ai rien.

M. DE MORINVAL.

Cependant...

ANGÉLIQUE.

         En effet... je ne me sens pas bien.
Vous permettez?

                            (*Elle sort.*)

SCÈNE IX.

M. DE MORINVAL, M. DE PLINVILLE.

M. DE PLINVILLE.

           Ce trait vient d'exciter en elle
Une émotion vive et toute naturelle :
C'est que ma fille sent un noble procédé !

M. DE MORINVAL.

Vous croyez?...

M. DE PLINVILLE.

           Je le crois? j'en suis persuadé.

M. DE MORINVAL, *tristement.*

Ah! cher Plinville !...

M. DE PLINVILLE.

              Allons! nouvelle inquiétude!

ACTE IV, SCÈNE IX.

Angélique a besoin d'un peu de solitude ;
Voilà tout.

M. DE MORINVAL.

Pardonnez : j'en ai besoin aussi.

M. DE PLINVILLE.

Et vous allez encor nourrir votre souci !

M. DE MORINVAL.

J'en ai sujet.

(*Il sort.*)

SCÈNE X.

M. DE PLINVILLE, *seul.*

Toujours s'affliger, toujours craindre !
Je le plains... hai, je puis avoir tort de le plaindre.
Il aime le chagrin ; et peut-être, ma foi,
Est-il, à sa manière, heureux autant que moi.

SCÈNE XI.

M. DE PLINVILLE, M. BELFORT.

M. DE PLINVILLE.

Apprenez, cher Belfort, un trait charmant, sublime,
Qui va pour Morinval augmenter votre estime.
Vous savez mon malheur...

M. BELFORT.

J'en suis bien affligé,

Et je venois ici...

M. DE PLINVILLE.

Je vous suis obligé.

Morinval, à l'instant, vient aussi de l'apprendre.
Mais croiriez-vous qu'il veut toujours être mon gendre?
M. BELFORT.
Quoi! se peut-il?...
M. DE PLINVILLE.
Voyez quel bonheur est le mien!
Pour moi, d'un petit mal il résulte un grand bien.
Mais, adieu; car je vais conter tout à ma femme.
(*Il sort.*)

SCÈNE XII.

M. BELFORT, *seul.*

D'un mot, sans le savoir, il déchire mon ame.
Allons, il faut partir : voilà l'instant fatal.
Ne soyons pas témoin du bonheur d'un rival...
Du bonheur? Mais est-il bien sûr qu'il ait su plaire?
J'ai quelquefois osé soupçonner le contraire.
Ce matin... je ne sais si je me suis trompé;
Mais un mot, un regard, un soupir échappé...
Gardons-nous de saisir ces vaines apparences :
Je dois partir encor, si j'ai des espérances.
Je ne la verrai point. Qu'elle ignore à jamais
Ce que j'étois, sur-tout à quel point je l'aimois.
Je vais poursuivre ailleurs ma pénible carrière,
Seul, triste, abandonné de la nature entière,
Sans secours, n'emportant avec moi qu'un seul bien,
C'est un cœur, qui du moins ne me reproche rien :
Oui, je pars.

SCÈNE XIII.

M. BELFORT, ROSE.

ROSE.

Vous partez?

M. BELFORT.

Pourquoi donc me surprendre?

ROSE.

J'accourois vous chercher. Mais que viens-je d'entendre?
Monsieur, est-il bien vrai?

M. BELFORT.

Oui, Rose, je m'en vais.

ROSE.

Quoi! vous vous en allez? pour toujours?

M. BELFORT.

Pour jamais.

ROSE.

Ah! bon Dieu! mais pourquoi?

M. BELFORT.

Pardon, ma chère Rose:
Je pars, et je ne puis vous en dire la cause.

ROSE.

Vous auroit-on ici donné quelques chagrins?

M. BELFORT.

Non, aucun: de personne ici je ne me plains.

ROSE.

Pauvre Angélique! hélas! que je vais la surprendre!
A cet événement elle est loin de s'attendre.
Voyez! tous les malheurs lui viennent à-la-fois.

M. BELFORT.

Mais... mon départ n'est pas un grand malheur, je crois.

ROSE.

Je sais ce que je dis. Je connois ma maîtresse,
Et je vois bien à vous comme elle s'intéresse.
Puis, j'en juge par moi : d'ailleurs, il est si tard !
Encor vous êtes seul : ah ! mon Dieu ! quel départ !

M. BELFORT.

Ce tendre adieu me touche.

ROSE.

Et vous partez?

SCÈNE XIV.

Les mêmes, Mme DE ROSELLE.

ROSE.

Madame...
Vous me voyez chagrine, et jusqu'au fond de l'ame.
Monsieur Belfort s'en va, mais s'en va tout-à-fait.

Mme DE ROSELLE, *à M. Belfort.*

Et quel sujet, de grace ?...

ROSE.

Il n'a point de sujet.

Mme DE ROSELLE.

Allez, Rose.

ROSE, *à M. Belfort..*

Je puis dire à mademoiselle
Qu'avant votre départ vous prendrez congé d'elle?

M. BELFORT.

Ne le lui dites pas.

ACTE IV, SCÈNE XIV.

ROSE.

Non? vous avez bien tort.
Adieu donc, pour jamais, adieu, monsieur Belfort.

M. BELFORT.

Adieu de tout mon cœur, adieu, ma chère Rose.

ROSE.

Écrivez-nous du moins, c'est bien la moindre chose.

M. BELFORT.

Oui, Rose; de mon sort je vous informerai.

ROSE *part, se retourne, et crie en pleurant.*

Marquez-moi votre adresse, et je vous répondrai.

SCÈNE XV.

M. BELFORT, Mme DE ROSELLE.

Mme DE ROSELLE.

Quoi! vous partez, monsieur? quelle raison soudaine?...

M. BELFORT.

J'en ai mille, qu'ici vous devinez sans peine.

Mme DE ROSELLE.

Oui, malgré l'amitié que je puis vous porter,
Je sens que plus long-temps vous ne pouvez rester.

M. BELFORT.

Recevez mes adieux, et croyez que l'absence
Ne fera qu'ajouter à ma reconnoissance.

Mme DE ROSELLE.

Vous ne m'en devez point. Hélas! j'aurois voulu
Faire bien plus pour vous : j'ai fait ce que j'ai pu.
Je n'oublierai jamais votre rare conduite,
Votre discrétion, et sur-tout cette fuite.
Je compte aussi, monsieur, sur votre souvenir.

M. BELFORT.

Croyez, madame...

Mme DE ROSELLE.

Ah! çà, qu'allez-vous devenir?

M. BELFORT.

Vers mon père, à Paris, je vais d'abord me rendre.

Mme DE ROSELLE.

C'est le meilleur parti que vous ayez à prendre.
Dites-lui bien... Mais quoi! je vois près de ces lieux
Quelqu'un rôder d'un air assez mystérieux.

SCÈNE XVI.

Un POSTILLON, *en veste bleue, avec la plaque d'argent;* M. BELFORT, Mme DE ROSELLE.

Mme DE ROSELLE.

Hé bien, qu'est-ce?

LE POSTILLON.

Excusez mon embarras extrême.
De ma commission je suis surpris moi-même;
Car, ordinairement, je ne vais guère à pié;
Mais je suis complaisant... quand je suis bien payé.

M. BELFORT.

Çà, que demandez-vous?

LE POSTILLON.

Pardon... mais, pour bien faire,
Il faudroit, à-la-fois, et parler et se taire.
A ma place, un nigaud vous avoueroit d'abord
Qu'il demande un monsieur... qui se nomme Belfort...

M. BELFORT.

Mais c'est moi.

ACTE IV, SCÈNE XVI.

LE POSTILLON.

Dans les yeux nous savons un peu lire.

Mme DE ROSELLE.

A la bonne heure ; mais qu'avez-vous à lui dire ?

LE POSTILLON.

Oh ! rien du tout, madame ; et je n'ai dans ceci
Qu'à remettre à monsieur le billet que voici.
(*Il donne un billet à M. Belfort.*)

M. BELFORT.

De quelle part ?

LE POSTILLON.

Monsieur le verra dans la lettre.

M. BELFORT.

Ah !... madame, pardon, vous voulez bien permettre ?

Mme DE ROSELLE.

Monsieur, je vous en prie.
(*au postillon, pendant que M. Belfort décachète et
ouvre le billet.*)

Eh ! mais, vraiment, l'ami,
Vous ne paroissez gai ni plaisant à demi.

LE POSTILLON.

J'ai couru le pays, et j'ai vu bien du monde,
Cela fait que je sais comme il faut qu'on réponde.

M. BELFORT.

Ah ! madame !...

Mme DE ROSELLE.

D'où vient ce mouvement soudain ?

M. BELFORT.

C'est de mon père.

Mme DE ROSELLE.

Bon !

M. BELFORT.
Je reconnois sa main.
LE POSTILLON.
Dès le premier abord j'ai su vous reconnoître.
M. BELFORT.
C'est lui : de mes transports je ne suis point le maître.
Voici ce qu'il m'écrit :
(*Il lit haut.*)
« Viens, accours promptement,
« Mon ami ; tu suivras celui que je t'envoie... »
LE POSTILLON.
Oui, monsieur.
M. BELFORT, *continue de lire.*
« Je t'écris avec bien de la joie,
« Et je ne doute point de ton empressement. »
(*au postillon.*)
Oh, non ! Est-il bien loin ?
LE POSTILLON.
A la poste voisine.
M. BELFORT.
Bien portant ?
LE POSTILLON.
A merveille. Il a fort bonne mine,
Une gaieté charmante.
M. BELFORT.
Il paroît donc heureux ?
LE POSTILLON.
Mais il en a bien l'air. C'est qu'il est généreux !...
Comme un roi. Nous ferions des fortunes rapides
Si les courriers payoient sur ce pied-là les guides.
Mme DE ROSELLE.
Vous êtes postillon ?

ACTE IV, SCENE XVI.

LE POSTILLON.

Madame, à vous servir ;
Et chacun vous dira que je mène à ravir.

Mme DE ROSELLE.

(à M. Belfort.)

Hé bien, menez monsieur. Partez donc tout de suite.

M. BELFORT.

Oui, madame.

Mme DE ROSELLE.

Avec lui revenez au plus vite.
Qu'il vienne ce soir même, et qu'il vienne en ce lieu.

M. BELFORT.

Croyez qu'il y viendra, madame.

Mme DE ROSELLE.

Sans adieu.

LE POSTILLON.

Allons, mon officier, venez voir votre père.
Je n'ai pas mal rempli mon message, j'espère.
N'auroit-on à porter qu'une lettre, un billet,
Il faut, autant qu'on peut, faire bien ce qu'on fait.

FIN DU QUATRIÈME ACTE.

ACTE CINQUIÈME.

SCÈNE I.

M. DE PLINVILLE, seul.

J'ai donc dit à mes gens qu'il falloit se résoudre
A me quitter : pour eux, hélas ! quel coup de foudre !
Leur désolation m'afflige ; en vérité...
Mais il est doux pourtant d'être ainsi regretté.
Si je m'étois défait du jardinier, de Rose,
Et du bon vieux Picard, c'étoit bien autre chose !
Pour Belfort, près de moi je le garde à jamais :
C'est un ami plutôt qu'un secrétaire... Eh mais,
Que veut Picard ? il reste, il vient me rendre grace.

SCÈNE II.

M. DE PLINVILLE, PICARD.

M. DE PLINVILLE.
Hé bien, es-tu content ? tu conserves ta place.
PICARD.
Point du tout ; car je viens demander mon congé.
M. DE PLINVILLE.
Mais c'est toi que je veux garder.
PICARD.
　　　　　　　　　　Bien obligé :
Mais, moi, je veux sortir ; voilà la différence.

L'OPTIMISTE.

M. DE PLINVILLE.

Pourquoi?

PICARD.

Parcequ'il est plus naturel, je pense,
Que je m'en aille, moi. Vous voulez renvoyer
Du monde ; c'est à moi de partir le premier ;
Car je suis le plus vieux.

M. DE PLINVILLE.

Tu m'es trop nécessaire :
Je suis accoutumé...

PICARD.

Je n'y saurois que faire.
Et d'ailleurs je suis las de servir : en deux mots
Je vais me reposer.

M. DE PLINVILLE.

Eh mais, c'est un repos,
Une retraite, enfin, que ton service.

PICARD.

Peste !
Une belle retraite ! et c'est moi seul qui reste !

M. DE PLINVILLE.

Tout est changé, Picard ; nous allons à Paris.

PICARD.

Raison de plus, monsieur ; je reste en mon pays.
Enfin, je vous l'ai dit, je veux être mon maître.

M. DE PLINVILLE.

Quoi ! tu veux me quitter, après m'avoir vu naître,
Toi qui devois et vivre et mourir avec moi?

PICARD.

Il vaut encore mieux vivre et mourir chez soi.

M. DE PLINVILLE.

Je t'aimois, je croyois que tu m'aimois de même.

PICARD.

Cela n'empêche pas, monsieur, qu'on ne vous aime;
Mais, après cinquante ans, on est bien aise, enfin,
De vivre un peu tranquille : il faut faire une fin.

M. DE PLINVILLE.

Il a raison; et c'est peut-être une injustice
D'exiger qu'il me fasse un si grand sacrifice.
Pourquoi vouloir ailleurs l'empêcher d'être heureux?
Il faut aimer les gens, non pour soi, mais pour eux.
Il va se réunir à son petit ménage,
A sa femme, à ses fils : il est temps, à son âge;
Et quand j'aurai besoin de lui, je me dirai,
Il vit content : alors je me consolerai.
Mais tu pleures, je crois?

PICARD.

Je ne puis m'en défendre.
Moi, vous quitter, après ce que je viens d'entendre?
J'en serois bien fâché. Je reviens sur mes pas,
Monsieur; si vous voulez, je ne partirai pas.

M. DE PLINVILLE.

Depuis assez long-temps, mon ami, tu travailles :
Non, non, décidément, je veux que tu t'en ailles.

PICARD.

Voyez donc! il me chasse au bout de cinquante ans!
Je ne veux plus sortir.

M. DE PLINVILLE.

Ne sors pas, j'y consens.
Mais pourquoi te fâcher ainsi depuis une heure?

PICARD.

J'ai tort. Encore un coup, je veux rester.

M. DE PLINVILLE.

emeure.

ACTE V, SCÈNE II.

PICARD.

Pardonnez : je suis brusque et de mauvaise humeur ;
Mais, dans le fond, monsieur, croyez que j'ai bon cœur.

M. DE PLINVILLE.

Tu viens de m'en donner une preuve certaine.
Il est vrai qu'un moment tu m'as fait de la peine ;
Mais tu m'as fait encor plus de plaisir.

(*en le serrant dans ses bras.*)

Allons,
Mon vieux ami, jamais nous ne nous quitterons.
Me le promets-tu bien ?

PICARD.

Est-ce encore un reproche ?

M. DE PLINVILLE.

Non, mon cher. Laisse-moi ; car Morinval s'approche.
(*Picard sort. M. de Plinville regarde Morinval, qui s'avance sans le voir.*)
Ma fille a déclaré qu'elle ne l'aimoit pas :
Il est au désespoir ; il soupire tout bas.
Je veux le consoler.

SCÈNE III.

M. DE PLINVILLE, M. DE MORINVAL.

M. DE PLINVILLE.

Sortez donc, je vous prie,
Mon cher, de cette sombre et morne rêverie.
Votre malheur, au fond, se réduit à ce point :
C'est que l'on vous a dit qu'on ne vous aimoit point.
Je sens qu'un pareil coup d'abord est un peu rude ;
Mais vous voilà guéri de votre incertitude.

M. DE MORINVAL.

Le beau reméde !

M. DE PLINVILLE.

Enfin, il vaut mieux, Morinval,
Être d'avance instruit de ce secret fatal.
Angélique, d'ailleurs, n'est pas la seule au monde;
Il se peut qu'à vos soins un autre objet réponde.

M. DE MORINVAL.

Je n'en chercherai point ; j'en ferai bien le vœu.

M. DE PLINVILLE.

Tenez, s'il faut qu'ici je vous fasse un aveu,
J'approuve ce dessein. Dans un champêtre asile,
Vous menez une vie assez douce et tranquille;
Sur-tout, vous êtes libre; oui, peut-être, en effet,
Le veuvage, après tout, est-il mieux votre fait.

M. DE MORINVAL.

Vos consolations m'irriteroient, je pense,
Si je n'avois déja pris mon parti d'avance.
Mais je l'ai pris. Ceci ne m'a point étonné.
Je déplais; dès long-temps je l'avois soupçonné :
Je suis heureux ici comme dans tout le reste.
Aussi ce n'étoit point cela, je vous proteste,
Qui me faisoit rêver : je voudrois aujourd'hui,
Ne pouvant rien pour moi, travailler pour autrui.

M. DE PLINVILLE.

Comment ?

M. DE MORINVAL.

Oui, vous serez de mon avis, j'espère.
Je viens de découvrir un important mystère.

M. DE PLINVILLE.

Ah ! voyons.

ACTE V, SCÈNE III.

M. DE MORINVAL.

Angélique est rebelle à mes vœux;
Mais vous ne savez pas qu'un autre est plus heureux.

M. DE PLINVILLE.

Bon! un autre?

M. DE MORINVAL.

Oui, vraiment.

M. DE PLINVILLE.

Et quel est donc cet autre?

M. DE MORINVAL.

C'est Belfort.

M. DE PLINVILLE.

Belfort?

M. DE MORINVAL.

Oui.

M. DE PLINVILLE.

Quelle erreur est la vôtre!
Mais vous n'y pensez pas.

M. DE MORINVAL.

Vous pouvez, à présent,
Rire, vous récrier, trouver cela plaisant :
Il n'en est pas moins vrai que votre fille l'aime,
J'en suis sûr.

M. DE PLINVILLE.

Quoi! vraiment?... ma surprise est extrême.

M. DE MORINVAL.

Ils s'aiment... d'un amour sage, honnête, discret:
Il l'aime sans le dire, elle brûle en secret.
Cette honnêteté même est ce qui m'intéresse,
Et je veux, près de vous, protéger leur tendresse.
Écoutez : je suis riche, et plus que je ne veux.
Je suis veuf... pour toujours, sans enfants, sans neveux.

J'aime Belfort, je veux lui tenir lieu de père.
Il me paroît bien né, sensible, doux : j'espère
Qu'aidé de mon crédit, il fera son chemin,
Et d'Angélique, un jour, méritera la main.
Et moi, dès aujourd'hui, mon ami, je m'engage
A donner à Belfort ma terre en mariage.

M. DE PLINVILLE.

Laissez-moi respirer. Quel dessein généreux !
Eh quoi, mon cher ami, vous faites des heureux,
Et vous doutez encor si vous-même vous l'êtes !...
Mais que de ces enfants les amours sont discrètes !
Moi, j'en estime encore une fois plus Belfort.
Angélique est aimable ; il l'aime, il n'a pas tort ;
Ni ma fille non plus, car il est fait pour plaire.

M. DE MORINVAL.

Votre nièce s'avance. Ayons soin de nous taire.

SCÈNE IV.

Mme DE ROSELLE, M. DE PLINVILLE, M. DE MORINVAL.

Mme DE ROSELLE, *de loin, à part.*

Il faut les écarter de notre rendez-vous.
(*haut.*)
Encore ici, messieurs ? Eh mais, qu'y faites-vous ?
Ma tante se plaint fort, et dit qu'on l'abandonne,
Qu'on se promène : au fond, elle a raison.

M. DE PLINVILLE.

Pardonne.

Mme DE ROSELLE.

Savez-vous qu'en effet cela n'est pas galant ?

M. DE MORINVAL.

Monsieur me consoloit.

Mme DE ROSELLE.

Mon oncle est consolant,
Je le sais ; mais, de grace, allez trouver ma tante.

M. DE PLINVILLE.

Oui, dès qu'elle me voit, elle paroît contente.
Adieu. Redites-moi vos résolutions ;
 (*bas, à Morinval, en s'en allant.*)
Car j'aime avec transport les belles actions.

SCÈNE V.

Mme DE ROSELLE, *seule.*

La place est libre, au moins pour quelque temps, j'espère,
Et Belfort, à présent, peut amener son père.
Ce jeune homme m'inspire une tendre amitié.
Cette pauvre cousine aussi me fait pitié.
Je voudrois les servir, et venir à leur aide.
Ne pourrai-je à leurs maux apporter de reméde ?

SCÈNE VI.

M. BELFORT, Mme DE ROSELLE.

Mme DE ROSELLE.

C'est vous, monsieur ! quoi ! seul ? pourquoi n'avez-vous pas
Amené votre père ?

M. BELFORT.

Il est à deux cents pas,
Au bois de Rochefort.

13.

Mme DE ROSELLE.

    Qui l'empêchoit, de grace,
De venir avec vous jusque dans cette place?

M. BELFORT.

En voici la raison : il diffère d'entrer,
Parcequ'il ne veut pas encor se déclarer.
D'abord je vous annonce une grande nouvelle :
La fortune pour lui cesse d'être cruelle.
Le jeu le ruina : par un nouveau retour,
Le jeu, plus que jamais, l'enrichit en ce jour.
Et moi, sentant qu'enfin mon sort n'est plus le même,
Que je puis, au contraire, enrichir ce que j'aime,
J'ai tout dit à mon père. Il approuve mon feu,
Et consacre à son fils tout le produit du jeu.

Mme DE ROSELLE.

C'est le placer fort bien.

M. BELFORT.

    Ce n'est pas tout encore.
On aime à se vanter de ce qui nous honore.
J'ai parlé des bontés que vous aviez pour moi ;
Et je vous ai nommée... « O ciel ! dit-il, eh ! quoi ?
« Madame de Roselle ! elle doit m'être chère :
« Une tendre amitié m'unissoit à son père. »
Enfin il veut vous voir, il veut vous consulter.

Mme DE ROSELLE.

Un tel empressement a droit de me flatter.

M. BELFORT.

Sur moi, dit-il, il a quelque dessein en tête.
Ainsi vous comprenez le sujet qui l'arrête :
Avant de voir personne, il voudroit vous parler.

Mme DE ROSELLE.

Au bois de Rochefort hâtons-nous donc d'aller.

M. BELFORT.

Ah! ciel! je vois venir l'adorable Angélique.
Permettez qu'avec elle une fois je m'explique.

Mme DE ROSELLE.

Pas encor.

M. BELFORT.

Je voudrois savoir si, dans le fond,
On m'aime.

Mme DE ROSELLE.

L'on vous aime, et je vous en répond.
Laissez-moi lui parler.

SCÈNE VII.

Les précédents, ROSE, ANGÉLIQUE.

ROSE, *de loin à Angélique.*

Ah! Dieu! mademoiselle!
Monsieur Belfort avec madame de Roselle.

ANGÉLIQUE.

Rose disoit, monsieur, que vous étiez parti.

M. BELFORT.

Qui? moi, quitter ces lieux? jamais... J'étois sorti...
Un moment.

Mme DE ROSELLE.

Quelquefois un seul moment amène
Bien des choses.

M. BELFORT.

Sans doute; et j'ose croire à peine
Au changement...

Mme DE ROSELLE, *à M. Belfort.*

(*bas.*)   (*haut.*)
Paix donc. Qu'on me suive à l'instant.

ANGÉLIQUE.

On ne peut donc savoir?...

Mme DE ROSELLE.

Pardon; l'on nous attend
Pour conclure une affaire... une affaire pressée,
Dans laquelle vous-même êtes intéressée.
Sans adieu.

(*Elle sort avec M. Belfort.*)

SCÈNE VIII.

ROSE, ANGÉLIQUE.

ANGÉLIQUE.

Que dit-elle? une affaire, où je suis
Intéressée!... Eh! mais, à ceci je ne puis
Rien comprendre...

ROSE.

Ni moi. Monsieur Belfort m'étonne;
Car je l'ai vu partir.

ANGÉLIQUE.

Tiens, Rose, je soupçonne
Qu'il lui vient d'arriver un bonheur imprévu.

ROSE.

Vous croyez? ah! tant mieux.

ANGÉLIQUE.

Jamais je ne l'ai vu
Si joyeux ni si vif, sur-tout jamais si tendre.
Il ne m'a dit qu'un mot, qui sembloit faire entendre...
Que te dirai-je, enfin? J'espère, en vérité...

ROSE.

Tout ceci pique aussi ma curiosité.

Voici monsieur. Comment! il est presque en colère.
Pour la première fois, qui peut donc lui déplaire?

SCÈNE IX.

ROSE, ANGÉLIQUE, M. DE PLINVILLE.

ANGÉLIQUE.
Mon père, vous semblez fâché?
M. DE PLINVILLE.
J'en fais l'aveu.
Oui, je sens qu'en ce monde il faut souffrir un peu.
Morinval vient de faire une action nouvelle,
Aussi belle que l'autre, et peut-être plus belle...
En faveur de quelqu'un qui ne te déplaît pas,
Ma fille... et dont je fais moi-même un très grand cas.
Mais, par malheur, ce plan ne plaît pas à ta mère.
Nous la pressons en vain : elle a du caractère.
De là quelques débats : moi, qui n'y suis point fait,
J'ai laissé Morinval défendre son projet,
Et je viens respirer.
ANGÉLIQUE.
Et ne pourrai-je apprendre?...
M. DE PLINVILLE.
Pas encore. Avant peu ma femme va se rendre;
Car elle a de l'esprit. Puis, tour à tour il faut
L'un à l'autre céder : moi, j'ai cédé tantôt.
A vendre cette terre elle étoit décidée :
J'ai, quoiqu'avec regret, adopté son idée.
ANGÉLIQUE.
Vous avez consenti?

M. DE PLINVILLE.

Mon enfant, que veux-tu ?
Moi, je suis complaisant, c'est ma grande vertu,
Nous irons à Paris. Les champs, la capitale,
Toute demeure, au fond, pour le sage est égale.

ANGÉLIQUE.

Par-tout où vous serez, je serai bien aussi,
Mon père.

ROSE.

Cependant, nous étions bien ici.

M. DE PLINVILLE.

Mais, avec Morinval, je la vois qui s'avance.
S'ils pouvoient tous les deux être d'intelligence !
Nous serions tous contents.

SCÈNE X.

ROSE, ANGÉLIQUE, Mme DE PLINVILLE,
M. DE MORINVAL, M. DE PLINVILLE.

M. DE MORINVAL.

De grace, permettez,
Madame....

Mme DE PLINVILLE.

C'est en vain que vous me tourmentez :
Ne me parlez jamais de Belfort.

(*à Angélique.*)

A merveille !
C'est vous qui m'attirez une scène pareille.

ANGÉLIQUE.

Je ne sais pas encor de quoi vous m'accusez.

Mme DE PLINVILLE.

Vous souffrez près de vous des amants déguisés...

ACTE V, SCÈNE X.

ANGÉLIQUE.

De ce déguisement j'ignore le mystère.
Seroit-il autre chose ici qu'un secrétaire?

Mme DE PLINVILLE.

Je vous dis qu'il vous aime.

ANGÉLIQUE.

Hé bien donc, je le croi.
S'il lui plaît de m'aimer, est-ce ma faute, à moi?

Mme DE PLINVILLE.

Vous-même, vous l'aimez.

ANGÉLIQUE.

Qui vous dit que je l'aime?
A peine, en ce moment, si je le sais moi-même.

ROSE.

Et quand cela seroit, je l'aime bien aussi;
Ces messieurs... tout le monde, en un mot, l'aime ici.

Mme DE PLINVILLE.

Rose, vous tairez-vous? modérez votre zéle,

ROSE.

Mais, c'est que vous grondez toujours mademoiselle.

M. DE PLINVILLE.

Ne grondons point, ma femme; entendons-nous: causons.
Pour refuser Belfort, quelles sont vos raisons?

Mme DE PLINVILLE.

C'est un aventurier.

M. DE PLINVILLE.

Madame de Roselle
Connoît beaucoup son père.

Mme DE PLINVILLE.

Eh! bien, tant mieux pour elle.

M. DE PLINVILLE.

Puis, il s'est fait connoître.

Mme DE PLINVILLE.

Il est, d'ailleurs, sans bien.

M. DE MORINVAL.

Mais, encore une fois, je l'aiderai du mien.

Mme DE PLINVILLE.

Mais, encore une fois, gardez donc ces largesses :
Nous n'avons pas besoin, monsieur, de vos richesses.

M. DE MORINVAL, *à M. de Plinville.*

Je n'ai plus rien à dire, et je sors. Vous voyez
S'il faut croire au bonheur que vous me promettiez !
Je ne puis d'Angélique être l'époux moi-même,
Et je ne puis l'unir avec celui qu'elle aime.
Rien ne me réussit ; et pour dire encor plus,
J'offre mon bien aux gens, et j'essuie un refus.

(*Il sort.*)

SCÈNE XI.

ROSE, ANGÉLIQUE, Mme ET M. DE PLINVILLE.

M. DE PLINVILLE.

Il est vrai qu'un tel coup me seroit bien sensible.
Seroit-il malheureux ? Cela n'est pas possible.
Non, il n'est d'homme à plaindre ici que le méchant.
Morinval d'un bon cœur a suivi le penchant :
Quoique son offre ait eu le malheur de déplaire,
C'est avoir fait le bien, qu'avoir voulu le faire.

ROSE, *qui s'étoit retirée au fond du théâtre,*
revient en courant.

Madame de Roselle...

Mme DE PLINVILLE.

Hé bien ?

ROSE.

Est à deux pas;
Elle amène un monsieur, que je ne connois pas.

ANGÉLIQUE.

Un monsieur?

M. DE PLINVILLE.

Quelque ami qui vient me voir...

SCÈNE XII.

LES MÊMES, Mme DE ROSELLE, M. DORMEUIL.

Mme DE ROSELLE.

Ma tante,
Permettez que moi-même ici je vous présente
Monsieur, un étranger qui desireroit voir
Votre terre...

Mme DE PLINVILLE.

Au château nous allons recevoir
Monsieur...

M. DORMEUIL.

Je suis fort bien. A la première vue,
Madame, tout me plaît; une triple avenue,
Une entrée imposante, un superbe château,
Un parc immense; enfin, tout est grand, tout est beau.
On sait bien que jamais un acheteur ne loue;
Mais cette terre, à moi, me plaît, et je l'avoue.

M. DE PLINVILLE.

L'acquéreur même aussi me plairoit en tout point.

Mme DE ROSELLE.

Oh! c'est un acquéreur... comme l'on n'en voit point.

Mme DE PLINVILLE.

Monsieur s'annonce bien.

M. DORMEUIL.

Hai... que sait-on ? Peut-être
Gagnerai-je, madame, à me faire connoître.

Mme DE PLINVILLE.

J'aime à le croire.

M. DORMEUIL.

Eh ! mais, ces bois sont enchantés.
Les beaux arbres !

M. DE PLINVILLE.

C'est moi qui les ai tous plantés.
Ces arbres dès long-temps me prêtoient leur ombrage.

M. DORMEUIL.

Ce n'est pas encor là votre plus bel ouvrage.
(*en saluant Angélique.*)
De la terre je vois le plus digne ornement.

M. DE PLINVILLE.

Tout le monde, en effet, nous en fait compliment.
Vous paroissez, monsieur, un digne et galant homme.

M. DORMEUIL.

Au fait, vous estimez votre terre la somme?

M. DE PLINVILLE.

(*Il arrête et regarde sa femme.*)
Mais je crois qu'elle vaut... Combien (1) ?

Mme DE PLINVILLE.

Cent mille écus.

M. DORMEUIL.

Je ne contesterai point du tout là-dessus.
Je m'en rapporte à vous.

---

1 Ce mouvement, cette question, sont un impromptu infiniment heureux de Molé.

M.me DE PLINVILLE.
Un procédé si rare
Me touche.

M. DORMEUIL.
Il est tout simple. En outre, je déclare
Que j'entends bien payer la terre argent comptant.

M. DE PLINVILLE.
A votre aise.

M. DORMEUIL.
Pardon, c'est un point important,
Qui me regarde seul. Oui, je me crains moi-même.
J'ai sur certain article une foiblesse extrême.
Tenez, il faut qu'ici je vous fasse un aveu.
Le prix de votre terre est un argent du jeu :
Par cet achat, du moins, je sauve une partie
De six cent mille francs, que dans une partie...

M.me DE ROSELLE.
Quoi ! vous avez gagné deux fois cent mille écus ?

M. DORMEUIL, *souriant*.
On peut bien les gagner quand on les a perdus.

M.me DE PLINVILLE.
Quel est celui qui perd une somme si forte ?

M. DE PLINVILLE.
Bon ! le connoissons-nous ? ainsi, que nous importe ?
Voyons celui qui gagne, et non celui qui perd.

M.me DE ROSELLE.
Eh ! oui.

ANGÉLIQUE.
Le malheureux, sans doute, a bien souffert.

M. DORMEUIL.
Ma foi, c'est un joueur hardi, vif et tenace,
Un petit financier.

Mme DE PLINVILLE.

Un financier! de grace,
Vous le nommez?

M. DORMEUIL.

Dorval.

Mme DE PLINVILLE.

Je l'avois soupçonné;
Monsieur, c'est notre bien que vous avez gagné.

M. DORMEUIL.

J'aimerois mieux avoir gagné celui d'un autre.
Mais il pourroit encor redevenir le vôtre :
Il ne tiendra qu'à vous.

M. DE PLINVILLE.

Comment?

M. DORMEUIL.

Rien n'est plus clair.
Je n'ai qu'un fils, madame, un fils qui m'est bien cher :
Unissez-le, de grace, avec mademoiselle.
L'argent sera pour vous, et la terre pour elle.

M. DE PLINVILLE.

Monsieur...

M. DORMEUIL.

Vous hésitez, et vous avez raison,
Ne me connoissant pas. Mais Dormeuil est mon nom.
Mon habit vous annonce un ancien militaire.

Mme DE ROSELLE.

Oui, monsieur étoit même un ami de mon père,
N'ayant qu'un seul défaut, et mille qualités.
Ce parti me paroît très sortable.

(*bas à Angélique.*)
Acceptez.

ACTE V, SCÈNE XII.

M. DE PLINVILLE.

Ma fille, tu pourrois rendre cela possible.

Mme DE PLINVILLE.

(*à M. Dormeuil.*)

Je l'espère. Je suis on ne peut plus sensible
A votre offre, monsieur, je l'accepte.

M. DORMEUIL, *très haut.*

Mon fils,
Venez remercier madame.

SCÈNE XIII.

Les mêmes, M. BELFORT.

M. BELFORT.

J'obéis.

Mme DE PLINVILLE.

Ah! que vois-je?

Mme DE ROSELLE.

Ceci trompe un peu votre attente.

Mme DE PLINVILLE.

Comment! voici le fils de monsieur?

Mme DE ROSELLE.

Oui, ma tante.

M. DE PLINVILLE.

Je ne m'attendois pas à celui-ci, ma foi!
Voyez donc comme enfin tout s'arrange pour moi!

M. DORMEUIL, *à madame de Plinville.*

Madame voudroit-elle à présent se dédire?

Mme DE PLINVILLE.

Monsieur est votre fils : je n'ai plus rien à dire,
Car je rendis toujours justice à ses vertus.

M. BELFORT.

Ah! de tant de bontés vous me voyez confus.
(*à Angélique.*)
Dormeuil vous aime autant que Belfort a pu faire;
Et Belfort et Dormeuil...

ANGÉLIQUE.

Savent tous deux me plaire.

ROSE, *à M. Belfort.*

Pour moi, je ne sais pas, monsieur, si j'aurai tort;
Mais je vous nommerai toujours monsieur Belfort.

M. DORMEUIL.

J'ai, depuis quelque temps, essuyé bien des peines.
Enfin la chance tourne : il est d'heureuses veines.

M. DE PLINVILLE.

Moi, je n'ai jamais eu que du bonheur; hé bien,
Je suis, en ce moment, presque étonné du mien.

Mme DE ROSELLE.

Gardez votre bonheur; il vous sied à merveille.

M. DE PLINVILLE.

C'est qu'on ne vit jamais d'aventure pareille.
Est-ce un rêve? J'en fais assez souvent, dit-on;
Mais ce n'en est pas un qu'ici je fais; oh! non...

Mme DE ROSELLE.

La raison ne vaut pas les songes que vous faites.
Puissions-nous être tous heureux comme vous l'êtes!

Mme DE PLINVILLE.

Il ne sent pas qu'il l'est par hasard, cette fois.

M. DE PLINVILLE.

Qu'importe le hasard? pourvu que je le sois?
En quelque sorte on peut faire sa destinée....;
Mais récapitulez avec moi ma journée.
On étoit convenu d'un voyage sur l'eau:

Si nous partions, le feu consumoit le château.
On reste ; on l'éteint. Bon. Belfort, mon secrétaire,
Plaît à ma fille, il est fils d'un vieux militaire.
Je perds cent mille écus : fort bien. Voilà d'abord
Que celui qui les gagne est père de Belfort.
Monsieur me fait une offre aussi noble que franche,
Et, sans avoir joué, moi, je prends ma revanche.
Il propose son fils ; et, par un tour plaisant,
Ma femme le reçoit, tout en le refusant ;
Et ma fille, d'abord un peu contrariée,
Au gré de ses desirs se trouve mariée.
Je voudrois bien tenir notre ami Morinval :
Nous verrions s'il diroit encor que tout est mal !

Mme DE ROSELLE.

S'il alloit, comme vous, devenir optimiste ?

M. DE PLINVILLE.

Je ne sais ; il est né mélancolique et triste,
Et comme je l'ai dit, sa tristesse lui plaît.
Il faut bien l'excuser : mais, tout chagrin qu'il est,
Peut-être il va sentir que dans la vie humaine,
Le bonheur, tôt ou tard, fait oublier la peine.
Qu'il n'en est que plus doux, et que l'homme de bien,
L'homme sensible, alors, peut dire : *tout est bien.*

FIN DE L'OPTIMISTE.

VARIANTES DE L'OPTIMISTE (1).

ACTE TROISIÈME.

SCÈNE IX.

ENTRE M. DE PLINVILLE ET M. DE MORINVAL.

Après ces vers :

« Et l'ouvrier actif, le paysan robuste »,
Ont aussi leurs plaisirs et leurs jours de repos.

M. DE MORINVAL.

Fort bien : vous les voyez frais, gaillards et dispos.
Mais lorsque l'âge, ou bien quelque accident funeste
Viennent les assaillir?... et, sans parler du reste,
Nous gémissons encor de cet hiver affreux
Qui fit tant d'indigents et tant de malheureux!
Il venoit à la suite, il acheva l'ouvrage
D'un été, trop fameux par un terrible orage.

---

1 Ces vers furent ajoutés lors d'une représentation de *l'Optimiste*, qui fut donnée dans les premiers mois de 1789, au bénéfice des pauvres qui avoient tant souffert de cet hiver rigoureux ; et le public sentit vivement le témoignage rendu au zèle charitable des pasteurs.

On languissoit encore; et l'on mourut enfin;
On mourut, à-la-fois, et de froid et de faim.
Misère dans les champs, misère dans les villes;
Les travaux suspendus, les moulins immobiles.
Cet hiver-là, monsieur, c'étoit l'hiver dernier;
Et le printemps n'a pu vous le faire oublier.

M. DE PLINVILLE.

Non. Mais oubliez-vous les bontés secourables
Qu'on prodiguoit alors aux pauvres misérables?
Les pasteurs redoubloient leurs soins consolateurs;
Le public à l'envi secondoit ses pasteurs.
La charité, brûlant d'une flamme si pure,
Alloit dans tous les cœurs réveiller la nature.
Les riches, à sa voix, répandent tout leur or;
Et l'avare lui-même entr'ouvre son trésor...
C'étoit du superflu : mais l'humble mercenaire
Partage avec le pauvre un étroit nécessaire.
Tout plaisir supprimé, repas, jeux et concerts;
Les bals fermés par-tout, les spectacles déserts.
Une fois seulement la foule y fut bien grande:
Mais c'est qu'alors chacun y portoit son offrande,
Et que le pauvre seul en recueillant le fruit,
Du spectacle, à la porté, attendoit le produit.
Les papiers l'annonçoient : ajoutez l'espérance,
Qui de l'hiver sur-tout adoucit la souffrance.
Il fut long, j'en conviens; on souffrit; mais enfin
Personne ne mourut ni de froid ni de faim;
Et le ciel n'a permis cet excès de misères
Que pour nous rappeler que nous sommes tous frères.

M. DE MORINVAL.

On l'oubliera bientôt.

M. DE PLINVILLE.
Non. Je ne le crois pas.
M. DE MORINVAL.
Il n'est donc point de maux, de vrais maux ici-bas?
M. DE PLINVILLE.
Très peu.
M. DE MORINVAL.
Nos passions, etc.

FIN DES VARIANTES.

LES CHATEAUX

EN ESPAGNE,

COMÉDIE

EN CINQ ACTES ET EN VERS,

Représentée pour la première fois au Théâtre françois,
le 20 février 1789.

> Quel esprit ne bat la campagne?
> Qui ne fait châteaux en Espagne?
> Picrochole, Pyrrhus, la laitière, enfin tous,
> Autant les sages que les fous,
> Chacun songe en veillant; il n'est rien de plus doux.
> LA FONTAINE, *fable de la laitière et le pot au lait.*

PERSONNAGES.

M. D'ORFEUIL.
HENRIETTE, sa fille.
M. DE FLORVILLE, son futur époux.
M. D'ORLANGE, l'homme aux châteaux.
VICTOR, son valet.
JUSTINE, femme-de-chambre d'Henriette.
FRANÇOIS, valet de M. d'Orfeuil.
OLIVIER.
Un Laquais.

La scène est au château de M. d'Orfeuil.

LES CHATEAUX
EN ESPAGNE,
COMÉDIE EN CINQ ACTES.

La scène représente, pendant la pièce, une salle du château.

ACTE PREMIER.

SCÈNE I.

Mlle D'ORFEUIL, JUSTINE.

Mlle D'ORFEUIL.

Mon père ne vient point!

JUSTINE.

Il ne tardera guères :
Il avoit à Moulins, je crois, beaucoup d'affaires.

Mlle D'ORFEUIL.

Je crains...

JUSTINE.

Que craignez-vous?

Mlle D'ORFEUIL.

Je ne sais... Mais ces bois...
La nuit...

JUSTINE.

Bon! bon! monsieur est suivi de François.

Mlle D'ORFEUIL.

Et, dis-moi, que feroient deux hommes seuls sans armes?
Mon père devroit bien m'épargner ces alarmes,
Revenir moins tard....

JUSTINE.

Oui, sur-tout lorsqu'on l'attend,
Pour nous tranquilliser sur un point important.
Tenez, mademoiselle, en bonne conscience,
La peur sert de prétexte à votre impatience;
Pourquoi monsieur est-il de la sorte attendu?
C'est qu'au retour il doit parler du prétendu;
C'est qu'il doit apporter des lettres d'Abbeville,
Qui marqueront quel jour doit arriver Florville.

Mlle D'ORFEUIL.

On diroit que vraiment je ne pense qu'à lui!

JUSTINE.

Mais... nous n'avons parlé d'autre chose aujourd'hui :
Sujet inépuisable, et, depuis six semaines,
Encore neuf!

Mlle D'ORFEUIL.

C'est toi qui toujours le ramènes.

JUSTINE.

Je le ramène, moi, pour vous faire plaisir :
Dès que j'en dis un mot, je vous vois le saisir...

Mlle D'ORFEUIL.

Hé bien! je te l'avoue, oui, ma chère Justine,
Il me tarde de voir celui qu'on me destine.

JUSTINE.

Rien n'est plus naturel. Moi-même, en vérité,
J'ai sur ce point beaucoup de curiosité.

Mlle D'ORFEUIL.
Je me fais de Florville une image charmante.
JUSTINE.
J'ai peur qu'en le voyant cela ne se démente.
Mlle D'ORFEUIL.
Sans doute, il sera jeune et bien fait...
JUSTINE.
         Oui, d'accord.
Mlle D'ORFEUIL.
Noble dans son maintien.
JUSTINE.
        Cela peut être encor.
Mlle D'ORFEUIL.
Tiens, Justine, déja je le vois qui s'avance
D'un air respectueux, et pourtant plein d'aisance;
Car il sait allier la grace et la fierté,
Et ce qui frappe en lui sur-tout, c'est la bonté.
N'attends point un époux libre et trop sûr de plaire,
Qui se prévaut d'abord de l'aveu de mon père,
Et, sans me consulter, vient signer le contrat;
Mais un amant soumis, discret et délicat,
Qui doute, dans mes yeux démêle si je l'aime,
Et me veut obtenir seulement de moi-même.
JUSTINE.
Sans doute il a beaucoup d'esprit?
Mlle D'ORFEUIL.
         Assurément;
Non pas de cet esprit agréable, brillant,
Qui s'exhale en bons mots, en légères bluettes,
Et fait pour éblouir des sots ou des coquettes;
Mais un esprit solide, aussi juste que fin,
Soutenu, délicat, et... de l'esprit enfin.

Aussi je le pourrois distinguer entre mille :
Sophie, en un clin d'œil, reconnut son Émile.

JUSTINE.

Hé!... vous peignez d'après vos héros de romans.
Ces héros, j'en conviens, sont aimables, charmants;
Mais pas un n'exista, pas un n'est véritable.
Le vôtre n'est, je crois, ni vrai, ni vraisemblable.
Jamais on ne verra d'homme qui soit parfait,
Ni de femme non plus.

Mlle D'ORFEUIL.

Qu'est-ce que cela fait?
Laissez-moi l'espérance; elle me rend heureuse.

JUSTINE.

Pour vous, pour votre époux elle est trop dangereuse.
Votre époux, sans cela, vous eût paru fort bien :
Vous l'attendez parfait; il ne paroîtra rien ;
Moi, je monte moins haut, afin de moins descendre;
Et raisonnablement je crois pouvoir m'attendre
A voir, avec Florville, arriver un valet,
Un valet qui sera jeune, leste, bien fait,
Qui m'aimera d'abord, et me plaira de même,
Qui ne tardera pas à me dire qu'il m'aime,
Et bientôt de ma bouche obtiendra même aveu.
Ce n'est demander trop, ni demander trop peu :
Mais vous, mademoiselle, oh! c'est une autre affaire.

Mlle D'ORFEUIL.

Tu verras, tu verras si c'est une chimère!

JUSTINE.

J'ignore ce qu'au fond sera votre futur :
Rabattez-en d'avance un peu, c'est le plus sûr.
Mais quoi? j'entends du bruit; c'est monsieur.

ACTE I, SCÈNE I.

Mlle D'ORFEUIL.

Ah! Justine!

JUSTINE.

Le cœur bat, n'est-ce pas?

Mlle D'ORFEUIL.

Un peu.

JUSTINE.

Bon! J'imagine
Qu'il battra bien plus fort quand le futur viendra.

Mlle D'ORFEUIL.

Mon père tarde bien à monter.

JUSTINE.

Le voilà.

SCÈNE II.

Mlle D'ORFEUIL, M. D'ORFEUIL, JUSTINE.

M. D'ORFEUIL.

Me voici de retour! bonsoir, ma chère fille.
Qu'il est doux de revoir son château, sa famille,
Tout son monde! Ma foi, je ne suis bien qu'ici.

Mlle D'ORFEUIL.

Votre absence nous a paru bien longue aussi.

JUSTINE, *malicieusement.*

Ah! oui, si vous saviez ce que c'est que l'attente!
Nous soupirions!...

Mlle D'ORFEUIL, *vivement.*

Comment se porte donc ma tante?

M. D'ORFEUIL.

Assez bien : elle m'a chargé de t'embrasser;

Ma fille; et c'est par-là que je veux commencer.
(*Il l'embrasse.*)
J'ai fort heureusement fini la grande affaire.
J'ai d'avance arrangé tout avec mon notaire :
Je te donne à présent la moitié de mon bien...

Mlle D'ORFEUIL.

Épargnez-moi de grace, et changeons d'entretien.
Mon père... avez-vous?

M. D'ORFEUIL.
Quoi?

Mlle D'ORFEUIL.
Reçu quelques nouvelles?

M. D'ORFEUIL, *feignant de ne pas comprendre.*
De nouvelles? ah! oui.

Mlle D'ORFEUIL.
Vraiment? Quelles sont-elles?

M. D'ORFEUIL, *de même.*
Le grand-seigneur...

Mlle D'ORFEUIL.
C'est bien de cela qu'il s'agit!

M. D'ORFEUIL.
Un courrier de Berlin nous arrive, et l'on dit...

JUSTINE.
Il nous importe peu qu'il arrive, ou qu'il parte;
Et nous ne connoissons qu'un pays sur la carte,
C'est Abbeville.

M. D'ORFEUIL.
Ah! ah! j'en reçois aujourd'hui
Une lettre.

JUSTINE.
Allons donc!

ACTE I, SCÈNE II.

Mlle D'ORFEUIL.

Mon père... est-ce de lui?

M. D'ORFEUIL.

C'est l'oncle qui m'écrit. Je vais bien te surprendre :
Dès demain en ces lieux Florville peut se rendre.

Mlle D'ORFEUIL.

Vous ne le disiez pas : vous êtes méchant.

M. D'ORFEUIL.

Bon !
Je n'ai pas tout dit. Sache un trait plaisant... Mais non ;
Il sera plus prudent de t'en faire un mystère.

Mlle D'ORFEUIL.

Pourquoi?

M. D'ORFEUIL.

C'est que jamais tu ne sauras te taire.

Mlle D'ORFEUIL.

Que vous avez de moi mauvaise opinion !
Mon père, soyez sûr de ma discrétion.

M. D'ORFEUIL.

Eh ! mon Dieu ! nous savons ce que c'est qu'une fille :
Et Justine, d'ailleurs, qui babille, babille !...

Mlle D'ORFEUIL, *à demi-voix.*

Pour Justine, on pourroit l'éconduire, entre nous.

JUSTINE.

Oh ! non, je suis aussi curieuse que vous,
Et tout aussi prudente, au moins, je vous proteste :
Ainsi je prétends bien tout entendre, et je reste.

Mlle D'ORFEUIL.

Mon père, en vérité, vous êtes bien discret.

M. D'ORFEUIL.

Si vous me promettiez de garder le secret !...

Mlle D'ORFEUIL.

Ah! je vous le promets.

JUSTINE.

Je le promets de même.

M. D'ORFEUIL.

La chose est, voyez-vous, d'une importance extrême. Tenez.

(*Il tire une lettre de sa poche, et lit.*)

« Mon vieux ami... »

(*Il s'interrompt.*)

Que ce titre m'est cher!
Aussi notre amitié ne date pas d'hier:
Je le connus...

Mlle D'ORFEUIL.

Pardon, voulez-vous bien permettre
Que nous suivions le fil?

M. D'ORFEUIL.

Ah! oui.

(*Il continue de lire.*)

« D'hier matin,
« Notre jeune homme est en chemin,
« Et de près il suivra ma lettre;
« Mais j'ai cru vous devoir prévenir d'un dessein
« Assez bizarre, au fond, s'il faut ne rien vous taire.
« De sa future il desire, entre nous,
« Observer à loisir l'humeur, le caractère:
« Dans cette vue, il doit s'introduire chez vous
« En simple voyageur, avec l'air du mystère,
« Et non comme futur époux. »

JUSTINE.

Plaisante idée!

Mlle D'ORFEUIL.

Eh mais!... elle semble promettre...
Je ne sais quoi...

M. D'ORFEUIL, *avec intention.*

Pardon, voulez-vous bien permettre
Que nous suivions le fil?...

Mlle D'ORFEUIL.

Ah! j'ai tort, en effet.

M. D'ORFEUIL *continue de lire.*

« Je suis loin d'approuver un semblable projet;
« Mais j'ai cru cependant devoir vous en instruire :
« Car, prenant mon neveu pour un simple étranger,
   « Vous pourriez, sinon l'éconduire,
   « Mon cher, au moins le négliger.
« Embrassez bien pour moi votre charmante fille,
« Je suivrois mon neveu, si je me portois bien.
« Adieu. Derval. »

Plus bas, on lit par apostille :
« Gardez mieux mon secret que je ne fais le sien. »
(*à sa fille.*)
Hé bien! voilà le tour que Florville te joue!

Mlle D'ORFEUIL.

Il n'a rien d'offensant pour moi, je vous l'avoue.
Monsieur Derval a tort de blâmer son neveu.
Les époux d'à présent se connoissent trop peu.
Le projet de Florville annonce une belle ame;
Et qui d'avance ainsi veut connoître sa femme,
Est sans doute jaloux de faire son bonheur.

M. D'ORFEUIL.

Je lui pardonne aussi ce tour-là de bon cœur.
Qu'il t'observe de près, il en est bien le maître;
Tu ne peux que gagner à te faire connoître.

JUSTINE.
Mais on n'est pas fâché pourtant d'être averti.
M. D'ORFEUIL.
De l'avis, en effet, sachons tirer parti.
Il va jouer son rôle : hé bien, jouons le nôtre ;
Paroissons, en effet, le prendre pour un autre.
D'abord, comme il pourroit arriver dès ce soir,
J'ai dit à tous mes gens de le bien recevoir ;
Mais sans faire semblant du tout de le connoître.
JUSTINE.
Bon. J'entends des chevaux : c'est Florville, peut-être.

SCÈNE III.

Les précédents, FRANÇOIS.

FRANÇOIS, *hors d'haleine.*
Monsieur, votre futur est arrivé.
M. D'ORFEUIL.
Paix donc.
Je t'avois défendu ce terme-là.
FRANÇOIS.
Pardon ;
Je l'oubliois. Enfin, voici monsieur Florville...
M. D'ORFEUIL.
Encor! mais songe bien à réformer ton style.
FRANÇOIS.
Lui-même, il se trahit. Tenez, il me parloit,
A moi, comme l'on parle à son propre valet.
JUSTINE.
Et... son valet... est-il aussi bien de figure ?

FRANÇOIS.

Eh mais, il est fort bien, d'agréable tournure.

JUSTINE.

Et dis-moi...

M. D'ORFEUIL.

Finissons. Ne vas-tu pas le voir ?
Florville va monter ; il faut le recevoir.
(à François.)
Qu'il vienne.

(François sort.)

SCÈNE IV.

Mlle D'ORFEUIL, M. D'ORFEUIL, JUSTINE.

M. D'ORFEUIL, *à sa fille, qui paroît embarrassée.*
Eh mais, qu'as-tu ?

Mlle D'ORFEUIL.

L'arrivée imprévue...
De Florville...

M. D'ORFEUIL.

Hé bien ! quoi ?

Mlle D'ORFEUIL.

N'étant point prévenue...
Je suis en négligé.

M. D'ORFEUIL.

Bon ! cela ne fait rien.

Mlle D'ORFEUIL.

Pardonnez-moi... Je vais auparavant...

M. D'ORFEUIL.

Fort bien !

Passer à la toilette une heure ; et je parie
Qu'au retour tu seras une fois moins jolie.

Mlle D'ORFEUIL.

Je ris de tous ces riens, et m'y soumets pourtant ;
Je vous promets, du moins, de n'être qu'un instant.

(*Elle sort.*)

SCÈNE V.

M. D'ORFEUIL, JUSTINE.

M. D'ORFEUIL.

J'ai quelque chose encore à lui dire. Demeure.
Tu diras que je vais revenir tout-à-l'heure,
Que je suis sorti.

JUSTINE.

Bon.

(*M. d'Orfeuil sort.*)

SCÈNE VI.

JUSTINE, *seule*.

Fort bien. En tout ceci,
Je vois que je pourrai jouer mon rôle aussi.
Ils viennent : à mon tour, je sens le cœur me battre.
(*Elle regarde.*)
A merveille. Ils sont deux, ainsi nous serons quatre.

SCÈNE VII.

JUSTINE, M. D'ORLANGE, *en bottes*, VICTOR.

JUSTINE.

Monsieur, pour un moment, monsieur vient de sortir;
Si vous le desirez, quelqu'un va l'avertir.

M. D'ORLANGE.

L'avertir? point du tout. Ne dérangez personne;
J'attendrai.

JUSTINE.

Cependant...

VICTOR.

Ah! vous êtes trop bonne.
Moi, j'attendrois long-temps, si vous vouliez rester.

JUSTINE, *lui rendant la révérence*.

Vous êtes bien poli; je ne puis m'arrêter.

(*Elle sort.*)

SCÈNE VIII.

M. D'ORLANGE, VICTOR.

M. D'ORLANGE, *triomphant*.

Hé bien?

VICTOR.

Charmant accueil! rencontre inespérée!
D'honneur!

M. D'ORLANGE.

Mon cher Victor, cette imposante entrée,

Cet antique château, ces bois silencieux,
Dont la cime paroît se perdre dans les cieux,
Tout ceci me promet quelque grande aventure.

VICTOR.

Eh! mon Dieu! sans nous perdre en vaine conjecture,
Tenons-nous-en, de grace, à la réalité,
Monsieur; elle a de quoi suffire, en vérité!
On ouvre... moi, j'étois tremblant comme la feuille.
Je m'avance : on sourit, on s'empresse, on m'accueille;
Pour prendre les chevaux un garçon a volé,
Et du nom de monsieur l'on m'a même appelé :
J'entre enfin, et déjà tout le monde me fête.

M. D'ORLANGE.

Le maître de ces lieux est tout-à-fait honnête.

VICTOR.

Vous ne l'avez pas vu.

M. D'ORLANGE.

J'en juge par ses gens :
S'il étoit dur et fier, ils seroient insolents.
Tel valet, tel maître.

VICTOR.

Oui, rien n'est plus véritable;
Aussi, monsieur, chacun vous trouve fort aimable.

M. D'ORLANGE.

Victor ne manque pas de bonne opinion.

VICTOR.

Tel maître, tel valet. De ma réception
Je ne puis revenir ; elle est particulière.

M. D'ORLANGE.

Eh mais, suis-je par-tout reçu d'autre manière?
Et quand on se présente...

ACTE I, SCÈNE VIII.

VICTOR.

Ah! vous voilà bien fier!
Mais hier...

M. D'ORLANGE.

Il s'agit d'aujourd'hui, non d'hier.

VICTOR.

A la bonne heure; ici le hasard nous procure
Un asile; et demain?

M. D'ORLANGE.

Demain? autre aventure.

VICTOR.

Bonne réception, bon souper, bonne nuit;
C'est fort bien; mais sachons où cela nous conduit.
Voulez-vous donc toujours ainsi courir le monde
Et mener une vie errante et vagabonde?
Depuis plus de six ans je voyage avec vous
De royaume en royaume.

M. D'ORLANGE.

Il n'est rien de plus doux.

VICTOR.

Mais que vous reste-t-il, enfin, de vos voyages?

M. D'ORLANGE.

Le souvenir...

VICTOR.

D'avoir manqué vingt mariages,
Vingt solides emplois, et dans votre chemin,
Pour l'incertain toujours négligé le certain.
Et moi, nouveau Sancho d'un nouveau don Quichotte,
J'erre moi-même au gré du vent qui vous ballotte,
Pestant, grondant, sur-tout quand vous vous égarez,
Et parfois espérant, lorsque vous espérez :
Car vraiment je vous aime, et ne puis m'en défendre;

Je ris de vos projets, et j'aime à les entendre ;
Heureux ou malheureux, près de vous je me plais :
Je puis bien me fâcher; mais vous quitter! jamais.

M. D'ORLANGE.

Va, je sens tout le prix d'un serviteur fidèle :
Tu seras quelque jour bien payé de ton zèle.

VICTOR.

Vous promettez monts d'or, et n'avez pas un sou.

M. D'ORLANGE.

J'ai du bien... quelque part.

VICTOR.

Vous ne savez pas où.

M. D'ORLANGE.

Mon oncle...

VICTOR.

Ah! oui, c'étoit un digne et galant homme,
Qui nous faisoit passer tous les mois quelque somme.
Mais las! depuis six mois, pas un petit billet :
J'aimois bien cependant ceux qu'il vous envoyoit.
Il est peut-être mort.

M. D'ORLANGE.

Quel présage sinistre!
Il me reste, en tout cas, la faveur du ministre,
Dans les papiers publics j'ai reconnu son nom :
De mon père, au collége, il étoit compagnon ;
Et de cette amitié j'hérite en droite ligne.
Sa lettre me l'annonce.

VICTOR.

Une lettre qu'il signe,
Et pour la forme.

M. D'ORLANGE.

Il m'a répondu tout d'un coup.

VICTOR.

Quatre mots seulement.

M. D'ORLANGE.

Mais qui disent beaucoup.
Il ne rougira point de cette connoissance.
J'ai, sans trop me flatter, un nom, de la naissance.
De mes voyages j'ai recueilli quelque fruit,
Et dans le droit public je suis assez instruit.
Oui, dès demain, je pars, et je vole à Versaille,
Comme pour annoncer le gain d'une bataille.
D'abord chez le ministre, en courrier, je descends;
Et, sans lui prodiguer un insipide encens,
Moi, je lui dis : « Monsieur, vous trouverez peut-être
« Mon entrée un peu leste : elle me fait connoître :
« Tel à vos yeux d'Orlange en ce jour vient s'offrir,
« Tel, et plus prompt encor, vous le verrez courir,
« S'il pouvoit être utile à son prince, à la France. »
Cet air d'empressement, et sur-tout d'assurance,
Le frappe : nous causons ; il m'observe avec soin ;
Et je l'entends qui dit : « Ce jeune homme ira loin. »
Dans la journée il vaque un honorable poste ;
Mille gens l'attendoient ; et moi qui viens en poste,
Tout botté, je l'emporte ; et voilà mon début.
Ce n'est qu'un premier pas : je vais droit à mon but,
Je ferai mon chemin : je puis, de grade en grade,
Tout naturellement aller à l'ambassade...
Que sais-je, enfin ?... je puis être... ministre un jour,
Et je protégerai les autres à mon tour.

VICTOR, *persuadé par degrés.*

Ah! vous n'oublierez pas, j'espère, mon bon maître,
Un pauvre serviteur...

M. D'ORLANGE.

Non, tu dois me connoître;
Sois tranquille; toujours tu seras mon ami:
Tu seras d'un ministre un jour le favori.

VICTOR.

Est-il possible?

M. D'ORLANGE, *gravement.*

Mais soyez modeste et sage,
Et de votre crédit sachez régler l'usage.
Victor, de mes faveurs vous n'êtes le canal
Que pour faire le bien, non pour faire le mal.

VICTOR, *humblement.*

Ah! croyez que jamais ce ne sera ma faute,
Si par hasard...

M. D'ORLANGE.

Fort bien. Revenons à notre hôte,
Il me prend par la main, me conduit au salon,
Me présente lui-même à ces dames...

VICTOR.

Ah! bon.
Nous verrons quelque jour nos attentes remplies.
Et ces dames, monsieur, à coup sûr sont jolies!

M. D'ORLANGE.

Oh! oui. La demoiselle, ou je suis bien trompé,
Est charmante! et d'honneur, j'en suis d'abord frappé.
Je me remets bientôt, comme tu crois.

VICTOR.

Sans doute.

M. D'ORLANGE.

La mère m'interroge, et la fille m'écoute.
J'ai voyagé, Victor: j'en ai pour plus d'un soir.
A table, entre elles deux on m'invite à m'asseoir.

Je dévore. Au dessert, la demoiselle chante :
Quel goût délicieux ! et quelle voix touchante !
On me mène en un grand et bel appartement :
Je suis las ; je m'endors délicieusement.
La jeune demoiselle a moins dormi peut-être.
On déjeune. Victor vient avertir son maître.
Je me lève... l'on veut en vain me retenir :
Je pars, après avoir promis de revenir.
VICTOR, *hors de lui-même.*
Restons, monsieur, restons encor cette journée.
M. D'ORLANGE.
Je reviendrai, Victor, une fois chaque année.

SCÈNE IX.

Les précédents, M. D'ORFEUIL.

M. D'ORFEUIL.
Je rentre en ce moment : daignez me pardonner,
Monsieur.
M. D'ORLANGE.
C'est moi plutôt qui crains de vous gêner.
M. D'ORFEUIL.
(*à Victor.*)
Vous ! Mon ami, quelqu'un va vous faire connoître
L'appartement que doit occuper votre maître ;
Croyez, d'ailleurs, qu'ici rien ne vous manquera.
VICTOR.
En vérité... Monsieur, rien ne manque déja.
Tout le monde, en ces lieux, sans doute est trop honnête :
Le jour où l'on s'égare est un vrai jour de fête.
(*Il sort.*)

SCÈNE X.

M. D'ORFEUIL, M. D'ORLANGE.

M. D'ORFEUIL.
En ce château, monsieur, soyez le bien-venu.
J'espère, quand de vous je serai mieux connu...

M. D'ORLANGE.
Je vous connois si bien, que je vous ferai grace
De ces remerciements, dont un autre, en ma place...

M. D'ORFEUIL.
Des remerciements? bon!... Il ne m'en est point dû;
Et dans votre alentour, si je m'étois perdu,
Vous feriez même chose assurément.

M. D'ORLANGE.
Sans doute.

M. D'ORFEUIL.
Comment donc avez-vous quitté la grande route?
(*à part.*)
Voyons ce qu'il dira.

M. D'ORLANGE.
J'ai trouvé deux chemins.
L'un vraisemblablement conduisoit à Moulins,
Et l'autre dans un bois d'assez belle apparence.
Moi, j'ai toujours aimé les bois de préférence;
Je choisis celui-ci.

M. D'ORFEUIL.
Vous fîtes bien, ma foi.
L'autre mène à Moulins, et celui-ci chez moi.

M. D'ORLANGE.
Je m'en sais très bon gré. Dans cette conjoncture

ACTE I, SCÈNE X.

Tout est heureux pour moi... jusqu'à mon aventure
De voleurs, que je veux vous conter.

M. D'ORFEUIL.

Ah! fort bien.

(*à part.*)
J'attendois les voleurs.

M. D'ORLANGE.

Je vois... je ne vois rien ;
Mais j'entends près de moi.

M. D'ORFEUIL.

Des voleurs.

M. D'ORLANGE.

Ils accourent!
Et mon valet s'enfuit.

M. D'ORFEUIL.

Le poltron!

M. D'ORLANGE.

Ils m'entourent.

M. D'ORFEUIL.

Que fîtes-vous alors?

M. D'ORLANGE.

J'étois seul contre dix.
Je pris pourtant un ton très ferme, et je leur dis :
« Messieurs, que me veut-on? ma bourse? on peut la prendre.
« S'agit-il de mes jours? je saurai les défendre. »
Je tire alors ma bourse, et je la jette en l'air ;
Et bientôt je saisis mes armes.

M. D'ORFEUIL.

Bon.

M. D'ORLANGE.

Mon air
Les étonne.

M. D'ORFEUIL.

Fort bien.

M. D'ORLANGE.

Un moment ils se taisent.
L'un d'eux enfin me dit : « Les braves gens nous plaisent.
« L'argent, nous le gardons, nous en avons besoin :
« Mais attaquer vos jours? nous en sommes bien loin.
« Venez, nous vous servons et de guide et d'escorte. »
Ils m'ont tenu parole, et jusqu'à votre porte
Ils m'ont suivi ; voilà ce qui m'est arrivé.

M. D'ORFEUIL.

(*à part.*)

Le récit est piquant, on ne peut mieux trouvé.
(*haut.*)
Monsieur, vous m'avez l'air d'un digne et galant homme,
Et... de grace, peut-on savoir comme on vous nomme?

M. D'ORLANGE.

D'Orlange.

M. D'ORFEUIL.

Bon. Monsieur d'Orlange, allons, venez.
Ma fille avec plaisir vous verra.

M. D'ORLANGE.

Pardonnez,
Si je suis indiscret. Vous n'avez qu'une fille?

M. D'ORFEUIL.

Une seule, monsieur ; c'est toute ma famille,
Ma seule joie ; aussi je l'aime uniquement.

M. D'ORLANGE.

Et vous êtes payé d'un tendre attachement,
Sans doute?

M. D'ORFEUIL.

Je le crois. Elle est sensible, aimante.

ACTE I, SCÈNE X.

Ce sera, je l'espère, une femme charmante,
Il ne m'appartient pas, monsieur, de la louer;
Henriette est aimable, il le faut avouer.

M. D'ORLANGE.

Mais ce sera pour vous une peine cruelle,
Lorsqu'un jour il faudra que vous vous priviez d'elle?

M. D'ORFEUIL.

Je voudrois que mon gendre ici pût demeurer.
Mais, s'il faut de ma fille enfin me séparer,
Je saurai me résoudre à cette perte affreuse;
Et si son mari l'aime...

M. D'ORLANGE.

    Eh quoi! vous en doutez?
J'en répondrois pour lui.

M. D'ORFEUIL.

    Vous me le promettez?

M. D'ORLANGE.

Assurément.

M. D'ORFEUIL.

   Fort bien. Vous allez la connoître:
Venez.

M. D'ORLANGE.

  Je ne suis pas en état de paroître.

M. D'ORFEUIL.

Bon!

M. D'ORLANGE.

  Pour me débotter je demande un moment.

M. D'ORFEUIL.

Je vais donc vous conduire à votre appartement;
Car vous êtes chez vous, monsieur, daignez le croire.

M. D'ORLANGE, *d'un accent très prononcé.*

Monsieur! les anciens, dont on vante l'histoire,

Remplissoient les devoirs de l'hospitalité
Avec moins de franchise et moins de loyauté.

M. D'ORFEUIL.

Ces devoirs à remplir n'ont rien que de facile.
A tous les voyageurs ici j'offre un asile,
De bon cœur : après tout, rien n'est plus naturel.
Parmi ces voyageurs, il s'en présente... tel
Qui de tout le passé me paye avec usure.
Établissez-vous donc ici, je vous conjure.

M. D'ORLANGE.

(*à part.*)

Monsieur !... Il est vraiment aimable tout-à-fait.

M. D'ORFEUIL.

De mon gendre je suis déja très satisfait.

(*Ils sortent ensemble.*)

FIN DU PREMIER ACTE.

ACTE SECOND.

SCÈNE I.

JUSTINE, VICTOR.

VICTOR.
Mais je ne reviens point de ma surprise extrême.
Quoi! tous les étrangers sont-ils reçus de même,
Mademoiselle?

JUSTINE.
Oh! non. Ils ne le sont pas tous;
Tous ne sont pas, monsieur, aimables comme vous.

VICTOR.
Aimable! oh, moi, je suis bon enfant; mais du reste
Je ne me pique point...

JUSTINE.
Vous êtes trop modeste.

VICTOR.
Non, modestie à part; c'est que l'on m'a reçu
Comme quelqu'un vraiment qui seroit attendu.

JUSTINE.
Voyez un peu!

VICTOR.
Pourquoi faut-il partir si vite?

JUSTINE.
Bon!

VICTOR.
Nous ne demandions qu'un souper et le gîte:

Nous les trouvons, sans doute, excellents ; mais demain
Il faudra de Paris reprendre le chemin.

JUSTINE.

Peut-être aussi que non.

VICTOR.

Comment cela ?

JUSTINE.

Que sais-je ?
Le mauvais temps, la pluie, ou le vent, ou la neige...

VICTOR.

Rien n'arrête monsieur ; et jamais nulle part
Il ne reste deux jours : dès le matin il part.
Vous ne connoissez pas, je le vois bien, mon maître.

JUSTINE.

Il est pourtant, je pense, aisé de le connoître.
C'est donc un voyageur ?

VICTOR.

C'est un vrai Juif errant.
Il court toujours le monde, et le monde est bien grand ;
Il aime à voyager, et moi j'aime à le suivre ;
Dès l'enfance avec lui j'ai coutume de vivre :
Aussi, famille, amis, pour lui j'ai tout quitté ;
Et sur ses pas, moi, fait pour la tranquillité,
Pour vivre avec ma femme, en mon petit ménage...

JUSTINE, *vivement.*

Vous êtes marié !

VICTOR.

Non, vraiment, dont j'enrage,

JUSTINE, *à part.*

Tant mieux ; j'avois bien peur.

VICTOR.

Je disois seulement

Que j'étois fait pour l'être; aussi probablement
Je prendrai ce parti.

JUSTINE.
Bientôt?

VICTOR.
Mais je l'ignore.

JUSTINE.
Votre maître n'est point marié?

VICTOR.
Pas encore;
Et de long-temps, je pense, il ne se mariera.

JUSTINE.
Vous verrez que lui-même il finira par là.

VICTOR.
Vous croyez?

JUSTINE.
Au revoir; j'aperçois Henriette.

VICTOR.
Moi, je vais de monsieur achever la toilette.

JUSTINE.
Qu'il se dépêche donc: allez, dites-le-lui.
S'il part demain, du moins qu'on le voie aujourd'hui.

VICTOR.
Peut-être il feroit mieux d'éviter l'entrevue;
Et pour moi, je crains bien de vous avoir trop vue.
(*Il sort.*)

JUSTINE, *le suivant des yeux.*
Il n'est pas mal.

SCÈNE II.

Mlle D'ORFEUIL, JUSTINE.

Mlle D'ORFEUIL.
Quel est celui qui te parloit?

JUSTINE.
C'est mon futur, à moi.

Mlle D'ORFEUIL.
J'entends. C'est le valet...

JUSTINE.
Si j'en juge par lui, vous aimerez le maître.

Mlle D'ORFEUIL.
Ce maître, en vérité, tarde bien à paroître.

JUSTINE.
Il s'habille, il s'arrange...

Mlle D'ORFEUIL, *vivement.*
Il étoit comme il faut.
Qu'il se pare un peu moins, et qu'il vienne plus tôt.

JUSTINE.
Monsieur pouvoit tantôt vous dire même chose.

Mlle D'ORFEUIL.
A propos... Tu l'as vu, Justine?

JUSTINE.
Hé bien?

Mlle D'ORFEUIL.
Je n'ose
T'interroger... Enfin, comment le trouves-tu?

JUSTINE.
Je n'en puis trop juger; je ne l'ai qu'entrevu.
Seulement il est jeune et d'aimable figure.

Mlle D'ORFEUIL.

Pour le reste déja c'est un heureux augure;
Justine, conviens-en.

JUSTINE.

Oui, j'en tombe d'accord,
Mademoiselle; il plaît dès le premier abord:
Il a l'air franc, ouvert, des manières aisées.

Mlle D'ORFEUIL.

Mes espérances donc seront réalisées.

JUSTINE.

Ah! doucement. Ce n'est qu'un indice léger:
Mais par vous-même enfin vous en allez juger.

SCÈNE III.

Mlle D'ORFEUIL, M. D'ORLANGE, JUSTINE.

M. D'ORLANGE, *avec un nouvel habillement.*
Voici, mademoiselle, une heureuse disgrace.
A la nuit, au hasard, que je dois rendre grace!
De détours en détours m'amener jusqu'ici,
C'est conduire fort bien que d'égarer ainsi.

JUSTINE.

Quelquefois dans la vie il faut que l'on s'égare.

M. D'ORLANGE.

Eh! mais, cet accident chez moi n'est pas très rare:
Je l'avouerai, souvent cela m'est arrivé:
Presque toujours aussi je m'en suis bien trouvé.

JUSTINE.

Vous le faites exprès, peut-être?

M. D'ORLANGE.

Je m'écarte

Volontiers. Je ne sais les chemins ni la carte;
Mais je marche au hasard. Si la nuit m'a surpris,
De ce petit malheur moi-même je souris,
Sûr de voir tôt ou tard, de loin, une lumière;
Tantôt c'est un château, tantôt une chaumière.
Hier, je fus reçu par un bon paysan,
A qui, par parenthèse, avant qu'il soit un an,
Je prétends bien causer une douce surprise.
Ici, je trouve encore, avec même franchise,
Plus de goût, plus de grace, et j'admire, d'honneur!...

Mlle D'ORFEUIL.

Vous aimez donc beaucoup à voyager, monsieur?

M. D'ORLANGE.

Ah! beaucoup. Est-il rien de plus doux dans la vie,
Que d'aller, de venir, au gré de son envie?

Mlle D'ORFEUIL.

Mais... on se fixe enfin.

M. D'ORLANGE.

Eh! mais, en vérité,
De se fixer ici l'on seroit bien tenté.
Où trouver, en effet, un lieu plus agréable,
Plus riant, et sur-tout un accueil plus aimable?
Mais je ne puis long-temps m'arrêter nulle part.

Mlle D'ORFEUIL.

Vous arrivez, déja vous parlez de départ!

M. D'ORLANGE.

N'en parlons point ce soir; mais demain, dès l'aurore,
Il faudra...

JUSTINE.

Bon! demain vous serez las encore.
Mais de la sorte enfin si toujours vous errez,
Jamais, en ce cas-là, vous ne vous marierez.

ACTE II, SCÈNE III.

M. D'ORLANGE.

On ne voyage pas toujours.

JUSTINE.

Oh! non, sans doute.
Un beau jour, par hasard, on trouve sur sa route...
Tel objet... qui vous plaît, qui sait vous engager;
Et l'on ne songe plus alors à voyager.

M. D'ORLANGE.

Peut-être bien qu'un jour ce sera mon histoire.
Cependant je serois parfois tenté de croire
Que je ne suis point fait pour être marié.

Mlle D'ORFEUIL.

Pourquoi, monsieur?

M. D'ORLANGE.

Je crains d'être contrarié
Dans mes goûts; car je suis ennemi de la gêne;
Et l'hymen le plus doux est toujours une chaîne.

Mlle D'ORFEUIL.

Cette chaîne est légère, et n'a rien d'effrayant.

M. D'ORLANGE.

J'aime la liberté.

Mlle D'ORFEUIL.

Mais, en vous mariant,
Vous ne la perdrez point.

M. D'ORLANGE.

Les femmes sont charmantes,
Je le vois; mais souvent elles sont... exigeantes.
Elles veulent qu'on soit toujours à leurs côtés,
Qu'on prodigue les soins, les assiduités:
D'un tel effort je sens que je suis incapable.
Et je pourrois par jour être souvent coupable.

Mlle D'ORFEUIL.

Il faudroit bien alors souvent vous pardonner.

M. D'ORLANGE.

Parfois, pendant un mois, je puis me promener.

Mlle D'ORFEUIL.

Il faudroit bien encor pardonner cette absence :
Le devoir d'une femme est dans la complaisance.
Une fois prévenue.

M. D'ORLANGE.

Oh! je l'en préviendrois;
Car si j'étois au point d'épouser, je voudrois
Connoître bien ma femme, être bien connu d'elle.

JUSTINE.

Oui-da!

M. D'ORLANGE.

Je lui dirois: « Tenez, mademoiselle... »
Mais quoi, je vous ennuie.

Mlle D'ORFEUIL.

Achevez, s'il vous plaît;
Je prends à vos discours le plus vif intérêt.

JUSTINE.

(*à part.*)

Moi de même. Voyons où tout ceci nous mène.

M. D'ORLANGE.

« Je n'aimerai que vous, vous le croirez sans peine;
« Dirois-je à ma future... »

Mlle D'ORFEUIL.

Oh! oui, j'entends fort bien.

M. D'ORLANGE.

« Mais je suis né galant, tel même, j'en convien,
« Que l'on pourroit parfois me croire un peu volage.
« Toute femme jolie a droit à mon hommage :

« Trop heureux de lui plaire en tous temps, en tous lieux!
« Or, même après l'hymen, j'aurai toujours des yeux;
« Et je croirai pouvoir, sans inspirer de doutes,
« Préférer une femme, et vouloir plaire à toutes. »

JUSTINE.

C'est tout simple. Sans doute aussi, de son côté,
Monsieur lui laisseroit la même liberté;
Verroit avec plaisir, même après l'hyménée,
De mille adorateurs sa femme environnée,
Sourire à l'un, flatter cet autre d'un coup d'œil,
Et faire à tout le monde un caressant accueil:
Aux lieux publics, au bal, à la pièce nouvelle,
Par-tout aller sans lui, puisqu'il iroit sans elle;
Et, comme vous disiez, fidèle à son époux,
Le préférer, d'accord, mais vouloir plaire à tous.

M. D'ORLANGE.

Eh! mais...

JUSTINE.

Voilà pourtant ce qu'il faudroit permettre.

M. D'ORLANGE.

C'est ce qu'en vérité je n'oserois promettre.
Vous faites un portrait qui n'est pas séduisant.

Mlle D'ORFEUIL.

Rassurez-vous, monsieur; Justine, en s'amusant,
A peint une coquette, et non... votre future.

JUSTINE.

Quoi! seriez-vous, monsieur, jaloux, par aventure?

M. D'ORLANGE.

Peut-être, un peu.

Mlle D'ORFEUIL.

Pourtant, il faudroit, entre nous,
Ou n'être point volage, ou n'être point jaloux;

Sinon, vous aurez peine à trouver une femme.
M. D'ORLANGE.
Aussi, je le sens bien dans le fond de mon ame,
Je suis fait pour l'amour, mais très peu pour l'hymen.
JUSTINE, *à part.*
De bonne foi, du moins, il fait son examen.
M. D'ORLANGE.
Je dis ce que je pense; excusez ma franchise.
Mlle D'ORFEUIL.
Moi, je vous en sais gré, s'il faut que je le dise.
En de tels sentiments j'ai regret de vous voir;
Mais je suis très charmée, au fond, de le savoir.
M. D'ORLANGE.
Laissons donc là l'hymen, et parlons d'autre chose :
Aussi-bien, ce seroit s'inquiéter sans cause.

SCÈNE IV.

LES PRÉCÉDENTS, M. D'ORFEUIL.

M. D'ORFEUIL, *de loin, à part.*
Eh! mon gendre n'a point un air embarrassé.
(*haut.*)
Hé bien, mon cher monsieur, êtes-vous délassé?
M. D'ORLANGE.
Dès le moment qu'ici j'ai vu mademoiselle.
M. D'ORFEUIL.
Pardon, si je vous ai laissé seul avec elle.
M. D'ORLANGE.
C'est, au contraire, à moi de vous remercier.
Malheur à qui pourroit ne pas apprécier
Son charmant entretien, et la grace qui brille!...

M. D'ORFEUIL.

Vous me flattez, monsieur. Il est vrai que ma fille
Lit beaucoup.

Mlle D'ORFEUIL.

Ah! plutôt j'écoute ce qu'on dit,
Mon père, et j'ai grand soin d'en faire mon profit.
Tel entretien instruit bien mieux qu'une lecture.

M. D'ORFEUIL.

Monsieur t'a donc conté quelque grande aventure?
J'aime les voyageurs : ils content volontiers ;
Et moi, j'écouterois pendant des jours entiers.
Je prends, le plus souvent, leurs récits pour des fables ;
Car ils ont toujours vu des choses incroyables.
Êtes-vous voyageur dans la force du mot ?

Mlle D'ORFEUIL.

A quelque chose près.

JUSTINE, *à part.*

Florville n'est point sot.

M. D'ORFEUIL.

Contez-nous donc, monsieur, quelqu'étonnante histoire.

M. D'ORLANGE.

A quoi bon vous conter? vous ne voulez rien croire,
Monsieur.

M. D'ORFEUIL.

Il est bien vrai que je suis prévenu ;
Mais je ne vous veux pas traiter en inconnu.
Allons, je vous croirai ; je le promets d'avance.
De quel pays, monsieur, êtes-vous?

M. D'ORLANGE.

De Provence.

M. D'ORFEUIL.

De Provence? Voyez! je ne l'aurois pas cru :

Vous n'avez point l'accent.
M. D'ORLANGE.

C'est que j'ai tant couru!
En voyageant, l'accent diminue et s'efface.
JUSTINE, *bas à sa maîtresse.*

Il ment fort bien.
Mlle D'ORFEUIL, *bas à Justine.*

Avec trop d'aisance et de grace.
M. D'ORFEUIL.

Vous avez donc bien vu du pays?
M. D'ORLANGE.

Vous riez,
Monsieur; mais cependant, tel que vous me voyez,
J'ai déja parcouru presque l'Europe entière.
M. D'ORFEUIL.

L'Europe?
JUSTINE, *à part.*

Il n'a pas vu, je gage, la frontière.
M. D'ORFEUIL.

Comment voyagez-vous?
M. D'ORLANGE.

De toutes les façons,
Suivant les temps, les lieux et les occasions;
Par eau comme par terre, à cheval, en voiture,
A pied même, pour mieux observer la nature.
JUSTINE.

Monsieur semble, en effet, curieux d'observer.
Mlle D'ORFEUIL.

Et chacun en cela ne peut que l'approuver:
On voit bien mieux de près.
M. D'ORFEUIL.

Je vous attends à table,

Monsieur; de questions d'abord je vous accable.
M. D'ORLANGE.
De questions, monsieur? ma foi, je mangerai,
Je le sens, beaucoup plus que je ne conterai.
Grace jusqu'au dessert.
M. D'ORFEUIL.
    Soit. Aussi-bien j'espère
Que nous nous reverrons.
M. D'ORLANGE.
     Espérance bien chère!
J'aurois trop de regret de ne vous voir qu'un jour,
Si je n'avois du moins l'espoir d'un prompt retour.
M. D'ORFEUIL.
J'y compte, assurément : aussi-bien, quand j'y pense,
C'est le chemin, je crois, pour aller en Provence.
M. D'ORLANGE.
Eh mais, quand il faudroit se détourner un peu,
Cent milles de chemin ne sont pour moi qu'un jeu.
Puis, comme vous disiez, c'est en effet la route.
Oui, dans ces lieux charmants je reviendrai sans doute;
Mais souffrez que j'y mette une condition.
M. D'ORFEUIL.
Laquelle donc?
M. D'ORLANGE.
    Eh oui! votre réception
Me touche, me pénètre; elle est et noble et franche :
Ne pourrai-je, chez moi, prendre un jour ma revanche?
M. D'ORFEUIL.
Eh mais...
M. D'ORLANGE.
Promettez-moi d'y venir.

M. D'ORFEUIL.

En effet,
Votre invitation me flatte tout-à-fait ;
Et je ne vous dis pas qu'un jour je n'y réponde.
Ce voyage seroit le plus joli du monde.

M. D'ORLANGE.

Mademoiselle... au moins, sans trop être indiscret,
J'ose le croire, alors, vous accompagneroit.

Mlle D'ORFEUIL.

Par-tout, avec plaisir, j'accompagne mon père ;
Cette partie auroit sur-tout droit de me plaire.

M. D'ORLANGE.

Ce que vous dites là me charme, en vérité,
Mademoiselle ; moi, j'ai toujours souhaité,
Lorsque je me mettois pour long-temps en campagne,
Au lieu d'un compagnon, d'avoir une compagne.
On part un beau matin, suivi d'un écuyer :
Elle est en amazone, ou bien en cavalier.
Tout prend autour de vous une face nouvelle ;
L'air est plus doux, plus pur, la nature plus belle.
On s'arrête, on sourit, on se montre des yeux
Ce qu'on voit, on en parle ; enfin, on le voit mieux.
Est-on las ? on descend au bord d'une fontaine ;
Et dans ce doux repos on oublieroit sans peine
Le voyage lui-même. En un joli château
On arrive le soir, toujours *incognito* :
Car c'est là ma manière ; et je hais, en voyage,
Tout appareil, tout faste et tout vain étalage.
De l'Europe, du monde, on fait ainsi le tour,
Tout en se promenant. Quel plaisir, au retour,
Quand le soir, près du feu, l'on se rappelle ensemble
Ce qu'on a vu, tel jour, en tel endroit ! Il semble

ACTE II, SCÈNE IV.

Qu'on le revoie encore en se le racontant.

M. D'ORFEUIL.

Je crois voir tout cela moi-même en écoutant ;
Et vos riants tableaux me font jouir d'avance
Du plaisir que j'espère en allant en Provence.

M. D'ORLANGE.

Revenons, en effet, au point essentiel.
La Provence, on le sait, est sous le plus beau ciel...

M. D'ORFEUIL.

Où vous avez, sans doute, une terre fort belle?

M. D'ORLANGE, *embarrassé.*

J'ai, très jeune, quitté la maison paternelle,
Et n'en ai maintenant qu'un souvenir confus.
C'étoit un bel endroit! il doit l'être encor plus.

M. D'ORFEUIL.

Et, dites-moi, la mer est-elle loin ?

M. D'ORLANGE.

En face,
Je m'en souviens fort bien, au pied de la terrasse.
Un pareil souvenir ne s'efface jamais.

M. D'ORFEUIL.

C'est un coup d'œil superbe!

M. D'ORLANGE.

Oh! je vous le promets.

JUSTINE.

Je verrai donc la mer une fois en ma vie!

Mlle D'ORFEUIL.

J'ai toujours de la voir eu la plus grande envie.

M. D'ORLANGE.

Oh bien, c'est un plaisir qu'avant peu vous aurez ;
Et même en pleine mer vous vous promenerez.

Mlle D'ORFEUIL.

Mais... j'aurois peur, je crois.

M. D'ORLANGE.

Quelle foiblesse extrême!
Eh! craint-on quelque chose auprès de ce qu'on aime?...
(*Il se reprend.*)
Près d'un père.

M. D'ORFEUIL.

Monsieur, il est temps de souper;
Et de ce soin pressant je m'en vais m'occuper.
Voulez-vous bien venir, monsieur... monsieur d'Orlange?

JUSTINE, *à part.*

Le futur a joué son rôle comme un ange.

M. D'ORFEUIL.

(*à d'Orlange.*) (*à sa fille.*)
Venez.   Ma fille, et toi, viens-tu?

Mlle D'ORFEUIL.

Dans le moment,
Je vous rejoins, mon père.

M. D'ORFEUIL, *bas à sa fille.*

Allons, il est charmant.
(*Il emmène d'Orlange.*)

SCÈNE V.

Mlle D'ORFEUIL, JUSTINE, *qui se regardent quelque temps.*

JUSTINE.

Hé bien, mademoiselle?

Mlle D'ORFEUIL.

Ah! ma chère Justine!

ACTE II, SCÈNE V.

JUSTINE.

Plaît-il?

Mlle D'ORFEUIL.

Tu m'entends bien.

JUSTINE.

Je crois que je devine.

Mlle D'ORFEUIL.

Voilà donc ce futur!

JUSTINE.

Le voilà.

Mlle D'ORFEUIL.

Qui l'eût dit?

JUSTINE.

Qui? moi, mademoiselle. Oui, je vous l'ai prédit :
Auprès de ce héros, charmant, imaginaire,
Le véritable époux n'est qu'un homme ordinaire :
En un mot, le premier a fait tort au second.

Mlle D'ORFEUIL.

Ah! quelle différence!

JUSTINE.

Écoutez donc : au fond,
Vous auriez pu déchoir encore davantage;
Car, après tout, celui qui vous reste en partage
Est aimable.

Mlle D'ORFEUIL.

Un tel mot est bien vague à présent.
De séduisants dehors, un babil amusant,
Dans le monde, voilà ce qui fait l'homme aimable;
Et Florville, à mes yeux, seroit fort agréable,
Si Florville pour moi n'étoit qu'un étranger;
Mais c'est comme un époux que j'ai dû le juger.
Dans son époux, Justine, on a bien droit d'attendre

Un esprit droit, solide, un cœur sensible et tendre;
Et je ne trouve point tout cela dans le mien.

JUSTINE.

Qui vous l'a dit, enfin?

Mlle D'ORFEUIL.

Eh! tout son entretien.

Quelle légèreté!

JUSTINE.

C'étoit un badinage;
Il falloit bien ainsi jouer son personnage.

Mlle D'ORFEUIL.

Va, va, le caractère enfin perce toujours;
Et je le juge, moi, par ses propres discours,
Comme lui, vains, légers, inconséquents, frivoles.
Tiens, il s'est peint lui-même en fort peu de paroles:
Amant fort agréable, et très mauvais époux.

JUSTINE.

C'est le juger, je pense, un peu vite, entre nous.
Il se peut bien qu'ici vous vous soyez trompée;
Attendez donc du moins un second entretien,
Et vous verrez alors...

Mlle D'ORFEUIL.

Allons, je le veux bien.

SCÈNE VI.

LES PRÉCÉDENTS, FRANÇOIS.

JUSTINE.

Qu'est-ce?

FRANÇOIS, *à Justine.*

Je vous le donne à deviner en mille.

Encore un étranger qui demande un asile?

JUSTINE.

Comment?...

FRANÇOIS.

Oh! celui-ci s'est perdu tout de bon.

Mlle D'ORFEUIL.

Et vous ne savez pas qui ce peut être?

FRANÇOIS.

Non,
Mademoiselle; il est tout-à-fait laconique.

JUSTINE.

Eh mais, en vérité, la rencontre est unique.

Mlle D'ORFEUIL.

Va-t-il monter?

FRANÇOIS.

Il est au bout du corridor.

Mlle D'ORFEUIL.

Avez-vous averti mon père?

FRANÇOIS.

Pas encor.
J'y courois; j'ai chargé quelqu'un de le conduire.

Mlle D'ORFEUIL.

Écoutez. En ce lieu vous allez l'introduire.
Pour moi, je vais trouver mon père de ce pas,
Et je l'avertirai; car je ne me sens pas,
En ce moment, d'humeur à recevoir du monde.

(*Elle sort.*)

SCÈNE VII.

JUSTINE, FRANÇOIS.

JUSTINE.

En jeunes voyageurs cette soirée abonde.

FRANÇOIS.

Tant mieux pour nous.

JUSTINE.

Je veux entrevoir celui-ci.

FRANÇOIS.

Vous êtes curieuse.

JUSTINE.

Un peu. Bon, le voici.

(*Elle le regarde.*)

Il n'est pas mal; pourtant, moins joli que le nôtre.

FRANÇOIS.

Ils sont fort bien tous deux, et celui-ci vaut l'autre.

JUSTINE.

L'autre est notre futur. Adieu.

(*Elle sort.*)

SCÈNE VIII.

M. DE FLORVILLE, FRANÇOIS, UN LAQUAIS, *qui sort après avoir introduit M. de Florville.*

FRANÇOIS.

Dans ce salon
Voulez-vous bien, monsieur, attendre un instant?

M. DE FLORVILLE.

Bon,

ACTE II, SCÈNE VIII.

J'attends : vous avez l'air d'un serviteur fidèle.

FRANÇOIS.

Je n'ai pas grand mérite à servir avec zèle,
De tout le monde ici mon maître est adoré :
Je suis né près de lui, près de lui je mourrai ;
Car je me crois vraiment encor dans ma famille.

M. DE FLORVILLE.

Oui ? Votre maître... a-t-il des enfants ?

FRANÇOIS.

Une fille.

M. DE FLORVILLE.

Aimable ?

FRANÇOIS.

Oh ! oui. Par-tout on vante sa beauté ;
Un pauvre serviteur ne voit que la bonté.
Nous la perdrons bientôt ; cela me désespère.

M. DE FLORVILLE.

On va la marier ?

FRANÇOIS.

Hélas ! monsieur son père
Arrive pour cela de Moulins.

M. DE FLORVILLE.

Savez-vous,
Dites-moi, ce que c'est que son futur époux ?

FRANÇOIS.

C'est un fort galant homme, et d'un mérite rare,
A ce que dit monsieur ; pourtant, un peu bizarre.

M. DE FLORVILLE.

Bizarre ?

FRANÇOIS.

Oui, singulier, dit-on.

M. DE FLORVILLE.

Est-il aimé?

FRANÇOIS.

Je ne vous dirai pas ; mais, sans être informé
De ses secrets, je crois qu'une honnête personne
Aime d'avance assez le mari qu'on lui donne.
Pardon.

(Il sort.)

SCÈNE IX.

M. DE FLORVILLE, *seul.*

Je suis content de ce court entretien ;
De ma jeune future il dit beaucoup de bien.
Rarement un valet dit du bien de son maître :
Celui-ci pour Florville est loin de me connoître.
Sachons adroitement cacher notre secret.
D'avoir pris ce parti je n'ai point de regret.
Jusqu'ici mon hymen s'étoit traité par lettre ;
Et si j'avois voulu jusqu'au bout le permettre,
Une dernière lettre eût servi de mandat,
Dont le porteur quelconque eût signé le contrat.
Moi je veux, quelques jours avant la signature,
Observer mon beau-père, et voir si ma future
A du sens, de l'esprit, des vertus, des appas,
Me convient, en un mot, ou ne me convient pas.
Qu'on trouve mon projet raisonnable ou bizarre,
N'importe : si je suis content, je me déclare :
Si je ne le suis point, je demeure inconnu,
Et je repars bientôt comme je suis venu.
Trop heureux, en manquant un mauvais mariage,
D'en être quitte encor pour les frais du voyage !

SCÈNE X.

M. DE FLORVILLE, M. D'ORLANGE.

M. D'ORLANGE, *à part, de loin.*
Où donc est-il? Je suis curieux de le voir.
(*haut.*)
Ah! bon. C'est moi, monsieur, qui viens vous recevoir.
M. DE FLORVILLE.
J'ai l'honneur de parler probablement au maître?...
M. D'ORLANGE.
Il est sorti.
M. DE FLORVILLE.
Je vois monsieur son fils, peut-être?
M. D'ORLANGE.
Je ne suis point parent.
M. DE FLORVILLE.
Je me trompe, pardon;
Monsieur est, je le vois, ami de la maison!
M. D'ORLANGE.
Moi! point du tout: bientôt je le serai, sans doute.
Je suis un voyageur, égaré de sa route,
Qui, charmé de l'accueil qu'en ces lieux je reçoi,
Et que vous recevrez sans doute, ainsi que moi,
Viens vous féliciter.
M. DE FLORVILLE.
Monsieur...
M. D'ORLANGE.
Je veux moi-même
Vous présenter ici.

M. DE FLORVILLE, *à part.*

    Quel est ce zèle extrême?

M. D'ORLANGE.

Nous sommes bien tombés, monsieur, en vérité.

M. DE FLORVILLE.

Oui!

M. D'ORLANGE.

    Notre hôte est d'un cœur! sur-tout d'une gaieté!
Sur ma foi, vous serez ravi de le connoître.

M. DE FLORVILLE.

C'est assez, en un soir, d'un étranger peut-être.

M. D'ORLANGE.

Vous ne connoissez pas le maître de ces lieux,
Je le vois.

M. DE FLORVILLE.

    Vous semblez le connoître un peu mieux.

M. D'ORLANGE.

Qui? moi! j'arrive aussi. Compagnons d'infortune,
La consolation à tous deux est commune.

M. DE FLORVILLE.

Je ne me flatte point d'avoir le même accueil.

M. D'ORLANGE.

Comme moi, vous plairez dès le premier coup d'œil.

M. DE FLORVILLE.

A cet espoir flatteur, allons, je m'abandonne.

M. D'ORLANGE.

J'en réponds. Vous verrez une jeune personne!...
C'est sa fille.

M. DE FLORVILLE.

    J'entends.

M. D'ORLANGE.

      Charmante. Sa beauté,

Peu commune, est encor sa moindre qualité.
C'est un air, un maintien qui d'abord vous enchante;
C'est dans tous ses discours une grace touchante,
Qui m'a ravi d'abord.

M. DE FLORVILLE.

Oui, je vois en effet...

M. D'ORLANGE.

D'honneur! je ne sais pas comment cela s'est fait.
De mon premier abord elle a paru charmée :
Par degrés... que dirai-je? elle s'est animée;
Elle a beaucoup d'esprit, de sensibilité.
Moi, j'ai de l'abandon, de la franche gaieté :
Quand on sent que l'on plaît, on en est plus aimable.
Mon hommage, en un mot, lui seroit agréable,
Ou je me trompe fort.

M. DE FLORVILLE.

Mais vraiment, je le crois.
Vous la voyez ce soir pour la première fois?

M. D'ORLANGE.

Sans doute.

M. DE FLORVILLE, *à part*.

Tout ceci cache-t-il un mystère?

(*haut.*)
Et... comptez-vous, monsieur, suivre un peu cette affaire?

M. D'ORLANGE.

Je le voudrois. Mais quoi! je ne puis : dès demain,
Il faudra vers Paris poursuivre mon chemin.

M. DE FLORVILLE.

Dès demain?

M. D'ORLANGE.

Oui, vraiment : une raison très forte
M'appelle...

M. DE FLORVILLE.

Il faut toujours que le devoir l'emporte.

M. D'ORLANGE.

Allez-vous à Paris, monsieur?

M. DE FLORVILLE, *à part.*

Je puis mentir.

(*haut.*)
Oui, j'y vais.

M. D'ORLANGE.

En ce cas, nous pourrons donc partir
Ensemble?

M. DE FLORVILLE.

Volontiers.

M. D'ORLANGE.

O le charmant voyage!
Il nous paroîtra court, celui-là, je le gage;
Henriette fera les frais de l'entretien :
Henriette est le nom de la jeune...

M. DE FLORVILLE.

Ah! fort bien.

(*à part.*)
Ce monsieur m'apprendra le nom de ma future.

M. D'ORLANGE.

Mais je n'en reviens pas. Quelle heureuse aventure!
Je sens que pour jamais elle va nous lier.
Peut-être trouvez-vous ce début familier :
Mais quoi! les voyageurs font bientôt connoissance.
Quoique notre amitié ne soit qu'à sa naissance,
Je sens qu'elle ira loin.

M. DE FLORVILLE.

Ah! monsieur!...

ACTE II, SCÈNE X.

M. D'ORLANGE.

C'est au point
Que l'amour, non l'amour, ne nous brouilleroit point.

M. DE FLORVILLE.

Vous croyez?

M. D'ORLANGE.

J'en suis sûr. Ce seroit bien dommage!
Mais si la même belle obtenoit notre hommage,
Et qu'elle eût prononcé, l'autre, quoiqu'à regret,
Céderoit sans murmure, et se retireroit.

M. DE FLORVILLE.

L'effort seroit cruel pour une ame sensible.

M. D'ORLANGE.

A l'amitié, monsieur, il n'est rien d'impossible.
D'ailleurs, aimons ensemble où nous verrons deux sœurs;
Et cette double intrigue aura mille douceurs.

M. DE FLORVILLE.

Mais si je soupirois pour une fille unique,
Et que vous survinssiez?...

M. D'ORLANGE.

Bon! bon! terreur panique!

M. DE FLORVILLE.

Je le suppose,

M. D'ORLANGE.

Alors, c'est un point convenu,
Monsieur, que l'un de nous cède au premier venu.

M. DE FLORVILLE.

Mais...

M. D'ORLANGE.

Par exemple, ici, si j'aimois Henriette,
Vous seriez confident de ma flamme secrète;
Et moi, je vous rendrois même service ailleurs.

SCÈNE XI.

Les précédents, OLIVIER.

OLIVIER.

Voulez-vous bien passer dans le salon, messieurs?

M. D'ORLANGE.

Pour souper?

OLIVIER.

A l'instant.

M. D'ORLANGE, *à Florville.*

Venez, je vous présente.

M. DE FLORVILLE.

Je vous suis obligé.

M. D'ORLANGE.

La rencontre est plaisante.
En un soir, ce n'est pas être heureux à demi,
Je trouve un doux asile, et je fais un ami.

M. DE FLORVILLE, *à part.*

Ma foi! si j'y comprends un seul mot, que je meure!
Serois-je donc ici venu trop tard d'une heure?

(*Ils sortent ensemble. Olivier les suit.*)

FIN DU SECOND ACTE.

ACTE TROISIÈME.

SCÈNE I.

M. DE FLORVILLE, seul.

Je n'ai pu fermer l'œil. Oui, j'en ferai l'aveu,
Ce jeune homme m'occupe et m'inquiète un peu.
Aime-t-il Henriette? Ah! rien n'est plus possible:
Peut-on la voir, l'entendre, et rester insensible?
Dès le premier abord, je sens qu'elle m'a plu.
Grace, esprit, elle a tout; et peu s'en est fallu
Que bientôt, abjurant une inutile feinte,
Je ne me déclarasse. Une nouvelle crainte
Me retient : prenons garde à ce jeune inconnu.
Quel dommage pourtant s'il m'avoit prévenu !

SCÈNE II.

Mlle D'ORFEUIL, M. DE FLORVILLE.

Mlle D'ORFEUIL.
Vous vous êtes, dit-on, promené de bonne heure,
Monsieur?
M. DE FLORVILLE.
J'ai parcouru cette aimable demeure;
Elle paroît charmante.
Mlle D'ORFEUIL.
Ah! charmante!... Ces lieux

N'ont rien que de champêtre.

M. DE FLORVILLE.

Ils m'en plaisent bien mieux.
Je hais ces beaux châteaux et leur vaine parure :
Non, il n'est rien de tel que la simple nature.

Mlle D'ORFEUIL.

Monsieur aimeroit donc ce paisible séjour?

M. DE FLORVILLE.

Je le préférerois à la ville, à la cour ;
J'aime les prés, les bois, sur-tout la solitude.
Là, sans ambition et sans inquiétude,
Dans un parfait repos, dans un calme enchanteur,
Loin d'un monde importun, et seul avec mon cœur,
Je sens que, si j'avois une aimable compagne,
Je passerois ma vie au sein de la campagne.

Mlle D'ORFEUIL.

Dans vos souhaits, monsieur, je retrouve mes goûts.
J'aime aussi la retraite.

M. DE FLORVILLE.

Oui ; mais expliquons-nous :
J'entends une retraite isolée et profonde,
Et non celle où toujours le voisinage abonde.

Mlle D'ORFEUIL.

Ce n'est pas celle-là que je veux dire aussi,
Monsieur ; et nous voyons très peu de monde ici.

M. DE FLORVILLE.

Sans doute, je le crois, puisque vous me le dites.
Mais, en un soir, voilà cependant deux visites.

Mlle D'ORFEUIL.

Oui, qui nous ont surpris fort agréablement,
Mais que mon père et moi n'attendions nullement.

ACTE III, SCÈNE II.

M. DE FLORVILLE.

Pas même la première? Eh quoi! mademoiselle,
Ce monsieur qui d'abord m'a montré tant de zéle,
N'est donc qu'un voyageur égaré?

Mlle D'ORFEUIL.

Je le vois,
Ainsi que vous, monsieur, pour la première fois.

M. DE FLORVILLE.

Ce jeune homme... paroît on ne peut plus aimable,
Mademoiselle.

Mlle D'ORFEUIL.

Il est d'une humeur agréable;
Et le premier coup d'œil, en effet, est pour lui.

M. DE FLORVILLE.

Mais c'est déja beaucoup, et sur-tout aujourd'hui...

Mlle D'ORFEUIL.

Nous parlions des plaisirs qu'à la campagne on goûte.
Vous les peignez si bien! et moi, je vous écoute
En personne qui sent tout ce que vous peignez.
Ces innocents plaisirs, ailleurs trop dédaignés,
Je les savoure ici : j'y vis très solitaire.
Une autre trouveroit cette retraite austère :
Hé bien, ma solitude a pour moi des appas.

M. DE FLORVILLE.

Ah! je le crois. D'ailleurs cela ne surprend pas.
Vous vivez près d'un père et respectable et tendre :
Vous faites son bonheur.

Mlle D'ORFEUIL.

Je tâche de lui rendre
Les soins qu'il prit de moi dès mes plus jeunes ans;
Heureuse de pouvoir, par mes soins complaisants,
Écarter loin de lui les ennuis, la tristesse,

Qui suivent et souvent précédent la vieillesse !
Il aime la musique : hé bien, chaque dessert,
Monsieur, soir et matin, est suivi d'un concert.

M. DE FLORVILLE.

Fort bien.

Mlle D'ORFEUIL.

Je suis, de plus, sa lectrice ordinaire.
Ma manière de lire a le don de lui plaire.
Doux emploi ! tous nos soirs sont bien vite écoulés.

M. DE FLORVILLE.

(*très vivement.*)   (*en se reprenant.*)
Ah ! je vous aiderai... ce soir, si vous voulez :
Vous vous reposeriez...

Mlle D'ORFEUIL.

Je vous suis obligée.
Quand mon père sourit, je me sens soulagée.

M. DE FLORVILLE.

Mademoiselle, hé bien, je le dirai tout bas :
Car un autre en riroit ; mais vous n'en rirez pas.
J'ai passé quatre hivers auprès de mon aïeule :
Jamais, jamais un soir je ne la laissai seule.
Je faisois sa partie, ensuite je lisois ;
Je l'écoutois sur-tout ; enfin, je l'amusois ;
Et moi, j'étois heureux en la voyant heureuse.
Sa mémoire à-la-fois m'est chère et douloureuse.

Mlle D'ORFEUIL.

Que vous me rappelez un touchant souvenir !
Une mère ! pardon, je ne puis retenir
Mes pleurs...

M. DE FLORVILLE.

Les retenir ! Pourquoi, mademoiselle ?
Ah ! gardez-vous-en bien : la cause en est trop belle ;

Et croyez qu'avec vous plutôt je pleurerois :
Qui connut vos plaisirs doit sentir vos regrets.
J'éprouve, en ce moment, un charme inexprimable :
Non, je n'ai jamais eu d'entretien plus aimable.
Hélas ! pourquoi faut-il que des moments si doux
S'échappent aussi vite !

Mlle D'ORFEUIL.

Il ne tiendra qu'à vous,
Monsieur, de prolonger...

M. DE FLORVILLE.

Ah ! mon unique envie
Eût été de passer ici toute ma vie :
Mais peut-être en ces lieux n'ai-je que peu d'instants...
L'autre étranger ici restera-t-il long-temps,
Mademoiselle ?

Mlle D'ORFEUIL.

Eh mais... je l'ignore ; mon père
Fera près de vous deux tous ses efforts, j'espère ;
Et... nous reparlerions de l'emploi de nos soirs.

M. DE FLORVILLE.

Et, tout en rappelant les soins et les devoirs
Auxquels nous avons vu tant d'heures consacrées,
Nous passerions encor de bien douces soirées.

Mlle D'ORFEUIL.

Mais voici l'étranger.

M. DE FLORVILLE.

Il est toujours riant.

Mlle D'ORFEUIL.

Oui...

M. DE FLORVILLE, *à part.*

Comme elle paroît émue en le voyant !

SCÈNE III.

Les précédents, M. D'ORLANGE.

M. D'ORLANGE.
D'un aimable entretien je crains de vous distraire,
D'être importun.

M. DE FLORVILLE.
Monsieur est bien sûr du contraire.

M. D'ORLANGE.
Moi! point du tout, d'honneur! je puis être indiscret:
Je sens qu'en pareil cas un tiers me gêneroit.

M. DE FLORVILLE, *à part.*
Fort bien! vous allez voir que c'est moi qui le gêne!

M. D'ORLANGE, *à Florville.*
Je suis un paresseux; mais j'en porte la peine:
Vous m'avez prévenu.

M. DE FLORVILLE.
Bien plus heureusement,
Vous me sûtes hier prévenir...

M. D'ORLANGE.
D'un moment,
Ma venue en ces lieux a devancé la vôtre.
Ah! nous sommes, monsieur, bien heureux l'un et l'autre!
Eus-je tort quand hier je vous félicitai?
Le portrait que j'ai fait vous paroît-il flatté?

M. DE FLORVILLE.
Il s'en faut bien.

Mlle D'ORFEUIL.
Messieurs, épargnez-moi, de grace,
Ou vous m'obligerez...

ACTE III, SCÈNE III.

M. DE FLORVILLE.
　　　　Une telle menace
Nous impose silence.

M. D'ORLANGE.
　　　　　　Oui, changeons de sujet.
Il faut que je vous conte un rêve que j'ai fait.
Ce qui frappe le jour, la nuit nous le rappelle.
Ainsi je rêvois donc à vous, mademoiselle.
Je vous voyois par-tout, au château, dans le bois;
Et je vous voyois... telle enfin que je vous vois.
De cette vision mon ame étoit charmée.
Mais quoi! je sens mes yeux se remplir de fumée.
Je les ouvre : je vois quelque lueur briller :
J'entends même de loin la flamme petiller.
Inquiet, de mon lit aussitôt je m'élance,
Et je vais voir... Par-tout règne un profond silence.
Un instinct me conduit à votre appartement.

M. DE FLORVILLE.
Cet instinct est heureux.

M. D'ORLANGE.
　　　　　　Oui ; le feu justement
Avoit pris par malheur près de mademoiselle,
Chez Justine.

Mlle D'ORFEUIL.
Ah! bon Dieu!

M. D'ORLANGE.
　　　　　　Faites grace à mon zéle :
On est bien dispensé de politesse alors.
Je pousse votre porte, et, redoublant d'efforts,
Je l'enfonce... Déja vous étiez éveillée,
D'une robe légère à la hâte habillée :
Je vous prends dans mes bras... nouvelle excuse encor :

Je veux vous emporter au fond du corridor.
Mais, quoi! déja la flamme en barroit le passage.

M. DE FLORVILLE.

Que faire?

M. D'ORLANGE, *à mademoiselle d'Orfeuil.*

Mon manteau vous couvre le visage,
Même aux dépens du mien : (moi, je risquois si peu!)
Je vous enléve enfin, tout au travers du feu,
Et vais vous déposer, aussi morte que vive,
Dans la cour, où bientôt monsieur lui-même arrive,
Suivi de votre père : il s'en étoit chargé ;
Car tous deux, entre nous, nous avions partagé
Le bonheur de sauver cette chère famille :
Monsieur portoit le père, et je portois la fille.

M. DE FLORVILLE.

Tout en rêvant, monsieur, vous choisissez fort bien.
Ce poids est plus léger et plus doux que le mien.

Mlle D'ORFEUIL.

En ce cas, qui jamais n'arrivera, j'espère,
C'est me servir le mieux que de sauver mon père.

M. D'ORLANGE.

Oh! j'aurois eu le temps de vous sauver tous deux.
Vous reprenez vos sens, et vous ouvrez les yeux.
Le plaisir me réveille en sursaut ; je me léve,
Et je vois à regret que ce n'étoit qu'un rêve.

Mlle D'ORFEUIL.

Mille graces, monsieur, d'un si généreux soin :
Mais il vaut encor mieux n'en avoir pas besoin.

SCÈNE IV.

Les précédents, M. D'ORFEUIL.

M. D'ORFEUIL, *de loin.*
Messieurs, vous paroissez en bonne intelligence.
Les voyageurs entre eux font bientôt connoissance.

M. D'ORLANGE.
C'est ce que je disois.

M. DE FLORVILLE.
Et sur-tout on la fait
Si vite avec monsieur!

M. D'ORFEUIL.
Oui, d'abord, en effet
J'ai vu que nos humeurs étoient bien assorties.

M. D'ORLANGE.
Monsieur!

M. D'ORFEUIL.
Ah! c'est qu'il est d'heureuses sympathies,
Hein?... qu'en dis-tu, ma fille?

Mlle D'ORFEUIL.
Oui, sans doute, il en est.
Mon père, je le sens...

M. D'ORFEUIL.
Ta franchise me plaît.

M. DE FLORVILLE, *à part.*
Je joue ici vraiment un joli personnage.

M. D'ORFEUIL.
Avez-vous vu, messieurs, mon petit apanage?

M. DE FLORVILLE.
Oui, ce matin, par-tout je me suis promené.

M. D'ORFEUIL.

Il faut que je vous montre, avant le déjeuné,
Des oiseaux, des faisans que j'aime à la folie.

M. D'ORLANGE.

Monsieur sera charmé de la faisanderie.

M. D'ORFEUIL.

Bon! vous l'avez vue?

M. D'ORLANGE.

Oui, j'en sors.

M. D'ORFEUIL, *à part*.

Il l'entend bien.
Il veut avec sa femme avoir un entretien.
(*haut.*)
En ce cas, vous allez rester avec ma fille.
(*à Florville.*)
Vous, monsieur, venez voir ma petite famille.

Mlle D'ORFEUIL, *à d'Orlange*.

Monsieur la reverroit peut-être avec plaisir.

M. D'ORLANGE.

Oh! mon Dieu, point du tout; je l'ai vue à loisir.

Mlle D'ORFEUIL.

Mais ne vous gênez point; car vous craignez la gêne.

M. D'ORLANGE.

Eh! non, depuis une heure, au moins, je me promène.

M. D'ORFEUIL, *à d'Orlange*.

Vous êtes las : d'ailleurs, nous reviendrons bientôt.

M. D'ORLANGE.

Ne vous pressez point trop : voyez tout comme il faut.

M. DE FLORVILLE.

Mais... cette promenade, on pourroit la remettre.

M. D'ORFEUIL.

Non, voilà le moment. Monsieur veut bien permettre.

Venez, vous allez voir quelque chose de beau.
M. DE FLORVILLE, *saluant mademoiselle d'Orfeuil.*
Il n'étoit pas besoin de sortir du château.
(*Il sort avec M. d'Orfeuil.*)

SCÈNE V.

Mlle D'ORFEUIL, M. D'ORLANGE.

M. D'ORLANGE.
Au fait, je n'ai rien vu de tout cela : qu'importe ?
Mlle D'ORFEUIL.
Pourquoi donc, en ce cas, feignez-vous de la sorte ?
M. D'ORLANGE.
J'ai si peu de moments à passer près de vous !
Et j'irai perdre, moi, des instants aussi doux...
Mlle D'ORFEUIL.
Eh mais, la fiction vous paroît familière,
Monsieur.
M. D'ORLANGE.
Ah ! pardonnez : ce sera la dernière.
J'ai bien vu des châteaux pareils à celui-ci,
Mais rien de comparable à ce qu'on voit ici.
Mlle D'ORFEUIL.
Je croyois que monsieur aimoit la promenade.
M. D'ORLANGE.
D'accord ; mais tel plaisir est insipide et fade,
Près d'un plaisir plus grand. Je l'aime, j'en convien ;
Mais j'aime encore mieux un touchant entretien...
Non pas celui d'hier : oubliez-le de grace,
Tel qu'un songe léger que le réveil efface ;

Car je suis bien changé depuis hier.

Mlle D'ORFEUIL.

Si tôt?
Je ne le croyois pas.

M. D'ORLANGE.

Ah! souvent, il ne faut
Qu'un instant, qu'un coup d'œil. Une seule étincelle
Cause un grand incendie. Hier, mademoiselle,
J'étois un voyageur, distrait, toujours errant,
Qui jamais ne se fixe, et voit tout en courant;
Mais ce matin...

Mlle D'ORFEUIL.

Hé bien?

M. D'ORLANGE.

Quelle métamorphose
Vient de se faire en moi! Je suis... hélas! je n'ose
Dire ce que je suis. Si vous pouviez!

Mlle D'ORFEUIL.

Pardon :
De deviner, monsieur, je n'eus jamais le don.

M. D'ORLANGE.

Mon secret est pourtant bien facile à comprendre.

Mlle D'ORFEUIL.

En ce cas, ce n'est pas à moi qu'il faut l'apprendre;
Et puisque vous voulez enfin vous déclarer,
Faites-le; jusque-là, je dois tout ignorer.

(*Elle sort.*)

SCÈNE VI.

M. D'ORLANGE, *seul.*

Cette espèce d'aveu n'a point paru déplaire ;
Du moins, elle n'a pas témoigné de colère.
Cependant je ne suis qu'un simple voyageur.
Même, à voir de son front la subite rougeur,
Et la mélancolie en ses regards empreinte,
Du trait qui m'a blessé j'ose la croire atteinte.
J'admire, en vérité, l'avenir qui m'attend :
Il est flatteur... Oui, mais... quand j'y songe pourtant,
Si ce nouvel amour, si ce doux hyménée,
Bornoient en son essor ma haute destinée !
Car, à juger d'après ce qui m'est arrivé,
Aux grands événements je me sens réservé.
Je puis me faire un nom, et, dans mon ministère,
Servir le roi, l'État, pacifier la terre.
De quelque emploi brillant je puis me voir charger,
Et de nouveau peut-être il faudra voyager.
Sans vouloir pénétrer dans les choses futures,
Les voyages sur mer sont remplis d'aventures.
  (*Arrivant par dégrés à une espèce de rêverie
  et de vision.*)
Le vaisseau sur lequel je m'étois embarqué,
Par un corsaire turc, en route, est attaqué...
Je défends, presque seul, mon timide équipage...
Mais enfin le grand nombre accable mon courage,
Et je me rends... Les Turcs, charmés de ma valeur,
Me proclament leur chef, à la place du leur,
Qu'avoit tué mon bras. Le sort me favorise :

Je signale leur choix par mainte et mainte prise,
Et parviens, par degrés, à de très hauts emplois...
Le capitan-pacha, jaloux de mes exploits,
Me dénonce au visir; il prétend qu'on me chasse...
On le chasse lui-même, et je monte à sa place...
— « Pacha, dit le visir, les Russes sont là; cours,
« Et bats-les : » je les bats; puis je prends, en trois jours,
Ismaïlow, Oczakow, Crimée et Valachie...
Mon nom devient fameux par toute la Turquie...
Le sultan, qui dans moi voit son plus ferme appui,
Me fait son gendre : il meurt; et je règne après lui.

(*Au comble du délire.*)

Me voilà donc le chef de la Sublime Porte!...
Mais ma religion, mais mon culte!... Qu'importe
La mitre, le turban, tous les cultes divers?
Mon dogme est d'adorer le Dieu de l'univers.
Il est celui des Turcs; et tous, à mon exemple,
Vont ne bénir qu'un Dieu, dont le monde est le temple,
Ce n'est pas que je sois jaloux d'être empereur;
Mais instruire un grand peuple et faire son bonheur,
Voilà la gloire unique... (1)

1 Voyez la variante qui est à la suite des *Châteaux en Espagne.*

SCÈNE VII.

M. D'ORLANGE, VICTOR.

(N. B. *Victor est déjà entré sur la scène, et, sans être vu, a écouté, depuis ces mots :*

« Le capitan-pacha, etc. »)

VICTOR, *se prosternant.*
Sultan !...
M. D'ORLANGE.
Hé bien, qu'est-ce ?
Que veut-on ?
VICTOR.
Au sérail, on attend ta hautesse...
M. D'ORLANGE, *se croyant encore le grand-seigneur.*
Quel est l'audacieux ?
VICTOR.
La sultane, à l'instant,
Va servir le café, le sorbet. Elle attend.
M. D'ORLANGE.
Eh mais... c'est toi, Victor. Malheureux ! tu m'éveilles.
VICTOR.
C'est dommage ; en rêvant, vous faites des merveilles.
Je suis un criminel ; je vous ai détrôné.
Pardon. Aussi jamais s'est-on imaginé... ?
M. D'ORLANGE.
Eh ! Victor, chacun fait des châteaux en Espagne ;
On en fait à la ville ainsi qu'à la campagne ;
On en fait en dormant, on en fait éveillé.
Le pauvre paysan, sur sa bêche appuyé,

Peut se croire, un moment, seigneur de son village.
Le vieillard, oubliant les glaces de son âge,
Se figure aux genoux d'une jeune beauté,
Et sourit; son neveu sourit de son côté,
En songeant qu'un matin du bonhomme il hérite.
Telle femme se croit sultane favorite;
Un commis est ministre; un jeune abbé, prélat;
Le prélat... Il n'est pas jusqu'au simple soldat,
Qui ne se soit un jour cru maréchal de France;
Et le pauvre, lui-même, est riche en espérance.

VICTOR.

Et chacun redevient Gros-Jean comme devant.

M. D'ORLANGE.

Hé bien! chacun, du moins, fut heureux en rêvant.
C'est quelque chose encor que de faire un beau rêve;
A nos chagrins réels, c'est une utile trêve.
Nous en avons besoin : nous sommes assiégés
De maux, dont à la fin nous serions surchargés,
Sans ce délire heureux qui se glisse en nos veines.
Flatteuse illusion! doux oubli de nos peines!
Oh! qui pourroit compter les heureux que tu fais?
L'espoir et le sommeil sont de moindres bienfaits.
Délicieuse erreur! tu nous donnes d'avance
Le bonheur, que promet seulement l'espérance.
Le doux sommeil ne fait que suspendre nos maux,
Et tu mets à la place un plaisir : en deux mots,
Quand je songe, je suis le plus heureux des hommes;
Et dès que nous croyons être heureux, nous le sommes.

VICTOR.

A vous entendre, on croit que vous avez raison.
Un déjeûné pourtant seroit bien de saison;
Car, en fait d'appétit, on ne prend point le change;

Et ce n'est pas manger que de rêver qu'on mange.
M. D'ORLANGE.
A propos... il raisonne assez passablement.

(*Il sort.*)

SCÈNE VIII.

VICTOR, *seul.*

Il est fou... là... se croire un sultan! seulement!
On peut bien quelquefois se flatter dans la vie.
J'ai, par exemple, hier, mis à la loterie;
Et mon billet enfin pourroit bien être bon.
Je conviens que cela n'est pas certain : oh! non;
Mais la chose est possible, et cela doit suffire.
Puis, en me le donnant, on s'est mis à sourire,
Et l'on m'a dit : « Prenez, car c'est là le meilleur. »
Si je gagnois pourtant le gros lot!... quel bonheur!
J'achèterois d'abord une ample seigneurie...
Non, plutôt une bonne et grasse métairie,
Oh! oui! dans ce canton : j'aime ce pays-ci;
Et Justine, d'ailleurs, me plaît beaucoup aussi.
J'aurai donc, à mon tour, des gens à mon service!
Dans le commandement je serai peu novice;
Mais je ne serai point dur, insolent, ni fier,
Et me rappellerai ce que j'étois hier.
Ma foi, j'aime déja ma ferme à la folie.
Moi, gros fermier!... j'aurai ma basse-cour remplie
De poules, de poussins que je verrai courir!
De mes mains, chaque jour, je prétends les nourrir.
C'est un coup d'œil charmant! et puis, cela rapporte.
Quel plaisir, quand, le soir, assis devant ma porte,

J'entendrai le retour de mes moutons bêlants ;
Que je verrai, de loin, revenir à pas lents
Mes chevaux vigoureux et mes belles génisses !
Ils sont nos serviteurs, elles sont nos nourrices.
Et mon petit Victor, sur son âne monté,
Fermant la marche avec un air de dignité !
Plus heureux que monsieur... le grand-turc sur son trône,
Je serai riche, riche, et je ferai l'aumône.
Tout bas, sur mon passage, on se dira : « Voilà
« Ce bon monsieur Victor » ; cela me touchera.
Je puis bien m'abuser ; mais ce n'est pas sans cause :
Mon projet est, au moins, fondé sur quelque chose,
(*Il cherche.*)
Sur un billet. Je veux revoir ce cher... Eh ! mais...
Où donc est-il ? tantôt encore je l'avois.
Depuis quand ce billet est-il donc invisible ?
Ah ! l'aurois-je perdu ? seroit-il bien possible ?
Mon malheur est certain : me voilà confondu.

(*Il crie.*)

Que vais-je devenir ? hélas ! j'ai tout perdu.

SCÈNE IX.

VICTOR, JUSTINE.

JUSTINE.

Qu'avez-vous donc perdu, monsieur ?

VICTOR.

Ma métairie.

JUSTINE.

Votre ?...

ACTE III, SCÈNE IX.

VICTOR.

Ah! mademoiselle, excusez, je vous prie;
Venez m'aider, de grace, à retrouver nos fonds.

JUSTINE.

Vos fonds? expliquez-vous.

VICTOR.

Venez, je vous réponds
Qué vous vous obligez vous-même la première.
Nous sommes ruinés, madame la fermière.

(*Ils sortent ensemble.*)

FIN DU TROISIÈME ACTE.

ACTE QUATRIÈME.

SCÈNE I.

M. D'ORFEUIL, M. D'ORLANGE.

M. D'ORLANGE *l'amène mystérieusement.*
Bon. Je puis donc ici vous parler sans témoin,
Et vous ouvrir mon cœur; car j'en ai grand besoin.
M. D'ORFEUIL, *souriant.*
Quel est donc ce mystère?
M. D'ORLANGE.
Ah! si vous pouviez lire
Dans ce cœur!...
M. D'ORFEUIL, *toujours de même.*
Vous avez quelque chose à me dire,
Je le vois; mais saurai-je à la fin ce secret?
M. D'ORLANGE.
Oui; c'est assez long-temps avoir été discret.
M. D'ORFEUIL.
Sans doute; puis, pour vous je suis porté d'avance,
Et je vous saurai gré de votre confiance.
M. D'ORLANGE.
Hé bien, puisque je peux librement m'exprimer,
Votre chère Henriette a trop su me charmer.
M. D'ORFEUIL.
Vraiment!
M. D'ORLANGE.
Elle est aimable, et moi je suis né tendre;

En un mot, je l'adore ; et si j'osois prétendre
A sa main, cet hymen feroit tout mon bonheur.
M. D'ORFEUIL.
Monsieur... assurément, vous me faites honneur.
M. D'ORLANGE.
Vous trouvez ma demande un peu prompte, peut-être ;
Mais il est naturel de se faire connoître.
M. D'ORFEUIL.
Bon !
M. D'ORLANGE.
Mon nom...
M. D'ORFEUIL.
M'est connu.
M. D'ORLANGE.
Mon oncle...
M. D'ORFEUIL.
C'est assez ;
Abrégeons un détail inutile : avancez.
M. D'ORLANGE.
Mais...
M. D'ORFEUIL.
Je connois fort bien toute votre famille.
Vous dites donc, monsieur, que vous trouvez ma fille...?
M. D'ORLANGE.
Ah ! monsieur, adorable.
M. D'ORFEUIL.
Allons, j'en suis charmé ;
Et d'elle, à votre tour, croyez-vous être aimé ?
M. D'ORLANGE.
Je m'en flatte.
M. D'ORFEUIL.
Moi-même aussi je le soupçonne.

Écoutez, je vais voir notre jeune personne ;
J'espère que tous trois serons bientôt d'accord :
Car si vous lui plaisez, vous me convenez fort.

(*Il sort.*)

M. D'ORLANGE.

Et vous aussi, monsieur?

SCÈNE II.

M. D'ORLANGE, *seul*.

Mais comme tout s'arrange !
J'aime, je plais, j'épouse... O trop heureux d'Orlange !
Qui m'auroit dit hier, lorsque je m'égarois,
Qu'au maître de ces lieux bientôt j'appartiendrois?
Qu'en ce château, moi-même?... il est un peu gothique ;
Mais je rajeunirai cet édifice antique.
Le père est un brave homme, il entendra raison ;
Car je suis, à peu près, maître de la maison.
Ces grands appartements sont vraiment détestables.
Nos bons aïeux étoient des gens fort respectables ;
Mais ils ne savoient pas distribuer jadis :
Dans cette pièce, moi, je vous en ferai dix.
Passons dans le jardin ; car c'est là que je brille.
Je fais ôter d'abord cette triste charmille...
Quoi ! je fais tout ôter. Nous avons du terrain :
Voilà tout ce qu'il faut pour créer un jardin.
J'en ai fait vingt ; ils sont tous dans mon porte-feuille.
Entre mille sentiers bordés de chèvre-feuille,
Il en est un bien sombre : on n'y voit rien du tout ;
Et l'on est étonné, quand on arrive au bout,
De voir... Qu'y verra-t-on? un Amour, un vieux temple?

Un kiosque! oh! non, rien d'étonnant : par exemple,
Un petit pavillon, au-dehors tout uni,
Plus modeste en dedans ; le luxe en est banni :
On gâte la nature, et moi je la respecte.
Du pavillon, moi seul, je serai l'architecte :
Je serai jardinier aussi ; je planterai
Des arbrisseaux, des fleurs : je les arroserai ;
Car j'aurai sous ma main une source d'eau pure,
Et tout autour de moi la plus belle verdure !
De ce lieu, tout mortel est d'avance exilé ;
Mon beau-père et ma femme en auront seuls la clé.
Là, je rêve, je lis : tapi dans ma retraite,
Je vois, du coin de l'œil, la timide Henriette
Qui vient pour me surprendre, et marche à petit bruit,
Retenant son haleine ; elle ouvre et s'introduit.
Ah ! si la solitude est douce en elle-même,
Je sens qu'elle est plus douce auprès de ce qu'on aime.

SCÈNE III.

M. D'ORLANGE, Mlle D'ORFEUIL, JUSTINE.

M. D'ORLANGE.

Le ciel, mademoiselle, a comblé tous mes vœux :
A votre père ici j'ai déclaré mes feux.

Mlle D'ORFEUIL.

Oui, monsieur, je le sais.

M. D'ORLANGE.

L'impatience est grande ;
Mais vous m'aviez permis de faire la demande.

JUSTINE.

Il ne faut pas vous dire une chose deux fois.

M. D'ORLANGE.

Non, vraiment. Et ma noce! oh! d'ici je la vois.
Tous les préparatifs sont déja dans ma tête.
Un aimable désordre embellira la fête :
Repas champêtre et gai, des danses, des chansons,
Des enfants, des vieillards, les filles, les garçons;
Je veux que de leurs cris tout le bois retentisse.
Le soir, spectacle, jeu, concert, feu d'artifice;...
Que vous dirai-je, enfin? tout ce qu'on peut avoir.

JUSTINE.

Mon Dieu! que tout cela sera charmant à voir!
Hâtez donc, ma maîtresse, une aussi belle noce.

Mlle D'ORFEUIL.

Mais le plan, ce me semble, en est un peu précoce;
Le jour n'est pas si près...

M. D'ORLANGE.

Il n'est, je crois, pas loin.
(*voyant arriver Florville.*)
Je veux que mon ami, d'ailleurs, en soit témoin.

SCÈNE IV.

LES PRÉCÉDENTS, M. DE FLORVILLE.

M. DE FLORVILLE, *qui a entendu le dernier vers.*
Je vous suis obligé.

Mlle D'ORFEUIL.

Pardon, je me retire;
J'obéirai, c'est tout ce que je puis vous dire.

M. D'ORLANGE.

Ah! c'est en dire assez.
(*Mademoiselle d'Orfeuil sort avec Justine.*)

SCÈNE V.

M. D'ORLANGE, M. DE FLORVILLE.

M. D'ORLANGE.
Vous le voyez, mon cher !
Cela s'entend, je crois.

M. DE FLORVILLE.
Oh ! oui, rien n'est plus clair;
Mais cette affaire-ci s'est menée un peu vite.

M. D'ORLANGE.
En effet. A ma noce, au moins, je vous invite.

M. DE FLORVILLE.
Mille graces, monsieur; je repars à l'instant.

M. D'ORLANGE.
Quoi ! vous partez ? sur vous j'avois compté pourtant.

M. DE FLORVILLE.
En vérité... je suis on ne peut plus sensible...

M. D'ORLANGE.
Faites-moi ce plaisir.

M. DE FLORVILLE.
Il ne m'est pas possible.

M. D'ORLANGE.
Félicitez-moi donc, je vous prie.

M. DE FLORVILLE.
En effet,
Vous êtes fort heureux : enfin, il se pouvoit
Qu'Henriette déja fût promise à quelqu'autre :
Qu'auriez-vous fait alors ?

M. D'ORLANGE.
Quel scrupule est le vôtre ?

Je trouverois, d'honneur, on ne peut plus plaisant
De supplanter d'abord, presque chemin faisant,
Quelque futur époux qui ne s'en doute guère :
Toute ruse est permise, en amour comme en guerre.

M. DE FLORVILLE.

Fort bien : mais c'est blesser pourtant les droits d'autrui.

M. D'ORLANGE.

Est-ce ma faute, à moi, si je plais mieux que lui ?

M. DE FLORVILLE.

Mais ce futur époux se fût montré peut-être.

M. D'ORLANGE.

Tant mieux : j'aurois été charmé de le connoître.

M. DE FLORVILLE, *faisant un geste.*

Et... si ?...

M. D'ORLANGE.

Je vous entends : je ne me bats pas mal.
Je suis même en état d'épargner mon rival ;
Je ne le tuerois point.

M. DE FLORVILLE.

Vous êtes bien honnête :
S'il vous tuoit ?

M. D'ORLANGE.

Hé bien, si le destin m'apprête
Une si belle mort, soit, je m'y dévouerai,
Monsieur ; par deux beaux yeux heureux d'être pleuré !
Mais c'est mal-à-propos s'inquiéter, sans doute.
C'est mettre tout au pis ; car je veux qu'il m'en coûte
Une blessure ou deux : je ne m'en plaindrai pas,
Et ma blessure même a pour moi mille appas.
Lentement, du château je regagne la porte ;
Ou, si je ne le puis, mon valet m'y rapporte.
Lorsque l'on est blessé, qu'on est intéressant !

Peut-être... le beau sexe est si compatissant!
De sa main... pourquoi non? jadis, les demoiselles
Soignoient les chevaliers qui se battoient pour elles.
Mon Henriette est tendre! oui, le matin, le soir,
Auprès de son malade elle viendra s'asseoir.
Bayard fut, comme moi, blessé, malade à Bresse :
Mais Bayard près de lui n'avoit point sa maîtresse.
La mienne à mon chevet s'établira : je croi
Qu'elle fera monter son clavecin chez moi.
Tantôt d'un roman tendre elle fait la lecture,
Et nous nous retrouvons dans plus d'une peinture.
Un jour... il m'en souvient, en un endroit charmant,
Ma lectrice s'arrête involontairement,
Pousse un soupir, sur moi jette à la dérobée
Un regard!... de ses yeux une larme est tombée.
Ah! si je suis malade, elle n'est guère mieux;
Et mon état, vraiment, est si délicieux,
Que je voudrois, je crois, ne guérir de ma vie.

M. DE FLORVILLE.

D'être malade ainsi vous donneriez l'envie.
Vous voyez l'avenir comme on voit le passé.
Mais quoi! si, par malheur, vous n'étiez pas blessé?

M. D'ORLANGE.

Bon! rien de tout ceci n'arrivera peut-être;
Et ce futur époux est bien loin de paroître.
Mais de votre départ je suis très affligé ;
Car vous m'êtes si cher!...

M. DE FLORVILLE.
     Je vous suis obligé.
Je vais prendre à l'instant congé...

M. D'ORLANGE.
       De mon beau-père?

LES CHATEAUX EN ESPAGNE.

M. DE FLORVILLE.

Oui, monsieur.

M. D'ORLANGE.

Nous pourrons nous retrouver, j'espère,
Quelque part... dans l'Europe, en un mot, nous revoir.

M. DE FLORVILLE.

Je ne sais...

M. D'ORLANGE.

Je serois enchanté de pouvoir
Vous être utile.

M. DE FLORVILLE.

Eh mais...

M. D'ORLANGE.

Obliger ceux qu'on aime,
Qu'on estime sur-tout, c'est s'obliger soi-même.

M. DE FLORVILLE.

Monsieur...

M. D'ORLANGE, *frappé tout à coup d'une idée.*

Mais, à propos, ne vous tenez pas loin;
D'un honnête homme, un jour, je puis avoir besoin.
Je ne m'explique pas; mais j'ai sur vous des vues...
N'en dites mot. Adieu.

(*Il sort.*)

SCÈNE VI.

M. DE FLORVILLE, *seul.*

Mais je tombe des nues.
Il épouse, et je suis éconduit! Je le voi,
C'est que probablement on l'aura pris pour moi.
Je pourrois, d'un seul mot, me faire reconnoître...

ACTE IV, SCÈNE VI.

Mais non, elle aime l'autre, il est trop tard peut-être ;
Et je l'affligerois, sans être plus heureux.
Cet hymen, cependant, eût comblé tous mes vœux.
Le père me convient, et la jeune personne
Est charmante : il est vrai qu'elle se passionne
Un peu vite... Eh! pourquoi me suis-je déguisé?
Pour ce monsieur, vraiment, le triomphe est aisé.
Un autre, là-dessus, lui chercheroit querelle...
Mais pourquoi? sa méprise est assez naturelle...
Il arrive; on lui fait un gracieux accueil;
Il aime, et croit avoir plu du premier coup d'œil.
Laissons-lui son erreur; elle est trop agréable,
Et deviendra bientôt un bonheur véritable.
Ah! puisque excepté moi, tout le monde est content,
Ne dérangeons personne, et partons à l'instant.
Oui...

SCÈNE VII.

M. DE FLORVILLE, M. D'ORFEUIL.

M. DE FLORVILLE.
Monsieur, recevez mes adieux...

M. D'ORFEUIL.
Bon! qu'entends-je?
Vous partez?

M. DE FLORVILLE.
A l'instant.

M. D'ORFEUIL.
Mais quel dessein étrange!
Vous n'en avez rien dit à déjeûné.

M. DE FLORVILLE.

Depuis
Je me suis consulté, monsieur; et je ne puis
Trop tôt, je le sens bien, continuer ma route.

M. D'ORFEUIL.

Bon! avant de partir, vous dînerez sans doute?

M. DE FLORVILLE.

Mille graces: il faut que je parte à l'instant.

M. D'ORFEUIL.

Je crains d'être indiscret, monsieur, en insistant.
Mais quelques jours plus tard vous verriez une chose...
Qui vous plairoit.

M. DE FLORVILLE.

J'ai fait une assez longue pause.
De m'amuser, monsieur, je n'ai point le loisir,
Et ne pourrois d'autrui que troubler le plaisir.

M. D'ORFEUIL.

Vous êtes bien méchant.

SCÈNE VIII.

Les précédents, Mlle D'ORFEUIL.

M. D'ORFEUIL.

Ah! croirois-tu, ma chère,
Que monsieur veut partir?

Mlle D'ORFEUIL, *avec un peu de dépit.*

Apparemment, mon père,
Monsieur a des raisons pressantes...

M. DE FLORVILLE.

Je n'en ai
Qu'une, mais qui m'oblige à partir sans délai.

ACTE IV, SCÈNE VIII.

M. D'ORFEUIL.

Si vous aviez passé seulement la journée,
Nous aurions fait la plus agréable tournée,
Dans mes près, dans mes bois, tous les quatre, ce soir!...

M. DE FLORVILLE.

J'ai vu tout ce matin.

M. D'ORFEUIL.

Vous n'avez pu tout voir.

M. DE FLORVILLE.

J'ai vu ce qui pouvoit me toucher davantage.

M. D'ORFEUIL.

Vous ne connoissez point les moulins, l'ermitage...

M. DE FLORVILLE.

Ce n'est pas là ce qui m'intéressoit le plus.

Mlle D'ORFEUIL.

Mon père, nous faisons des efforts superflus.

M. DE FLORVILLE, *à part*.

Quelle froideur extrême!

Mlle D'ORFEUIL, *à part*.

Ah! quelle indifférence!

M. D'ORFEUIL.

J'ose vous demander du moins la préférence,
Au retour.

M. DE FLORVILLE.

Pardonnez... je voyage si peu!
Je dis à ce pays un éternel adieu.

Mlle D'ORFEUIL.

Ce matin même encore, il paroissoit vous plaire.

M. DE FLORVILLE.

J'emporte, en le quittant, un regret bien sincère.
Croyez qu'en ce paisible et champêtre séjour
J'aurois voulu, monsieur, demeurer plus d'un jour.

Mais je ne suis pas fait pour être heureux sans doute.

Mlle D'ORFEUIL, *à part.*

Ni moi non plus. Combien un tel effort me coûte !

M. DE FLORVILLE, *à part.*

La force m'abandonne : il faut quitter ces lieux.
(*haut.*)
C'en est trop ; je m'oublie en ces touchants adieux !

M. D'ORFEUIL.

Je vais...

M. DE FLORVILLE.

De grace...

M. D'ORFEUIL.

Au moins, jusqu'à votre voiture...

M. DE FLORVILLE.

Non, ne me suivez pas, monsieur, je vous conjure.
Mille remerciements de vos généreux soins.
Adieu, mademoiselle ; et puissiez-vous, du moins,
Puissiez-vous, dans l'hymen qui pour vous se prépare,
Rencontrer le bonheur ! bonheur, hélas, si rare !
Et que vous avez droit cependant d'espérer !

M. D'ORFEUIL.

Aussi l'espérons-nous, j'ose vous l'assurer :
Ce que vous souhaitez est une affaire faite.

M. DE FLORVILLE.

Déja ? mademoiselle est donc bien satisfaite ?

M. D'ORFEUIL.

On ne peut plus. Voyez : elle rougit.

M. DE FLORVILLE.

Je vois.

Adieu, monsieur, adieu, pour la dernière fois.

(*Il sort.*

SCÈNE IX.

M. D'ORFEUIL, Mlle D'ORFEUIL.

M. D'ORFEUIL.
Ce jeune homme est honnête, il faut que j'en convienne :
Mais il a l'humeur sombre ; et ce n'est pas la mienne.
Mlle D'ORFEUIL.
Il a quelques chagrins.
M. D'ORFEUIL.
Il pouvoit les cacher :
Ce n'est pas nous, je crois, qui l'avons pu fâcher.
Mlle D'ORFEUIL.
Il est honnête au fond. Je lui crois l'ame tendre,
Un esprit délicat.
M. D'ORFEUIL.
Va, j'aime mieux mon gendre.
Quel air ouvert et franc ! comme il est toujours gai !
Quel aimable babil ! quelle grace !
Mlle D'ORFEUIL.
Il est vrai
Qu'il a de l'enjouement, sur-tout de la franchise.
Mais j'aurois souhaité, s'il faut que je le dise,
Qu'il eût moins d'amour-propre et de légèreté,
Plus de réflexion, de sensibilité ;
Tendre penchant qui sied si bien aux belles ames !
En un mot, je voudrois...
M. D'ORFEUIL.
Vous voilà bien, mesdames !
Vous souhaitez toujours ce que vous n'avez pas.
Moi, du gendre que j'ai je fais le plus grand cas,

Mais le voici.

Mlle D'ORFEUIL.

Pardon...

M. D'ORFEUIL.

Tu sors? Eh! mais, demeure.

Mlle D'ORFEUIL.

Permettez-moi; je vais revenir tout-à-l'heure.

(*Elle sort.*)

SCÈNE X.

M. D'ORFEUIL, M. D'ORLANGE.

M. D'ORFEUIL.

Ah! mon gendre, bonjour. Je vous trouve à propos.
Je vous ai seulement dit, en courant, deux mots.

M. D'ORLANGE.

Deux mots essentiels; ils couronnoient ma flamme.

M. D'ORFEUIL.

Je gage qu'à présent, dans le fond de votre ame,
Vous pardonnez, monsieur, à votre oncle...

M. D'ORLANGE.

Comment!

M. D'ORFEUIL.

Sa lettre vous trahit; mais c'étoit sûrement
Pour vous rendre service.

M. D'ORLANGE.

Eh! mais... daignez permettre...
Car je ne comprends pas: vous parlez d'une lettre
De mon oncle?

M. D'ORFEUIL.

Eh oui.

M. D'ORLANGE.

Quoi ! mon oncle vous écrit ?

M. D'ORFEUIL.

Oui, votre oncle, lui-même.

M. D'ORLANGE.

Allons donc ! monsieur rit.

M. D'ORFEUIL.

Mais point du tout.

M. D'ORLANGE.

O ciel ! que ma surprise est grande !
Est-il bien vrai ?

SCÈNE XI.

Les précédents, VICTOR.

VICTOR, *à M. d'Orfeuil.*

Monsieur... quelqu'un là-bas demande
à vous parler.

M. D'ORFEUIL.

(*à M. d'Orlange en s'en allant.*)

J'y vais. Oui, j'étois prévenu ;
Et d'avance, mon cher, vous étiez reconnu.
Au revoir.

SCÈNE XII.

M. D'ORLANGE, VICTOR.

M. D'ORLANGE.

Ah ! Victor ! qu'est-ce donc qu'il veut dire ?
Si je l'en crois, mon oncle...

VICTOR.

Hé bien?

M. D'ORLANGE.

Lui vient d'écrire.

VICTOR.

Bon!

M. D'ORLANGE.

Se peut-il? comment me savoit-il ici?
Je ne puis...

VICTOR.

Je m'en vais vous expliquer ceci.
Un oncle a bien écrit, mais ce n'est pas le vôtre;
Car vous saurez, monsieur, qu'on vous prend pour un autre.

M. D'ORLANGE.

Pour un autre! et pour qui?

VICTOR.

Pour un futur époux;
Pour celui qui vint hier, deux heures après nous,
Qui repart à l'instant, et vous cède la place.

M. D'ORLANGE.

Que dis-tu? je m'y perds. Répète donc, de grace...

VICTOR.

Oui, monsieur: un valet m'apprend qu'un prétendu,
Nommé Florville, étoit d'Abbeville attendu,
En simple voyageur qui venoit pour surprendre.
Vous parûtes; d'abord, on vous prit pour le gendre :
De là, l'aimable accueil dont vous fûtes charmé;
Voilà pourquoi sitôt vous vous crûtes aimé,
Pourquoi vous épousez. Vous passez pour Florville,
Et l'on croit que c'est vous qui venez d'Abbeville.

M. D'ORLANGE.

Ah! je comprends enfin... J'étois surpris aussi

ACTE IV, SCÈNE XII.

De voir... Mais quoi! Florville est encor près d'ici.
Viens, suis-moi.

VICTOR.

Qu'est-ce donc, monsieur, je vous supplie?

M. D'ORLANGE.

Je vais te l'expliquer.

(*Il sort.*)

VICTOR, *en s'en allant.*

Encor quelque folie.

FIN DU QUATRIÈME ACTE.

ACTE CINQUIÈME.

SCÈNE I.

M. D'ORLANGE, seul.

Victor est donc parti! je crois qu'il l'atteindra;
Et s'il l'atteint, sans doute il le ramènera.
Mon billet est pressant. Je fais un sacrifice,
Cruel, mais qu'après tout il falloit que je fisse.
D'une méprise, moi, je ne puis abuser.
Cet homme est le futur; c'est à lui d'épouser.
Florville épousera, car j'en fais mon affaire:
Je n'ai qu'une frayeur, et c'est d'avoir su plaire.
Mais Florville est fort bien : il a d'ailleurs des droits.
Puis, je vais disparoître. Avec le temps, je crois,
On pourra m'oublier... comme amant; car sans doute
De ce château souvent je reprendrai la route;
Il est si doux de voir les heureux qu'on a faits!
Ah! l'accueil qui m'attend paiera tous mes bienfaits.
Dès qu'on me voit, ce sont des transports d'alégresse!...
On vole à ma rencontre, on accourt, on s'empresse,
Et le père, et le gendre, et les petits enfants.
Henriette me dit... que ces mots sont touchants!
« Mon ami, vous voyez la plus heureuse mère...
« Je vous dois mon bonheur, mes enfants et leur père. »
Serois-je plus heureux, si j'étois son époux?
Quelqu'un vient : c'est le père, allons, amusons-nous,
En attendant Victor.

SCÈNE II.

M. D'ORFEUIL, M. D'ORLANGE.

M. D'ORFEUIL.
Vous voulez bien permettre?...
Vous rêvez, ce me semble.
M. D'ORLANGE.
Oui, je rêve...
M. D'ORFEUIL.
A la lettre?
A cet oncle indiscret?
M. D'ORLANGE.
Mais, en effet, Derval
A trahi son neveu pour vous ; c'est assez mal.
M. D'ORFEUIL.
Vous pouvez l'accuser, mais je ne puis m'en plaindre :
Car pourquoi le neveu s'avise-t-il de feindre?
M. D'ORLANGE.
Il avoit ses raisons pour en user ainsi.
M. D'ORFEUIL.
Pour le trahir, son oncle eut les siennes aussi.
Savez-vous bien, monsieur, qu'en gardant l'anonyme,
De son propre artifice on est souvent victime?
M. D'ORLANGE.
Oui, le gendre en effet pouvoit vous échapper :
Mais, monsieur, il n'est pas aisé de vous tromper!
M. D'ORFEUIL.
J'en conviens... A propos, parlons de mariage,
L'objet de vos desirs et de votre voyage.

M. D'ORLANGE.

Pour une telle fête on viendroit de plus loin.
J'ai dépêché Victor pour cela : j'ai besoin
De son retour.

M. D'ORFEUIL.

J'entends.

M. D'ORLANGE.

Tenez, je suis sincère,
Je sens que l'étranger nous étoit nécessaire ;
Et j'ai regret de voir qu'il se soit en allé.

M. D'ORFEUIL.

J'en suis fâché ; mais quoi, je m'en suis consolé.

M. D'ORLANGE.

Ce monsieur gagneroit à se faire connoître.

M. D'ORFEUIL.

Je ne sais.

M. D'ORLANGE.

En ces lieux il reviendra peut-être.

M. D'ORFEUIL.

J'ai fait de vains efforts pour obtenir ce point.

M. D'ORLANGE.

Je serois très fâché, s'il ne revenoit point.

M. D'ORFEUIL.

Parlons de vous, Florville : allons, plus de d'Orlange.

M. D'ORLANGE.

Si Florville est heureux, je ne perds point au change.

M. D'ORFEUIL.

Ni ma fille non plus ; justement, la voici.

SCÈNE III.

M. D'ORLANGE, Mlle D'ORFEUIL, M. D'ORFEUIL.

M. D'ORFEUIL, *à sa fille.*
Hé bien, voilà Florville, et tout est éclairci.
Mlle D'ORFEUIL.
Il est vrai.
M. D'ORFEUIL.
Tu dois donc enfin être contente.
Mlle D'ORFEUIL.
Mon père...
M. D'ORLANGE.
Si l'effet répond à mon attente,
Je crois que vous n'aurez plus rien à desirer.
M. D'ORFEUIL.
Bon. Pour la noce, moi, je vais tout préparer.
Je vous laisse tous deux; car vous avez, je pense,
A vous faire, en secret, plus d'une confidence.
M. D'ORLANGE.
Ah! oui.

(*M. d'Orfeuil sort.*)

SCÈNE IV.

Mlle D'ORFEUIL, M. D'ORLANGE.

M. D'ORLANGE, *à part.*
De mon rival servons les intérêts.
Mlle D'ORFEUIL, *à part.*
C'en est fait ; écartons d'inutiles regrets.
M. D'ORLANGE.
Florville, en se montrant, peut-il aussi vous plaire ?
Mlle D'ORFEUIL.
Je suivrai, sur ce point, les ordres de mon père.
M. D'ORLANGE.
Cela ne suffit pas, non : vous voyez en moi
Votre futur époux, vous l'acceptez : mais quoi,
Si je ne l'étois point ?
Mlle D'ORFEUIL.
    Eh ! mais, monsieur, vous l'êtes.
M. D'ORLANGE.
Je vais vous confier mes alarmes secrètes.
Mlle D'ORFEUIL, *vivement.*
Vos alarmes, monsieur ? quel sujet ?...
M. D'ORLANGE.
      Entre nous,
Je crains de n'être pas assez digne de vous.
Mlle D'ORFEUIL.
Vous êtes trop modeste.
M. D'ORLANGE.
    Ah ! je me rends justice.
J'ai, car d'avance il faut que je vous avertisse,
Mille défauts, d'honneur ! pour un mari, s'entend.

ACTE V, SCÈNE IV.

Je me connois; je suis vif, volage, inconstant;
Et capricieux même, il faut que je le dise.

Mlle D'ORFEUIL.

Vous avez le mérite, au moins, de la franchise.

M. D'ORLANGE.

C'est en me comparant avec l'autre étranger,
Que je me suis trouvé vain, étourdi, léger...
Ce jeune homme est vraiment on ne peut plus aimable;
Qu'en dites-vous?

Mlle D'ORFEUIL.

Il est tout-à-fait estimable.

(*à part.*)
Voudroit-il m'éprouver?

M. D'ORLANGE.

Eh! voilà ce qu'il faut....
Dans un époux. Tenez, je l'observois tantôt,
Ses discours sont remplis de raison, de justesse;
Ils respirent la grace et la délicatesse;
Je vous assure enfin qu'il vaut bien mieux que moi.

Mlle D'ORFEUIL.

Vous plaisantez...

M. D'ORLANGE.

Moi! non, je suis de bonne foi.
A vos charmants attraits j'ai cru le voir sensible:
Qui ne le seroit pas?... Et s'il étoit possible
Que lui-même, à son tour, il eût pu vous toucher,
Dites-le : je suis homme à l'envoyer chercher...
Que vous dirai-je, enfin? à lui céder moi-même
Tous mes droits... si j'en ai.

Mlle D'ORFEUIL.

Quelle noblesse extrême!
Mais, encore une fois, il n'est plus question

De vain déguisement, de supposition;
Et quant à l'étranger dont vous parlez sans cesse,
Cet éloge suppose un soupçon qui me blesse,
Monsieur, et qui nous fait injure à tous les trois.

M. D'ORLANGE.

Ah! c'est vous qui bientôt me connoîtrez, je crois.

SCÈNE V.

Mlle D'ORFEUIL, M. D'ORLANGE; VICTOR, *qui entre mystérieusement, et a l'air de vouloir parler en secret à son maître.*

Mlle D'ORFEUIL.

Mais Victor semble avoir quelque chose à vous dire.

M. D'ORLANGE, *veut emmener Victor.*

Je vais...

Mlle D'ORFEUIL.

Restez; c'est moi, monsieur, qui me retire.

(*Elle sort.*)

SCÈNE VI.

M. D'ORLANGE, VICTOR.

M. D'ORLANGE.

Hé bien!

VICTOR.

Il va venir; il est à deux cents pas.
Il a pris son parti.

M. D'ORLANGE.

Bon. Je n'en doutois pas.

Et ma lettre?...
####### VICTOR.
A propos, voulez-vous bien permettre?...
Mais qu'avez-vous donc mis, monsieur, dans votre lettre?
####### M. D'ORLANGE.
Comment!
####### VICTOR.
C'est qu'en l'ouvrant il a d'abord pâli;
Puis il a pris un air... un air... là... très poli,
Mais extraordinaire. « Oh! oui, j'irai sans doute,
« (A-t-il dit.) Je comptois poursuivre au loin ma route;
« Mais ceci me retient. Vite (dit-il alors
« Au postillon), retourne au château d'où tu sors... »
Et tenez, le voici.
####### M. D'ORLANGE.
Va, laisse-nous ensemble.
(*Victor sort.*)

SCÈNE VII.

M. D'ORLANGE, M. DE FLORVILLE.

####### M. D'ORLANGE.
Ah! vous voilà, monsieur! c'est charmant.
####### M. DE FLORVILLE.
Il me semble
Que de mon prompt retour vous n'avez pu douter.
####### M. D'ORLANGE.
Non, je vous connoissois assez pour m'en flatter.
####### M. DE FLORVILLE.
Dites-moi donc, monsieur, par quelle fantaisie
Ce rendez-vous ici? la place est mal choisie,

M. D'ORLANGE.

Eh! je la trouve, moi, choisie on ne peut mieux;
Notre affaire se doit terminer en ces lieux.

M. DE FLORVILLE.

Mais c'étoit dans le bois qu'il eût fallu nous rendre.

M. D'ORLANGE.

Dans le bois?

M. DE FLORVILLE.

Oui.

M. D'ORLANGE.

Ma foi, je ne puis vous comprendre,
Monsieur.

M. DE FLORVILLE.

Votre billet est assez clair, pourtant;
Lisez.

(*Il le lui remet.*)

M. D'ORLANGE *lit*..

« Voulez-vous bien revenir à l'instant?
« Ne demandez que moi; j'ai deux mots à vous dire;
« Gardez qu'on ne vous voie. » Ah!...

(*Il rit.*)

M. DE FLORVILLE.

Cela vous fait rire?

M. D'ORLANGE.

Il est vrai; je commence à comprendre à présent.
La méprise est piquante, et rien n'est plus plaisant.
(*d'un ton martial.*)
Attendez, je reviens.

(*Il sort.*)

SCÈNE VIII.

M. DE FLORVILLE, *seul.*

Il faut que je l'attende !
Il me rappelle, il veut qu'en ces lieux je me rende ;
Je revole à l'instant, et monsieur n'est pas prêt !...
Si, par malheur, ici monsieur d'Orfeuil paroît...
Je crains, pour le futur, sa tendresse inquiète...
Hélas ! je crains sur-tout de revoir Henriette.
Quel prétexte donner pour ce retour soudain ?
Je suis bien malheureux ! J'ai des droits à sa main :
J'arrive ; mais je vois qu'un autre est aimé d'elle :
Je me tais, et je pars... Il faut qu'on me rappelle !
On vient... c'est elle ! Ah ! ciel !

SCÈNE IX.

Mlle D'ORFEUIL, M. DE FLORVILLE.

Mlle D'ORFEUIL, *de loin, sans voir Florville.*

D'Orlange, dans ces lieux,
(*apercevant Florville.*)
M'avoit dit que quelqu'un me demandoit. Ah ! dieux !
(*haut.*)
C'est vous, monsieur !

M. DE FLORVILLE.

Ma vue a droit de vous surprendre,
J'en conviens.

Mlle D'ORFEUIL.

Il est vrai que je ne puis comprendre...

M. DE FLORVILLE.

Moi-même... assurément... j'ai peine à concevoir...
Je ne me flattois pas de jamais vous revoir.

Mlle D'ORFEUIL.

Et... ne peut-on savoir quel sujet vous ramène?

M. DE FLORVILLE.

Quel sujet? c'est... pardon. Une affaire soudaine...
Cet autre voyageur, votre futur époux...,
Ici, pour un instant, m'a donné rendez-vous.
Je me suis empressé de revenir.

Mlle D'ORFEUIL.

Mon père
De cette occasion profitera, j'espère.

M. DE FLORVILLE.

Je ne sais : votre père a reçu mes adieux.

Mlle D'ORFEUIL.

Je les avois reçus moi-même... Il seroit mieux
De le revoir aussi.

M. DE FLORVILLE.

Je ne fais que paroître ;
Ma visite, à présent, le troubleroit peut-être :
Il est, je le présume, occupé du futur,
D'un hymen qui s'apprête...

Mlle D'ORFEUIL.

Oh! cela n'est pas sûr.

M. DE FLORVILLE.

Il annonçoit, ce semble, une union prochaine.

Mlle D'ORFEUIL.

Oui, j'étois sur le point de serrer une chaîne
Qui me pesoit d'avance, et j'en aurois gémi.
Mon père, heureusement, est mon meilleur ami.
Je viens d'ouvrir mon cœur à cet excellent père :

ACTE V, SCÈNE IX.

Il consent, en un mot, que l'hymen se diffère.

M. DE FLORVILLE.

A ce futur époux je faisois trop d'honneur :
Je le croyois aimé.

Mlle D'ORFEUIL.

Vous étiez dans l'erreur.

M. DE FLORVILLE.

Un autre, plus heureux, du moins, je le soupçonne,
L'a prévenu...

Mlle D'ORFEUIL.

Croyez que je n'aimois personne
Avant qu'il vînt.

M. DE FLORVILLE, *à part.*

Personne? Ai-je bien entendu?
Oh dieu! l'espoir enfin me seroit-il rendu?
(*haut.*)
Votre cœur seroit libre encor, mademoiselle!

Mlle D'ORFEUIL, *à part.*

Hélas!

M. DE FLORVILLE.

Si vous saviez combien cette nouvelle
A droit de me toucher! Heureux Florville!

Mlle D'ORFEUIL.

Eh quoi!
Vous enviez son sort?

M. DE FLORVILLE, *vivement.*

Ah! je parle de moi.

Mlle D'ORFEUIL.

De vous, monsieur?

M. DE FLORVILLE.

Eh! oui; la feinte est inutile :
Vous êtes libre encore, et moi, je suis Florville.

Mlle D'ORFEUIL.

Vous, Florville?

M. DE FLORVILLE.

Moi-même. Ah! daignez m'excuser,
Si, pour observer mieux, j'ai pu me déguiser.
Je vous aimai, sans doute, à la première vue ;
Pour un autre déja je vous crois prévenue :
Dès-lors, sacrifiant mes droits et mon amour,
Je pars. On me rappelle : ô trop heureux retour!
Un seul mot me rassure, et je puis donc encore
Vous dire qui je suis, et que je vous adore.

Mlle D'ORFEUIL.

Qu'entends-je? eh quoi! c'est vous qui m'étiez destiné?
Se peut-il?

(à part.)

Ah! mon cœur l'avoit bien deviné.

(haut.)

Je puis donc espérer (mon bonheur est extrême!)
D'être enfin à celui que j'estime et que j'aime.

M. DE FLORVILLE.

J'étois aimé! qu'entends-je? et c'est l'autre étranger
Qui me rappelle ici. J'étois loin de songer...

Mlle D'ORFEUIL.

Eh! c'est lui-même aussi qui dans ces lieux m'envoie.

M. DE FLORVILLE.

Son sort, en ce moment, empoisonne ma joie.
Du désespoir je passe au comble du bonheur,
Et mon ami perd tout en perdant son erreur.

SCÈNE X.

VICTOR, M. D'ORFEUIL, M. D'ORLANGE,
Mlle D'ORFEUIL, M. DE FLORVILLE.

M. D'ORLANGE.

Avois-je donc, monsieur, si mal choisi la place?
Et faut-il dans le bois?...

M. DE FLORVILLE.

Épargnez-moi, de grace;
Je sens assez, monsieur, combien je suis ingrat!

Mlle D'ORFEUIL.

Moi, je sens tout le prix d'un trait si délicat!
(*à M. d'Orlange.*)
Vous n'aviez à ma main qu'un droit peu légitime,
Vous en avez, monsieur, de vrais à mon estime.
(*à son père.*)
Vous savez notre erreur, mon père?

M. D'ORFEUIL.

Oui; voilà donc
Monsieur Florville? enfin, on le connoît!

M. DE FLORVILLE.

Pardon.

M. D'ORFEUIL.

Mais si ma fille, grace à ce dessein étrange,
S'étoit trop prévenue en faveur de d'Orlange,
Comme, par parenthèse, il s'en est peu fallu,
C'eût été votre faute, et vous l'auriez voulu.

M. DE FLORVILLE.

Aussi, je m'en allois sans accuser personne.
Me pardonnerez-vous?

Mlle D'ORFEUIL.

Pour moi, je vous pardonne;
Mais à condition que vous ne feindrez plus.

M. DE FLORVILLE.

Non, croyez que jamais...

Mlle D'ORFEUIL.

Eh! discours superflus!
Je vous crois sans peine.

M. DE FLORVILLE.

Ah! que je dois rendre grace
A l'ami généreux qui fit suivre ma trace!

M. D'ORLANGE.

Moi! j'ai fait mon devoir. Ah! respirons... l'on sent
Qu'une bonne action nous rafraîchit le sang :
Et ce bien-là n'est pas un bien imaginaire;
Car je renonce à tout ce qu'on nomme chimère.
C'en est fait, pour jamais me voilà corrigé...
Tenez, que je vous dise un bon dessein que j'ai :
Assez d'autres sans moi serviront bien le prince;
Moi, je vivrai tranquille au fond d'une province...
Seroit-il une terre à vendre en ce canton?

M. D'ORFEUIL.

Justement; j'en sais une assez près d'ici.

M. D'ORLANGE.

Bon.
Je l'achète. J'y prends une femme estimable,
D'une vertu solide et d'un esprit aimable,
Douce... une autre Henriette, en un mot, s'il en est.
J'aurai beaucoup d'enfants; le grand nombre m'en plaît :
Le ciel bénit toujours les nombreuses familles.
Ma femme, c'est tout simple, élévera les filles :
Mais les garçons n'auront de précepteur que moi;

C'est le plus doux plaisir, c'est la première loi :
Je saurai démêler leur goût, leur caractère;
L'un sera dans la robe, et l'autre militaire.
Ils me feront honneur. Que je suis fortuné!
  (à M. d'Orfeuil.)
Mon voisin, vous serez parrain de mon aîné.
Je n'irai pas bien loin lui chercher une femme;
Il pourroit épouser la fille de madame.
  (Il montre mademoiselle d'Orfeuil.)
Trop heureux!
  (à M. d'Orfeuil.)
               Tous, alors, nous serons vos enfants;
Vous sourirez, mon père, à nos soins caressants.
A cent ans, vous direz : « Je n'avois qu'une fille,
« Et tout ce qui m'entoure est pourtant ma famille. »
Voilà ce qui s'appelle un projet bien sensé!
           VICTOR.
Mon maître, finissant comme il a commencé,
Tout en parlant raison, bat encor la campagne,
Ne veut plus faire et fait des châteaux en Espagne.

FIN DES CHATEAUX EN ESPAGNE.

VARIANTES.

ACTE TROISIÈME.

SCÈNES VI ET VII.

M. D'ORLANGE, seul.

J'ai lu... je ne sais où, mais cela m'a frappé,
Qu'un voyageur obscur, au naufrage échappé,
Lui douzième, aborda dans une île déserte,
Et crut être d'abord à deux doigts de sa perte ;
Puis, tel est le pouvoir de la nécessité,
Tira bientôt parti de son adversité ;
Puis, reconnut les lieux, s'établit à la ronde,
Se trouva possesseur enfin d'un nouveau monde.
    (*Ici Victor entre, et écoute sans être vu.*)
   M. D'ORLANGE, *continuant, sans voir Victor.*
Fut élu chef des siens, puis fut nommé leur roi...
S'il alloit m'arriver la même chose à moi !
Pourquoi non ? Robinson fut bien roi dans son île.
Roi, je ferois bâtir une petite ville ;
Car mon peuple, d'abord, ne seroit pas nombreux :
J'aurois peu de sujets, mais ils seroïent heureux.
Je choisirois sur-tout un ministre honnête homme.
Le choix est bientôt fait, quand le public le nomme.
On célèbre en tous lieux et mon ministre et moi ;
J'entends crier par-tout : « Vive notre bon roi ! »

Le pauvre me bénit au fond de la campagne.
Reste à m'associer une aimable compagne :
Pour le bien de l'état je dois me marier.
Voyons... Je puis choisir dans l'univers entier :
Mais ces rois, mes voisins, briguent mon alliance ;
A leurs ambassadeurs donnons donc audience.

   VICTOR, *s'approchant et s'inclinant.*

Sire...

  M. D'ORLANGE, *comme s'il étoit roi.*
Que me veut-on ?

    VICTOR.
       On va prendre le thé,
Et chacun n'attend plus que votre Majesté...

FIN DU TOME PREMIER.

TABLE DES PIÈCES

CONTENUES

DANS LE PREMIER VOLUME.

Notice sur la vie et les ouvrages de Collin-Harleville. page j
Préface (de l'édition de 1805). cj

L'Inconstant, comédie en trois actes et en vers. 3
Variantes. 77

L'Optimiste, ou l'Homme toujours content de tout, comédie en cinq actes et en vers. 89
Préface. 91
Variantes. 210

Les Chateaux en Espagne, comédie en cinq actes et en vers. 213
Variantes. 320

FIN DE LA TABLE DU PREMIER VOLUME.

www.ingramcontent.com/pod-product-compliance
Lightning Source LLC
Chambersburg PA
CBHW071109230426
43666CB00009B/1891